高等职业教育土木建筑类专业新形态教材

建筑企业财务管理
（第3版）

主编 齐景华 童雨

北京理工大学出版社
BEIJING INSTITUTE OF TECHNOLOGY PRESS

内 容 提 要

本书重点介绍了财务管理在建筑企业中存在的问题以及针对这些问题的有效解决措施，对学生在建筑企业财务管理工作方面有现实指导作用。全书共十一章，内容包括建筑企业财务管理概述、财务管理的价值观念、资金筹集管理、资金成本与资金结构、项目投资管理、证券投资管理、流动资产管理、固定资产管理、营业收入及利润管理、财务预算、财务分析。

本书可作为高等院校建筑经济管理与建筑管理类相关专业的教材，也可供建筑企业财务人员学习参考使用。

版权专有　侵权必究

图书在版编目（CIP）数据

建筑企业财务管理 / 齐景华，童雨主编. —3版. —北京：北京理工大学出版社，2021.2（2021.4重印）

ISBN 978-7-5682-9571-0

Ⅰ. ①建⋯　Ⅱ. ①齐⋯　②童⋯　Ⅲ. ①建筑企业－财务管理－高等学校－教材　Ⅳ. ①F407.967.2

中国版本图书馆CIP数据核字（2021）第031838号

出版发行 /	北京理工大学出版社有限责任公司
社　　址 /	北京市海淀区中关村南大街5号
邮　　编 /	100081
电　　话 /	（010）68914775（总编室）
	（010）82562903（教材售后服务热线）
	（010）68944723（其他图书服务热线）
网　　址 /	http://www.bitpress.com.cn
经　　销 /	全国各地新华书店
印　　刷 /	北京紫瑞利印刷有限公司
开　　本 /	787毫米×1092毫米　1/16
印　　张 /	13.5
字　　数 /	352千字
版　　次 /	2021年2月第3版　2021年4月第2次印刷
定　　价 /	38.00元

责任编辑 /	封　雪
文案编辑 /	毛慧佳
责任校对 /	刘亚男
责任印制 /	边心超

图书出现印装质量问题，请拨打售后服务热线，本社负责调换

第3版前言

随着建筑行业内市场竞争越发激烈，企业财务管理作为建筑企业日常管理的重要组成部分，越来越广泛地渗透到企业经营活动的各个环节，已成为建筑企业建立和完善现代化管理模式的重要内容，对保障建筑企业的持续发展具有十分重要的作用。建筑企业财务管理作为建筑企业经营管理的重要组成部分，是一项综合性的经济管理工作，是从施工准备、工程施工到交工结算等一系列资金运动的过程，也是一切管理活动的基础。对于不同的建筑施工企业来说，其规模、管理体制等都有较大的差别，其重要性已被越来越多的企业家和管理人员认同。

"建筑企业财务管理"课程的基本任务就是以国家法律法规、方针、政策和财务制度为依据，根据市场经济的要求和工程管理的特点，运用科学的方法，组织企业财务活动，正确处理企业与各方面的财务关系，促进经济效益提高，保证全面完成企业的经营目标。通过本课程的学习，学生应掌握企业财务管理的目标、任务和基本原则，熟悉我国建筑施工企业财务管理的环节和方法，了解建筑企业财务管理的价值观念，同时应具备一定的财务分析和解决实际问题的能力。

本次修订是在第1、2版教材的基础上，结合高等院校土木工程类相关专业的教学大纲及人才培养要求进行的。修订时以建筑企业财务管理工作的实际技能需求，以易教易学、学以致用为编写原则，对第1、2版教材中部分不能紧贴建筑企业财务管理工作发展的陈旧内容进行了更新替代，对教材中的疏漏之处进行了补充修改，并从整体上对教材的教学结构进行了调整，以使教学结构更加系统、循序渐进，从而方便教学工作的展开。

本次修订力求突出高等教育教学的特色，以就业为导向，以培养实用型建筑企业财务管理人才为目的，以学生为主体，体现了教学组织的科学性和灵活性原则。通过本书的学习，学生将树立起依法理财、科学管理的观念，从而有效实施财务监督，并在心中建立起会计体系的框架，在这个框架的范围内对每一个知识点进行学习，再将各个知识点串联起来，从而构成整个财务管理系统的认知。

本书由山东科技职业学院齐景华、南昌理工学院建筑工程学院童雨担任主编。具体编写分工为：齐景华编写第一章、第三章、第四章、第八章～第十一章，童雨编写第二章、第五章～第七章、附录。在修订过程中，编者参阅了国内同行的多部著作，部分高等院校的教师也提出了很多宝贵意见，在此表示衷心的感谢！

虽经反复讨论修改，但限于编者的学识、专业水平及实践经验，书中仍难免存在疏漏和不妥之处，恳请广大读者指正。

编　者

第2版前言

由于建筑企业的特殊性，我国有相当一部分建筑企业忽略了财务管理的地位和作用。在当前全球经济复杂多变的形势下，建筑企业的市场竞争和经营风险日益加剧，建筑企业的管理层必须加强财务管理，全面分析企业财务管理中存在的问题，并就发现的问题及时采取相应对策，从而提升企业的营运水平，增强市场竞争力。企业的一切经济活动都是通过财务预测、财务决策和财务计划来综合规划的，而企业财务管理是企业一切管理活动的基础。随着我国市场经济的建立和逐步完善，传统财务管理手段和方法将面临新的变革。建筑施工企业财务管理工作的重要性已被越来越多企业家和管理人员认同。

建筑企业财务管理的基本任务就是以国家法律、法规、方针、政策和财务制度为依据，根据市场经济的要求和工程管理的特点，运用科学的方法，组织企业财务活动，正确处理企业与各方面的财务关系，促进经济效益提高，保证全面完成企业的经营目标。建筑企业财务管理是建筑企业经营管理的一个重要组成部分，是一项综合性的经济管理工作，是从施工准备、工程施工到交工结算等一系列资金运动的过程。

本次建筑企业财务管理教材的修订工作，是在第1版教材的基础上，结合高等院校工程管理类相关专业的最新教学大纲要求，以及建筑企业财务管理工作的实际技能需求，以易教易学、学以致用为编写原则，对第1版教材中部分不能紧贴财务管理工作发展的陈旧内容进行了更新替代，对第1版教材中的疏漏之处进行了补充修改，并从整体上对教材的教学结构进行了调整，以使教学结构更加系统、循序渐进，便于教学工作的展开。

在内容上，本次修订增加了建筑企业管理人员应具备的会计知识、项目投资决策评价方法的应用等在实际工作中需要掌握应用的知识点，增加了教学的实用价值；对资金时间价值的计算风险的衡量、吸收直接投资、发行股票、资金结构中最优资金结构的确定、项目投资管理的方法、证券投资管理的方法、建筑企业现金管理的方法、利润分配管理、财务预算的编制方法、财务分析方法等内容进行了重新修订，使相关管理知识、方法更加先进，紧跟财务管理手段和方法改革的前进步伐，与时俱进，便于理论与实际更好地结合。

本书由宋勇、齐景华、杨生梅担任主编，李昊鹏、赵学军、傅晓庆、郭铁铮担任副主编，汤丹、林娟参与了本书部分章节的编写。

本书在修订过程中，参阅了国内同行多部著作，部分高等院校的教师也提出了很多宝贵意见，在此表示衷心的感谢！对于参与本书第1版编写但不再参加本次修订的教师、专家和学者，本书所有编写人员向你们表示敬意，感谢你们对高等教育改革所做出的不懈努力，希望你们对本书保持持续关注，多提宝贵意见。

本书虽经反复讨论修改，但限于编者的学识及专业水平和实践经验，修订后仍难免有疏漏或不妥之处，恳请广大读者指正。

编　者

第1版前言

财务管理是商品经济条件下企业最基本的管理活动，建筑企业财务管理就是遵循资金运动的客观规律，遵照国家方针、政策、法规的要求，正确组织和监督各项经济活动。随着我国经济体制改革的深入发展，企业管理正从高度集中的生产管理型向生产经营管理型过渡。随着社会经济的发展，建筑企业财务管理的内容也在不断发生变化，特别是在现代市场经济环境中，企业生产经营规模不断扩大，经济关系日趋复杂，竞争也日益激烈，财务管理更成为建筑企业生存和发展的重要环节。

"建筑企业财务管理"是高等院校土建学科工程管理专业的主干课程，通过本课程的学习，学生应掌握企业财务管理的目标、任务和基本原则，熟悉我国建筑施工企业财务管理的环节和方法，了解建筑企业财务管理的价值观念，同时应具备一定的财务分析和解决实际问题的能力。

本书根据全国高等教育土建类专业教学指导委员会制定的教育标准和培养方案及主干课程教学大纲编写而成，秉承高等院校的办学指导思想，以促进就业为目标，采用多样、灵活、开放的人才培养模式，把教育教学与生产实践、社会服务、技术推广结合起来，使学生在掌握必备的基础理论知识和专门知识的基础上，重点提高从事本专业实际工作的基本能力和基本技能。

本书由宋勇、齐景华担任主编，孙秀伟、王广军担任副主编。教材编写时力求突出高等教育的特色，以就业为导向，以培养实用型建筑企业财务管理人才为目的，以学生为主体，体现了教学组织的科学性和灵活性原则。全书共分为十章，主要包括财务管理的价值观念、资金筹集管理、资金成本与资金结构、流动资产管理、项目投资管理、证券投资管理、成本费用管理、营业收入及利润管理、财务预算、财务分析等内容。

本书在保证系统性的基础上体现了内容的先进性，并通过较多的例题、思考题和练习题来加强对学生动手能力的培养。教材通过"学习重点—培养目标—课程学习—本章小结—思考与练习"的形式，构建了一个"引导—学习—总结—练习"的教学全过程，给学生的学习和老师的教学做出了引导，并使学生能从更深的层次思考、复习、巩固所学的知识。

本书可作为高等院校土建学科相关专业的教材，也可作为建筑企业管理人员学习、培训的辅导用书。本书在编写过程中，参阅了国内同行多部著作，在此表示衷心的感谢！

本书的编写虽经推敲核证，但限于编者的专业水平和实践经验，仍难免存在疏漏或不妥之处，恳请广大读者批评指正。

编　者

目 录

第一章 建筑企业财务管理概述 ······ 1
第一节 企业财务概述 ······ 1
一、企业财务的概念 ······ 1
二、建筑企业财务管理的概念 ······ 2
三、建筑企业财务管理的原则 ······ 2
四、建筑企业财务管理的任务与内容 ······ 3
第二节 建筑企业财务管理的目标 ······ 5
一、利润最大化目标 ······ 5
二、每股收益最大化目标 ······ 5
三、企业价值最大化目标 ······ 5
四、相关者利益最大化 ······ 6
第三节 建筑企业财务管理的环节 ······ 6
一、财务预测 ······ 6
二、财务决策 ······ 6
三、财务预算 ······ 6
四、财务控制 ······ 7
五、财务分析 ······ 7
第四节 建筑企业财务管理的环境 ······ 7
一、经济环境 ······ 7
二、金融市场环境 ······ 8
三、法律环境 ······ 9
第五节 建筑企业管理人员应具备的会计知识 ······ 10
一、会计的概念、职能、目标 ······ 10
二、会计要素 ······ 11
三、会计科目 ······ 13
本章小结 ······ 16
思考与练习 ······ 16

第二章 财务管理的价值观念 ······ 17
第一节 资金时间价值 ······ 17
一、资金时间价值的概念 ······ 17
二、资金时间价值的计算 ······ 18
第二节 收益与风险 ······ 23
一、资产的收益与收益率 ······ 23
二、资产的风险 ······ 24
本章小结 ······ 30
思考与练习 ······ 30

第三章 资金筹集管理 ······ 32
第一节 资金筹集概述 ······ 32
一、资金筹集的概念 ······ 32
二、资金筹集的种类 ······ 32
三、资金筹集的动机 ······ 33
四、资金筹集管理的内容 ······ 34
五、资金筹集的原则 ······ 34
六、企业筹资的渠道和方式 ······ 35
第二节 权益资金筹集 ······ 36
一、吸收直接投资 ······ 37
二、发行股票 ······ 39
三、利用留存收益筹资 ······ 42
第三节 债务资金筹集 ······ 43
一、向银行借款 ······ 43
二、发行公司债券 ······ 45
三、融资租赁 ······ 47
四、商业信用 ······ 49
第四节 衍生工具筹资 ······ 50

一、可转换债券 ·················· 50
　　二、认股权证 ···················· 53
　　三、优先股 ······················ 54
　本章小结 ··························· 56
　思考与练习 ························· 56

第四章　资金成本与资金结构 ············ 58
　第一节　资金成本 ··················· 58
　　一、资金成本的概念 ·············· 58
　　二、资金成本的作用 ·············· 59
　　三、资金成本的类型 ·············· 59
　　四、资金成本的计算 ·············· 59
　第二节　财务管理中的杠杆效应 ······· 64
　　一、杠杆效应的含义 ·············· 64
　　二、杠杆效应的形式 ·············· 64
　第三节　资金结构 ··················· 68
　　一、资金结构的概念 ·············· 68
　　二、影响资金结构的因素 ·········· 68
　　三、最优资金结构的确定 ·········· 69
　　四、资金结构的调整方法 ·········· 72
　本章小结 ··························· 72
　思考与练习 ························· 73

第五章　项目投资管理 ··················· 75
　第一节　项目投资概述 ··············· 75
　　一、项目投资的概念 ·············· 75
　　二、项目投资的类型 ·············· 75
　　三、项目投资的特点 ·············· 76
　　四、项目投资的决策程序 ·········· 76
　　五、项目计算期的构成 ············ 76
　　六、项目资金的投入方式 ·········· 77
　第二节　项目投资的现金流量 ········· 78
　　一、现金流量的含义 ·············· 78
　　二、现金流量的作用 ·············· 78
　　三、影响现金流量的因素 ·········· 78

　　四、现金流量的构成 ·············· 79
　　五、净现金流量的确定 ············ 80
　第三节　项目投资决策的财务评价 ····· 82
　　一、财务评价的基本概念 ·········· 82
　　二、项目投资决策的财务评价指标 ·· 82
　　三、项目投资决策的财务评价方法 ·· 83
　第四节　项目投资决策评价方法的应用 ·· 87
　　一、在单一的独立投资方案中的应用 ·· 87
　　二、在多个互斥投资方案中的应用 ·· 89
　　三、多方案组合或排队投资决策 ···· 90
　本章小结 ··························· 90
　思考与练习 ························· 90

第六章　证券投资管理 ··················· 92
　第一节　证券投资概述 ··············· 92
　　一、证券投资的基本概念 ·········· 92
　　二、证券投资的目的 ·············· 92
　　三、证券投资的类型 ·············· 93
　　四、证券投资的特征 ·············· 93
　　五、证券投资的一般程序 ·········· 94
　　六、证券投资的风险 ·············· 94
　第二节　债券投资 ··················· 95
　　一、债券投资的目的 ·············· 95
　　二、债券要素 ···················· 95
　　三、债券投资价值的确定 ·········· 96
　　四、债券投资收益率 ·············· 97
　　五、影响债券价值的因素 ·········· 98
　　六、债券投资的优缺点 ············ 99
　第三节　股票投资 ··················· 100
　　一、股票投资的目的 ·············· 100
　　二、股票投资价值的确定 ·········· 100
　　三、股票投资收益率 ·············· 101
　　四、股票投资的优缺点 ············ 101
　第四节　基金投资 ··················· 102
　　一、投资基金的概念 ·············· 102

二、投资基金的运作方式……………102
　　三、投资基金的种类…………………102
　　四、投资基金的特点…………………103
　　五、投资基金的估价…………………104
　第五节　证券投资组合………………105
　　一、证券投资组合的目的……………105
　　二、证券投资组合的风险及其
　　　　收益率………………………………106
　本章小结………………………………107
　思考与练习……………………………107

第七章　流动资产管理…………………109
　第一节　流动资产概述………………109
　　一、流动资产的概念及特点…………109
　　二、流动资产的分类…………………110
　　三、流动资产的管理要求……………110
　第二节　现金管理……………………110
　　一、现金管理的目的…………………110
　　二、企业持有现金的动机……………111
　　三、现金的成本组成…………………111
　　四、建筑企业现金管理的方法………112
　　五、现金的日常管理…………………118
　第三节　应收账款管理………………120
　　一、应收账款发生的原因及作用……120
　　二、应收账款的成本…………………121
　　三、应收账款的信用政策……………121
　　四、应收账款的日常管理……………125
　第四节　存货管理……………………126
　　一、存货的意义………………………126
　　二、存货的作用………………………126
　　三、存货的成本………………………127
　　四、存货管理中的风险………………128
　　五、存货经济批量的控制……………128
　　六、存货的日常管理…………………131
　本章小结………………………………133

　思考与练习……………………………133

第八章　固定资产管理…………………135
　第一节　固定资产管理概述…………135
　　一、固定资产的概念…………………135
　　二、固定资产的确认条件……………135
　　三、固定资产管理制度………………136
　第二节　固定资产计价………………137
　　一、原始价值计价……………………137
　　二、重置完全价值计价………………137
　　三、净值计价…………………………138
　第三节　固定资产投资管理…………138
　　一、固定资产投资的特点……………138
　　二、固定资产投资决策程序…………138
　　三、核定固定资产需要量的方法……139
　第四节　固定资产折旧………………140
　　一、固定资产折旧的概念……………140
　　二、影响固定资产折旧的因素………140
　　三、固定资产计提折旧的范围………140
　　四、固定资产计提折旧的方法………141
　本章小结………………………………143
　思考与练习……………………………143

第九章　营业收入及利润管理…………145
　第一节　营业收入管理………………145
　　一、营业收入的概念…………………145
　　二、营业收入的分类…………………145
　　三、营业收入的确认…………………146
　　四、营业收入的日常管理……………149
　第二节　利润管理……………………149
　　一、企业利润的概念…………………149
　　二、建筑企业利润的组成……………149
　　三、建筑企业利润分析………………150
　　四、建筑企业工程结算目标利润的分层
　　　　管理…………………………………152

第三节　利润分配管理 153
　　　一、利润分配的概念 153
　　　二、利润分配的原则 153
　　　三、利润分配的程序 153
　　　四、股利分配政策 154
　　　五、股票分割和股票回购 157
　　本章小结 159
　　思考与练习 159

第十章　财务预算 161
　　第一节　财务预算概述 161
　　　一、财务预算的概念 161
　　　二、财务预算的作用 161
　　　三、财务预算的特征 162
　　第二节　财务预算编制方法 162
　　　一、固定预算与弹性预算 162
　　　二、增量预算与零基预算 163
　　　三、定期预算与滚动预算 164
　　第三节　财务预算编制实务 166
　　　一、销售预算 166
　　　二、生产预算 167
　　　三、直接材料预算 167
　　　四、直接人工预算 167
　　　五、制造费用预算 167
　　　六、产品成本预算 167
　　　七、销售及管理费用预算 167
　　　八、现金预算 168
　　　九、预计利润表 170
　　　十、预计资产负债表 170
　　第四节　财务预算的执行与考核 171
　　　一、财务预算的执行 171
　　　二、财务预算的分析与考核 171

　　本章小结 172
　　思考与练习 172

第十一章　财务分析 173
　　第一节　财务分析概述 173
　　　一、财务分析的概念 173
　　　二、财务分析的目的 173
　　　三、财务分析的意义 174
　　　四、财务分析的内容 175
　　第二节　财务分析方法 175
　　　一、比率分析法 175
　　　二、趋势分析法 176
　　　三、因素分析法 176
　　第三节　财务指标分析 177
　　　一、偿债能力分析 177
　　　二、营运能力分析 181
　　　三、盈利能力分析 183
　　　四、发展能力分析 187
　　第四节　财务综合分析 188
　　　一、财务综合分析的目的 188
　　　二、财务综合分析的方法 188
　　　三、综合绩效评价 190
　　本章小结 195
　　思考与练习 195

附录 198
　　附录一　复利终值系数表 198
　　附录二　复利现值系数表 200
　　附录三　年金终值系数表 202
　　附录四　年金现值系数表 204

参考文献 206

第一章 建筑企业财务管理概述

学习目标

了解企业财务的概念,建筑企业财务管理的概念、原则、任务与内容;熟悉建筑企业管理人员应具备的会计知识;掌握建筑企业财务管理的目标、环节、环境。

能力目标

能初步掌握建筑企业财务管理的基础知识。

第一节 企业财务概述

一、企业财务的概念

1. 企业

企业是依法设立的,以营利为目的,运用各种生产要素(土地、劳动力、资本和技术等),向市场提供商品或服务,实行自主经营、自负盈亏、独立核算的法人或其他社会经济组织。企业的目标是创造财富(或价值)。

2. 企业财务

企业财务是企业生产经营过程中有关资金的筹集、使用和利润分配活动及其货币关系的总称,是指企业在生产经营过程中客观存在的资金运动及其所体现的经济利益关系,即财务活动和财务关系。

3. 企业财务活动

企业财务活动是指资金的筹集、使用和利润分配等活动。其具体内容包括以下几个方面:

(1)以吸收直接投资、向金融机构借款、发行股票和债券、取得商业信用等方式筹集资金。

(2)以购买生产资料、发放工资、支付办公费用和利息、对外投资等方式使用资金。

(3)向投资者分配利润。

4. 企业财务关系

企业财务关系是指企业财务活动过程中形成的企业与各方面的货币关系,包括企业与投资者之间的权益关系，企业与银行、供应单位等债权人之间的信用关系，企业与购货单位的信用关系，企业与政府部门的税费关系，企业与内部职工的支付关系。

二、建筑企业财务管理的概念

建筑企业是从事建筑安装工程施工生产的企业。建筑企业财务是指建筑企业在生产过程中客观存在的资金运动及其所体现的经济利益关系。建筑企业财务管理是因建筑施工企业生产过程中客观存在的财务活动和财务关系而产生的，是建筑企业组织财务活动和处理与各方面财务关系的一项经济管理活动。

建筑企业财务管理是建筑企业经营管理的一个重要组成部分，它是一项综合性的经济管理工作，包括从施工准备、工程施工到交工结算等一系列资金运动的过程。建筑企业财务管理就是遵循资金运动的客观规律，遵照国家的方针、政策、法规以及节约的客观需要，正确组织和监督各项经济活动，正确处理各方面的财务关系，有效地使用各项资金，提高资金使用效率，维护财经纪律，促进增产节约、增收节支，努力完成各项财务指标，以取得最佳经济效益。

三、建筑企业财务管理的原则

企业财务管理的原则是指企业组织财务活动、处理财务关系的准则，它是从企业财务管理的实践中概括出来的，体现财务管理活动规律的行为规范，是对财务管理的基本要求。建筑企业财务管理一般要遵循以下原则：

(1)资金结构优化原则。指企业在筹集资金时适当安排自有资金和借入资金的比例，在运用资金时合理配置长期资金与短期资金的原则。企业在筹集资金时，应适当安排自有资金比例，正确运用负债经营。由于借款利息可在所得税前列入财务费用，对企业留利影响较少，因此，其既能够提高自有资金利润率，又可缓解自有资金紧张的矛盾，但是，如果负债过多，则会发生较大的财务风险，甚至由于丧失偿债能力而面临破产。

(2)收支平衡原则。指在企业财务管理中，使资金的收支在数量上和时间上达到动态的协调平衡的原则。它是企业财务管理的一项基本原则。只有实现了财务收支的动态平衡，才能更好地实现企业财务管理的目标。在企业财务管理实践中，现金的收支计划、企业证券投资决策，都必须在这一原则指导下进行。

(3)成本效益原则。即对企业生产经营活动中的所费与所得进行比较分析，使成本与收益得到最优的组合，以谋取更多的利润。企业要对各项财务决策进行成本效益分析，应遵循以下要求：

1)企业在决策过程中无论采取何种决策方案，必须看它可实现的收入是否大于其投入的成本，如果不能达到这一点，即为得不偿失，不能选择该方案。

2)当某项收益难以确定时，应考虑在达到既定目标的前提下，如何使投入的成本最小化。

3)考虑决策的成本效益，以最小的资金投入追求最大的产出效应是企业财务管理工作的最根本的原则，也是一个成功企业自始至终所追求的理想目标，但是，在实际工作中，财务管理工作的成效并不是都能够定量化的，即不能以数量指标加以量化。因此，确认利益最大化有操作上的困难，即使确认次优利益也不是显而易见的，所以，企业在运用成本效益原则评价财务的绩效时，应把着重点放在成本的节约方面，特别是日常的企业内部财务管理上，要特别注意资金的运作成本。

（4）利益关系协调原则。指企业在收入及利润分配方面，一定要从全局出发，正确处理国家利益、企业利益和职工利益之间可能发生的矛盾，维护好有关各方面的合法权益，协调好他们的经济利益，这样才能保证企业实现财务管理目标。

四、建筑企业财务管理的任务与内容

1. 建筑企业财务管理的任务

建筑企业财务管理的基本任务是以国家法律法规、方针政策和财务制度为依据，根据市场经济的要求和工程管理的特点，运用科学的方法，组织企业财务活动，正确处理企业与各方面的财务关系，促进经济效益提高，保证全面完成企业的经营目标。其主要包括以下七个方面：

（1）参与企业的筹资决策。建筑企业财务管理部门必须通过在经营过程中对资金需求的预测和计划的编制，参与企业的筹资决策，从各种渠道合理地筹集足够的资金，以满足企业生产经营对资金的需要。建筑企业财务管理部门在进行筹资决策时，必须对各种筹资方式、筹资规模和时间、资金结构和筹资成本等因素进行比较和选择。具体来说，要保持合理的资金结构，即要保持负债筹资与资本筹资之间的合理比例；保持长期资金与短期资金的合理比例；保持资金筹集与资金需求的平衡；既能及时满足企业经营的资金需要，又不会造成资金的挤压或闲置浪费；保证所筹资金适时到位。在保证满足资金需要的前提下，尽可能地降低筹资风险。总之，筹资是企业生存发展的重要基础之一，也是财务管理的重要任务。

（2）合理配置资金。建筑企业财务管理者要合理调度资金，实现资金在各个环节的协调平衡。要统一规划企业的长期和短期投资，分析投资项目的性质和可行性程度，合理确定企业的投资方向和投资规模，根据宏观经济发展形势和企业的总体发展战略以及企业的资金状况，制定长期和短期投资计划，确定投资对象和投资金额。

（3）做好会计工作。会计数据资料是企业经营管理和决策的重要依据，建筑企业应当严格要求会计人员（包括成本核算人员），要及时、真实、准确、完整地反映企业的财务状况、经营成果和现金流量。对于资金的一收一支，财产物资的一进一出，对施工耗费和各种费用开支，以及成本升降、盈亏情况，都要如实反映。只有得到真实、准确、完整的会计信息，才能做到心中有数，有利于正确决策，加强管理和依法纳税，遵纪守法。

（4）加强成本管理。建筑企业财务管理的目标是控制和降低项目建设成本，提高投资效益。主要表现为：第一，通过对建设成本和工程成本的管理，控制建设工程的概算和预算；第二，通过合理安排建设工期和建设进度，提高资金周转效率，降低工程成本；第三，通过科学地制定设备和材料储备定额，合理、有效地利用资金，减少不必要的资金占用，降低工程成本；第四，建立合理、有效的财务考核指标和考核体系，强化资金使用的考核与分析，达到控制和降低成本、提高经济效益的目的。

（5）合理分配所得。建筑企业财务收益分配要求处理好各种经济关系，要注重利润分配和维护生产发展潜力的协调。这不仅对于正确处理国家、企业、个人的经济利益关系有着重要的意义，而且直接关系到企业的生存和发展，直接影响到职工的生产积极性和主动性，关系到企业经济效益的好坏。

（6）实施财务监督。财务监督是建筑企业财务管理的一项重要职能，财务主管部门和财务部门应以国家的方针政策、财经纪律、财务制度、预算、财务计划、经济合同等为依据，进行财务监督和财务检查，以保证全面完成企业的任务。财务监督是通过财务收支和财务指标对企业的生产经营活动进行审查和控制。

(7)分析、检查财务成本计划的执行情况。建筑企业理财人员要充分利用会计信息资料及其他有关资料，对财务成本计划的完成情况进行分析检查，考核资金、成本、利润流量等指标的完成情况并对财务状况作出客观评估，总结经验，指出确定和问题，提出改进经营管理和提高经济效益的措施，促使企业全面完成任务。

2. 建筑企业财务管理的内容

建筑企业生产经营过程表现为价值运动或者资金运动的过程，而资金运动过程的各个阶段总是与一定的财务活动相对应，或者说，资金运动形式是通过一定的财务活动内容来实现的一系列行为。建筑企业财务管理主要包括工程建设资金运动的全部财务管理，具体包括营运资金管理、筹资管理、投资管理和利润分配管理等。

(1)营运资金管理。营运资金是指流动资产与流动负债的差额，是企业用以维持正常经营所需的资金，即企业在生产经营中可用的流动资产的净额。对营运资金的管理就是对企业流动资产和流动负债的管理。营运资金管理的主要内容有：

1)合理安排流动资产与流动负债的比例关系，确保企业具有较强的短期偿债能力。

2)加强流动资产管理，提高流动资产周转效率，改善企业财务状况。

(2)筹资管理。筹资管理是企业财务管理的首要环节，是企业投资活动的基础。筹资是指企业为了满足投资和用资的需要，筹措和集中所需资金的过程。事实上，在企业发展过程中，筹资管理是贯穿始终的。在筹资过程中，企业一方面要确定筹资的总规模；另一方面要选择筹资方式，降低筹资的代价和风险。因此，筹资管理的一个重要内容就是确定企业最佳的资本结构。

(3)投资管理。投资是企业对资金的运用，是为了获得收益或避免风险而进行的资金投放活动。投资按回收期的长短可分为短期投资和长期投资。短期投资是指回收期在一年以内的投资，主要指货币资金、应收账款、存货、短期有价证券等的投资。长期投资是指投资回收期在一年以上的投资，主要是指规定资产投资、无形资产投资、对外长期投资等。投资按对象可以分为对内投资和对外投资，对内投资是指把资产资金投放于企业范围内的投资，对外投资是指把资产投放于企业以外的其他单位的投资。

投资管理是企业财务管理的一个重要环节，投资决策的成败对企业经营成败具有根本性的影响。

(4)利润分配管理。建筑企业通过出售施工产品取得工程结算收入，这部分工程结算收入抵扣了对应的工程结算成本、工程结算税金附加及费用后，形成建筑企业经营利润或亏损；同时，建筑企业的对外投资也会带来收益或损失，由此形成建筑企业的利润总额。按照应纳税所得额，企业依法交纳所得税后，即可进行相关的分配：按规定提取盈余公积(法定盈余公积、任意盈余公积)、支付给投资者利润(应付现金股利或利润)或暂时留存建筑企业形成未分配利润。这种由建筑企业分配活动而产生的资金收支，就是建筑企业利润分配引起的财务活动。

综上所述，建筑企业财务活动的四个方面是相互联系、相互依存的，共同组成了建筑企业完整的财务活动过程，并且是周而复始、循环往复进行的。

第二节　建筑企业财务管理的目标

建筑企业财务管理的目标又称建筑企业的理财目标，是指建筑企业组织财务活动、处理财务关系所要达到的根本目的，是建筑企业财务管理活动所希望取得的结果。关于建筑企业财务管理目标的综合表达主要有以下四种观点：

一、利润最大化目标

这种观点认为利润代表了建筑企业新创造的财富，利润越多则说明建筑企业财富增加得越多，越接近企业的目标，但是，这种观点也存在一定的缺陷：第一，利润最大化未能区分不同时间的报酬，未能考虑资金的时间价值；第二，利润最大化没有考虑所获利润和投入资本额的关系；第三，利润最大化未能考虑风险因素，高额利润往往需要承担过大的风险；第四，利润最大化往往会使建筑企业财务决策带有短期行为的倾向，即只顾及实现目前的最大利润，而不顾及企业的长远发展。

二、每股收益最大化目标

每股收益最大化作为建筑企业财务管理的目标，可以解决利润最大化目标不能反映建筑企业获得的利润额与投入资本额之间的投入/产出关系的问题，能够正确衡量建筑企业的经济效益水平，对于不同资本规模建筑企业之间或同一建筑企业不同时期之间可以做出盈利水平比较，从而为管理者经营决策提供一定的依据，但是，和利润最大化目标一样，每股收益最大化目标仍然没有考虑资金的时间价值和风险因素，也不能够避免建筑企业的短期行为，该目标也可能会与建筑企业长期发展的目标不一致。

三、企业价值最大化目标

企业价值是指企业全部资产的市场价值，它是以一定时期内归属于投资者的现金流量，按照资本成本或投资机会成本贴现的现值。企业价值最大化是通过企业的合理经营，采用最优的财务政策，在考虑资金的时间价值和风险报酬的情况下使企业的总价值达到最大。由于在股份经济条件下，股东的财富由其所拥有的股票数量和市场价格来决定，当股票价格达到最高时，股东的财富也达到最大值。这种观点存在的问题是：第一，对上市公司而言，股价的高低不能完全体现企业价值的大小；第二，法人股东对股价的敏感程度较差；第三，非上市公司需进行专门的评估才能确定其价值，而评估又会受到评估标准及方式的影响。

虽然企业价值最大化存在着种种不足之处，但是企业价值最大化有利于体现建筑企业管理的目标，而且它考虑了资金的时间价值和风险价值，因此，一般认为它是一个比较合理的财务管理目标。

四、相关者利益最大化

相关者利益最大化是指通过企业财务上的合理经营，采用最优的财务政策，充分考虑资本的时间价值和风险与报酬的关系，在保证企业长期稳定发展的基础上使企业总价值达到最大。这种观点具有以下优点：

(1)有利于企业长期稳定发展。

(2)体现了合作共赢的价值理念，有利于实现企业经济效益和社会效益的统一。

(3)这一目标本身是一个多元化、多层次的目标体系，较好地兼顾了各利益主体的利益。

(4)体现了前瞻性和现实性的统一。

第三节　建筑企业财务管理的环节

建筑企业财务管理的环节是指建筑企业为了达到所选定的财务管理目标而进行财务管理工作的步骤与程序。建筑企业财务管理的基本环节包括财务预测、财务决策、财务预算、财务控制及财务分析五个部分。

一、财务预测

财务预测是根据历史资料和市场调查情况，利用一定的方法对建筑企业各项财务指标的发展变化趋势和程度进行测算与估计，为进行财务决策和编制财务计划提供依据。财务预测的步骤如下：第一，确定预测目标；第二，搜集和整理信息；第三，运用一定的方法进行计算；第四，对不同方案进行比较，并提出最佳方案。

二、财务决策

财务决策是指对有关资金筹集和使用的决策。建筑企业财务管理人员必须在对企业财务内部条件和外部环境进行分析、找出决策依据的基础上，围绕企业所要解决的问题设计出多种备选方案并分析各方案的优缺点，按一定的评价准则选择最优的行动方案。财务决策是一个提出问题、分析问题和解决问题的分析判断过程，财务决策并不是一次性完成的，往往需要返回到以前的阶段。如在拟订解决问题的备选方案时往往会发现预测的信息并不完善，需要重新补充收集新的内容和决策依据等。

三、财务预算

财务预算是运用科学的技术手段和方法，对财务决策中选定的方案进行具体规划，制定出主要计划指标的过程。财务预算是以财务决策确定的方案和财务预测提供的信息为基础编制的，是财务预测和财务决策所确定的施工生产经营目标的系统化、具体化，是控制财务活动的依据。

四、财务控制

财务控制是在财务管理的过程中,利用有关信息和特定手段,对建筑企业财务活动所施加的影响或进行的调节。实行财务控制是落实预算任务、保证预算实现的有效措施。财务控制的一般步骤为:第一,制定控制标准,分解落实责任;第二,实施追踪控制,及时调整误差;第三,分析执行情况,搞好考核奖惩。

五、财务分析

财务分析是以核算资料为主要依据,对建筑企业财务活动的过程和结果进行调查研究,并采用一定的分析方法,评价计划完成情况,分析影响计划执行的因素,并提出改进措施。通过财务分析,可以掌握各项财务计划指标的完成情况,评价财务状况,研究和掌握企业财务活动的规律性,改善财务预测、决策、计划和控制,提高企业经济效益,改善企业管理水平。财务分析的一般步骤为:第一步,确立题目,明确目标;第二步,搜集资料,掌握情况;第三步,运用方法,揭示问题;第四步,提出措施,改进工作。

第四节 建筑企业财务管理的环境

财务管理的环境是指对理财活动具有直接或间接影响的外部条件或因素。它们是从事工程企业财务管理难以改变的约束条件,这就要求从事工程建设的企业财务管理不断适应其运作环境的要求和变化。建筑企业财务管理环境涉及的范围很广,其中最重要的是经济环境、金融市场环境和法律环境。

一、经济环境

经济环境是指建筑企业在进行财务活动时所面临的宏观经济状况,主要包括以下几个方面:

1. 经济发展状况

经济发展状况对财务管理的影响,表现为经济发展的速度、经济发展的波动对财务管理的影响。

(1)经济发展的速度对企业财务管理的影响。近几年来,我国的经济发展速度一直在6%左右,这一经济发展速度是衡量企业理财水平的一个标准,要使企业跟上社会的发展速度并保持其在同行业中的地位,企业的发展速度不能低于经济发展速度。为了使企业的发展速度与经济发展速度保持同步,财务管理必须筹集大量资金,同时,在企业发展管理上倾注精力。

(2)经济发展的波动对企业财务管理的影响。经济发展的波动,即表现为经济的繁荣与衰退。在市场经济条件下,经济发展与运行总会呈现出一段时间的"过热"和一段时间的"调整",所以财务管理必须适应这种波动,并有足够的准备在这种波动中及时调整生产经营。

2. 通货膨胀

通货膨胀对企业财务管理的影响表现在以下几方面：

(1)企业资金需求不断膨胀。

(2)资金供应持续性短缺。

(3)货币性资产因不断贬值会产生购买力损失，而持有货币性负债会因贬值产生购买力收益。货币性资产是指企业所拥有的现金及固定金额的债权，货币性负债是指由企业承担的支付定量货币的义务。

(4)实物性资产，如原材料、产成品、固定资产等会相对升值，产生持有收益。

3. 市场竞争

在市场经济的大环境下，企业和企业之间的竞争是不可避免的，其将涉及企业设备、人才、技术、管理等多个方面。对企业管理人员来说，竞争既是机会也是挑战，为了在竞争中取胜，企业往往会扩大投资、引进人才。若竞争成功，则企业的盈利就会增加，从而更上一个台阶；若竞争失败，则企业将面临重重困难和严峻的考验。

4. 政府的经济政策

政府肩负着调控宏观经济的职能，其制定的国民经济的发展规划、国家的产业政策、经济体制改革的措施、政府的行政法规等对企业的财务活动都有重大影响。国家对某些地区、某些行业、某些经济行为的优惠、鼓励和有利倾斜构成了政府经济政策的主要内容。从反面来看，政府政策也是对另外一些地区、行业和经济行为的限制。企业在财务决策时，要认真研究政府政策，按照政策导向行事才能趋利除弊。另外，政府政策会因经济状况的变化而进行调整。企业若能为这种变化留有余地，甚至预见其变化的趋势，对财务管理将大有益处。

二、金融市场环境

金融市场环境的变化对建筑企业财务管理有着十分重要的影响，财务人员必须了解金融市场，熟知金融机构和利息率的变化情况。

1. 金融市场

金融市场是指资金融通的场所。广义的金融市场，是指一切资本流动的场所，包括实物资本和货币资本的流动。广义的金融市场的交易对象包括货币借贷、票据承兑和贴现、有价证券的买卖、黄金和外汇买卖、办理国内外保险、生产资料的产权交换等。狭义的金融市场一般是指有价证券市场，即股票和债券的发行和买卖市场。

(1)金融市场的分类。金融市场是以资金交易为对象的市场。其主要分类如下：

1)按营业的性质可分为外汇市场、资金市场和黄金市场三大类。

2)按时间长短可分为货币市场和资本市场。货币市场是指资金的短期市场(通常为一年以内)，资本市场是指资金的长期市场(通常在一年以上)。

3)按证券发行或交易过程可分为初级市场和二级市场。初级市场又称一级市场、发行市场，是由新证券第一次发行而形成的市场；二级市场又称交易市场，是由已发行证券买卖而形成的市场。

(2)金融市场的组成。金融市场由主体、客体和参加人组成。主体是指银行和非银行金融机构，它们是金融市场的中介机构，是连接筹资人和投资人的桥梁。客体是指金融市场上的买卖对象，如商业票据、政府债券、公司股票等各种信用工具。金融市场的参加人是指客体的供给者和需求者，如企业、事业单位、政府部门、城乡居民等。

2. 金融机构

社会资金从资金供应者手中转移到资金需求者手中，大部分是通过金融机构来实现的。我国的金融监管机构包括"一行两会"，即中国人民银行、银保监会和证监会。金融机构包括各类商业银行、政策性银行、保险公司、证券公司、信用合作机构、信托投资公司和金融租赁公司等。

3. 利息率

利息率简称利率，是利息占本金的比率。从资金的借贷关系来看，利率是一定时期运用资金资源的交易价格。因此，它在资金分配及建筑企业财务决策中起重要作用。

（1）利率的类型。

1）按利率的形成机制不同，将利率分为市场利率和法定利率。市场利率是指根据资金市场上的供求关系，随市场自由变动的利率。法定利率是指由政府金融管理部门或者中央银行确定的利率。

2）按利率之间的变动关系，利率分为基准利率和套算利率。基准利率是指在多种利率并存的条件下起决定性作用的利率，基准利率在我国是指中国人民银行对商业银行贷款的利率。套算利率是指在基准利率确定后，各金融机构根据基准利率和借贷款项的特点而换算出的利率。

3）按利率与市场资金供求情况的关系，利率分为固定利率和浮动利率。固定利率是指在借贷期内固定不变的利率；浮动利率是指在借贷期内可以调整的利率。一般来说，在通货膨胀条件下采用浮动利率，可使债权人减少损失。

（2）利率的组成。资金的利率通常由以下三部分组成：

1）纯利率。纯利率是指没有风险和通货膨胀情况下的均衡点利率。

2）通货膨胀补偿率。通货膨胀补偿率是指由于持续的通货膨胀会不断降低货币的实际购买力，为补偿其购买力损失而要求提高的利率。

3）风险报酬率。风险报酬率包括违约风险报酬率、流动性风险报酬率和期限风险报酬率。

三、法律环境

企业财务管理的法律环境是指影响财务管理的各种法律因素。财务管理是一种社会行为，必然要受到法律规范的约束。按照法律规范的层次性和强制程度，对企业财务管理的法律环境可进行如下分类：

1. 财务法律制度

（1）财务管理工作必须遵循的各项法律。如建筑法、公司法、会计法、合同法、商业银行法、证券法、证券交易法、税法、票据法、仲裁法等。

（2）财务管理工作必须遵循的规定和条例。如企业会计准则、国有企业财产监管条例、国库券条例、股票发行与监管条例、工程登记管理条例、企业债券管理条例、企业财务报告条例等。

（3）财务管理工作必须执行的各种规章制度。包括企业财务制度、不同时期各级政府发布的有关财务管理工作的通知以及对有关财务问题的处理意见等。

2. 企业组织法律制度

企业必须依法成立。组建不同的企业，要依照不同的法律规范，具体包括《中华人民共和国公司法》《中华人民共和国全民所有制工业企业法》《中华人民共和国外商投资法》《中华人民共和国合伙企业法》等。这些法律规范既是企业的组织法，又是企业的行为法。

3. 税收法律制度

税法是国家法律体系中的一个重要部分，是国家利用法律的形式，组织财政收入、调节国民经济，进行宏观调控的重要工具和特殊手段。建筑企业中涉及的税收项目主要包括增值税、企业所得税、印花税等。

第五节　建筑企业管理人员应具备的会计知识

建筑企业总经理、各部门主管及管理人员为了掌握财务管理的内容和方法、看懂财务报表、掌握分析方法及成本监控管理方法，需要具备一定的会计基础知识。

一、会计的概念、职能、目标

1. 会计的概念

会计是指以货币为主要计量单位，以凭证为依据，运用专门的技术方法和程序，对特定主体的经济活动进行全面、综合、连续、系统的核算和监督并向有关方面提供会计信息的一种经济管理活动。

2. 会计的职能

会计的职能是指会计在经济管理过程中所具有的功能或能够发挥的作用。会计的职能可以概括为核算和监督两个方面。

（1）会计的核算职能。会计核算是指以货币为主要计量单位，对特定主体的经济活动进行真实、准确、完整的记录、计算和报告。

《中华人民共和国会计法》第十条规定，下列经济业务事项应当办理会计手续，进行会计核算：

1）款项和有价证券的收付；
2）财物的收发、增减和使用；
3）债权债务的发生和结算；
4）资本、基金的增减；
5）收入、支出、费用、成本的计算；
6）财务成果的计算和处理；
7）需要办理会计手续、进行会计核算的其他事项。

（2）会计的监督职能。会计监督主要是利用各种信息资料对特定主体的经济活动进行检查、控制、指导，使其经济活动按照一定的目标、遵循一定的原则和标准正常进行。会计监督应包括事前监督、事中监督和事后监督。

《中华人民共和国会计法》第二十七条规定,"各单位应当建立、健全本单位内部会计监督制度"。单位内部监督制度,应当符合下列要求:

1)记账人员与经济业务事项和会计事项的审批人员、经办人员、财物保管人员的职责权限应当明确,并相互分离、相互制约。

2)重大对外投资、资产处置、资金调度和其他重要经济业务事项的决策和执行的相互监督、相互制约程序应当明确。

3)财产清查的范围、期限和组织程序应当明确。

4)对会计资料定期进行内部审计的办法和程序应当明确。

会计监督的内容包括监督经济业务是否真实,监督财务收支是否符合财政制度和财务制度的规定,监督财产是否安全完整。

3. 会计的目标

会计的目标是会计工作在一定时期内预计达到的目的。"一定时期"是指月度、季度、半年度或年度。会计目标是组织会计工作的依据,也是检查会计工作的标准。

会计的具体目标是会计基本目标的具体化,直接体现着会计的特点。会计的具体目标一般包括以下几个方面:

(1)提供会计信息。特定主体要按照会计核算的要求,建立输入、加工、传递、储存和输出会计信息的制度,取得、填制和审核会计凭证,登记和审核会计账簿,编制会计报表;同时,还要加强调查研究,及时、正确、全面、系统地为国家宏观经济管理、社会有关各方和企业内部经济管理提供会计信息。

(2)做好会计决策。会计工作一方面要做好本部门的管理决策,为提高经济效益制定相应的管理办法;另一方面要参与企业的经营战略决策,确定一定时期内的经济效益目标,寻求提高经济效益的途径,采取必要的重大措施。

(3)实行预算管理。要建立和健全会计基础工作,及时、正确地编制财务成本预算,按照责任权利相结合的原则,将预算指标层层落实到有关部门,组织群众实施预算,发现问题及时解决。要定期检查预算的执行情况,考核经济效益,分析预算完成情况的原因。

(4)严格会计控制。要制定各项定额和预算等控制标准,建立各种控制制度,保证生产经营活动的需要,控制材料消耗和费用开支,降低成本,反对浪费。

(5)开展会计检查。建立会计检查制度,需要检查会计凭证、会计账簿、会计报表的真实性、合法性、合理性、及时性、完整性和正确性;定期或不定期、全面或部分地对财产的真实性、合法性和合理性进行清查,做到账证、账账、账表和账实相符。

(6)进行会计分析。对经济活动进行定期或不定期分析、全面或专题分析、日常和事后分析、专业和群众分析,揭示经济活动发展变化的原因和趋势,促进经济效益的进一步提高。

二、会计要素

会计要素是构成会计报表的基本因素,也是设置账户的基本依据。我国企业会计准则对外报告会计要素划分为6项,包括反映企业财务状况的静态要素——资产、负债、所有者权益以及反映企业经营成果的动态要素——收入、费用、利润。

1. 资产的概念及特征

资产是指过去的交易或者事项形成的、由企业拥有或者控制的、预期会给企业带来经济利益的资源。资产具有以下特征：

(1)资产预期能够直接或间接地给企业带来经济利益。

(2)资产都是为企业所拥有的，或者即使不为企业所拥有，也是企业所控制的。

(3)资产是由过去的交易或事项形成的。

按照流动性对资产进行分类，可以分为流动资产和非流动资产。

2. 负债的概念及特征

负债是指企业过去的交易或者事项形成的、预期会导致经济利益流出企业的现时义务。它具有以下特征：

(1)负债是企业承担的现时义务。

(2)负债的清偿预期会导致经济利益流出企业。

(3)负债是由过去的交易或事项形成的。

按照流动性对负债进行分类，可以分为流动负债和长期负债。

3. 所有者权益的概念及特征

所有者权益是指企业资产扣除负债后由所有者享有的剩余权益。公司的所有者权益又称为股东权益，它具有以下特征：

(1)除非发生减资、清算，企业不需要偿还所有者权益。

(2)企业清算时，只有在清偿所有的负债后，所有者权益才会返还给所有者。

(3)所有者凭借所有者权益能够参与利润的分配。

按其构成对所有者权益进行分类，可以分为实收资本（或股本）、资本公积、盈余公积和未分配利润等。

4. 收入的概念及特征

收入是指企业在日常活动中形成的、会导致所有者权益增加的、与所有者投入资本无关的经济利益的总流入。它具有以下特征：

(1)收入是从企业的日常活动中产生的，不包括偶发事件产生的利得——营业外收入、补贴收入。

(2)收入要能表现为企业资产的增加或负债的减少。

(3)收入将引起企业所有者权益的增加。

(4)收入只包括本企业经济利益的流入，而不包括为第三方或客户代收的款项。

按性质对收入进行分类，可分为企业在销售商品、提供劳务（主营业务收入）及让渡资产使用权（其他营业收入）等日常活动中所形成的经济利益的总流入。

5. 费用的概念及特征

费用是指企业在日常活动中发生的、会导致所有者权益减少的、与向所有者分配利润无关的经济利益的总流出。它具有以下特征：

(1)费用是企业在日常活动中发生的经济利益的流出，而不是从偶发的交易或事项中发生的经济利益的流出。

(2)费用可能表现为资产的减少或负债的增加，或二者兼而有之。

(3)费用引起所有者权益的减少。

按其与收入的关系,费用可分为营业成本和期间费用。

6. 利润的概念

利润是指企业在一定会计期间的经营成果,包括收入减去费用后的净额、直接计入当期利润的利得和损失等。

三、会计科目

1. 会计科目的概念

会计科目是对会计对象的具体内容进行分类核算的项目。通俗地说,会计科目是对各种各样的经济业务进行科学分类的名称,即把经济业务按其不同性质进行分类,对每类业务均予以命名。

2. 会计科目的设置原则

设置会计科目的原则包括以下几个方面:

(1)会计科目必须统一编号。企业不应当随意打乱会计科目的统一编号,以便于编制会计凭证、登记账簿、查阅账目、实行会计电算化。某些会计科目之间留有空号,供增设会计科目之用。

(2)企业应按会计制度的规定,设置和使用会计科目。在不影响会计核算要求和会计报表指标汇总,以及对外提供统一的财务会计报告的前提下,可以根据实际情况自行增设、减少或合并某些会计科目。明细科目的设置,除企业会计制度已有规定者外,在不违反统一会计核算要求的前提下,建筑企业可以根据需要自行确定。

(3)依据原则,灵活设置。对于会计科目名称,建筑企业可以根据本企业的具体情况,在不违背会计科目使用原则的基础上,确定适合于本企业的会计科目。

3. 建筑企业的会计科目

财政部 2000 年 12 月 29 日颁布的《企业会计制度》规定了 85 个会计科目。2003 年 9 月 25 日又印发了《施工企业会计核算办法》,在企业会计制度的基础上增设了"周转材料""临时设施""临时设施摊销""临时设施清理""工程结算""工程施工"和"机械作业"7 个科目;同时规定,企业可以根据需要自行设置"拨付所属资金""上级拨入资金"和"内部往来"等科目。建筑企业一般可以设置的会计科目见表 1-1。

表 1-1 建筑企业一般可以设置的会计科目

顺序号	编号	科目名称
一、资产类		
1	1001	库存现金
2	1022	银行存款
3	1012	其他货币资金
4	1101	交易性金融资产
5	1121	应收票据
6	1122	应收账款
7	1123	预付账款
8	1131	应收股利

续表

顺序号	编号	科目名称
9	1132	应收利息
10	1221	其他应收款
11	1231	坏账准备
12	1241	内部往来
13	1401	材料采购
14	1402	在途材料
15	1403	原材料
16	1404	材料成本差异
17	1408	委托加工物资
18	1409	采购保管费
19	1411	周转材料
20	1412	低值易耗品
21	1471	存货跌价准备
22	1511	长期股权投资
23	1512	长期股权投资减值准备
24	1531	长期应收款
25	1541	拨付所属资金
26	1601	固定资产
27	1602	累计折旧
28	1603	固定资产减值准备
29	1604	在建工程
30	1605	工程物资
31	1606	固定资产清理
32	1607	临时设施
33	1608	临时设施摊销
34	1609	临时设施清理
35	1701	无形资产
36	1702	累计摊销
37	1703	无形资产减值准备
38	1801	长期待摊费用
39	1901	待处理财产损益
二、负债类		
40	2001	短期借款
41	2201	应付票据
42	2202	应付账款
43	2203	预收账款

续表

顺序号	编号	科目名称
44	2211	应付职工薪酬
45	2221	应缴税费
46	2231	应付利息
47	2232	应付股利
48	2241	其他应付款
49	2401	递延收益
50	2501	长期借款
51	2502	应付债券
52	2701	长期应付款
三、所有者权益类		
53	4001	实收资本（或股本）
54	4002	资本公积
55	4003	上级拨入资金
56	4101	盈余公积
57	4103	本年利润
58	4104	利润分配
四、成本类		
59	5001	生产成本
60	5101	制造费用
61	5201	劳务成本
62	5301	研发支出
63	5401	工程施工
64	5402	工程结算
65	5403	机械作业
五、损益类		
66	6001	主营业务收入
67	6501	其他业务收入
68	6111	投资收益
69	6301	营业外收入
70	6401	主营业务成本
71	6402	其他业务成本
72	6403	税金及附加
73	6601	销售费用
74	6602	管理费用
75	6603	财务费用
76	6711	营业外支出

续表

顺序号	编号	科目名称
77	6801	所得税费用
78	6901	以前年度损益调整

本章小结

本章主要介绍了企业财务管理的概念，建筑企业财务管理的目标、环节、环境，建筑企业管理人员应具备的会计知识等内容。通过本章的学习，应对建筑企业财务管理有基本的认知，为日后的学习打下基础。

思考与练习

一、填空题

1. 企业的目标是_____。
2. 建筑企业财务管理主要包括工程建设资金运动的全部财务管理，具体包括_____、_____、_____和_____等。
3. 财务管理的基本环节包括_____、_____、_____、_____及_____五个部分。
4. 财务管理的环境是指对理财活动具有直接或间接影响的_____或_____。
5. 按利率的形成机制不同，利率分为_____和_____。
6. 会计的职能可以概括为_____和_____两个方面。

二、选择题

1. 根据相关者利益最大化财务管理目标理论，承担最大风险并可获得最大报酬的是（　　）。
   A. 股东　　　　B. 债权人　　　　C. 经营者　　　　D. 供应商
2. 利用专门的方法对各种备选方案进行比较和分析，从中选出最佳方案的过程是（　　）。
   A. 财务计划　　B. 财务决策　　　C. 财务控制　　　D. 财务分析

三、简答题

1. 财务活动的具体内容有哪些？
2. 建筑企业财务管理的任务包括哪几个方面？
3. 简述利润最大化目标观点。
4. 什么是财务预测和财务决策？
5. 建筑企业经济环境包括哪几个方面？
6. 什么会计核算？其包括哪些内容？
7. 什么是会计要素？其包括哪些内容？

第二章　财务管理的价值观念

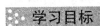

了解资金时间价值的概念，风险的概念、特征及分类；掌握单利、复利和年金的终值与现值的计算方法，风险衡量的方法，风险控制的对策。

具备运用资金时间价值观念进行理财分析的能力；能够正确运用各种衡量风险价值的方法；能够选择正确的方法进行风险控制。

第一节　资金时间价值

一、资金时间价值的概念

资金时间价值是指一定量的资金在不同时点上价值量的差额，也称货币时间价值，其是在货币资金经历一定时间的投资和再投资过程中形成的。众所周知，在市场经济条件下，即使不存在通货膨胀，等量资金在不同时点上的价值量也不相等。例如，年初的10 000元，运用以后，到年终其价值要高于10 000元。这是因为资金使用者把资金投入生产经营以后，劳动者借以生产新的产品，创造新的价值，会带来利润，实现增值。因此，资金时间价值的根源是劳动者创造的新价值。

通常情况下，资金时间价值相当于没有风险和没有通货膨胀条件下的社会平均资金利润率，这是利润平均化规律作用的结果。一般来说，企业在投资某项目时，至少要取得社会平均资金的利润率，否则，不如投资另外的项目或另外的行业。因此，资金的时间价值成为评价投资方案的基本标准。财务管理对时间价值的研究，主要是对资金的筹集、投放、使用和收回等从量上进行分析，以便找出适用于分析方案的数学模型，改善财务决策的质量。

由于一定量的资金在不同时点上的价值量是不同的，因此，不同时间的货币收入不能直接进行比较，需要将它们换算到相同的时间基础上，然后才能进行大小比较和比率的计算。

下面简单介绍有关资金时间价值的几个术语：

(1)现值。现值是指在未来某一时点上的一定数额资金折合成现在的价值，即资金在资金运动起点的价值，在商业上俗称"本金"。

(2)终值。终值是指一定数额的资金经过一段时期后的价值，即资金在资金运动终点的价值，在商业上俗称"本利和"。

(3)单利法。单利法是指计算利息时，只按本金计算，对应付而未付的利息不予计算。目前，我国银行采用这种方法计算资金的时间价值。

(4)复利法。复利法是指计算利息时，把上期的利息并入本金内一并计算利息，即"利滚利"。西方国家一般采用这种方法计算资金时间价值。

(5)年金。年金是指一定时期内相等金额的收付款项。折旧、租金、保险金、等额分期付款、等额分期收款及零存整取或整存零取储蓄存款等都属于年金范畴。

二、资金时间价值的计算

建筑企业的财务管理工作要求必须明确不同时点上资金之间的数量关系，也就是要计算资金的时间价值，主要包括单利、复利和年金的终值与现值的计算方法。

(一)单利的终值与现值

1. 单利终值的计算

单利终值是指现在的一笔资金按单利计算的未来价值，为计算方便，先设定如下符号：I 为利息；P 为现值；F 为终值；i 为每一利息期的利率(折现率)；n 为计算利息的期数。

按照单利的计算法则，利息的计算公式为

$$I = P \cdot i \cdot n$$

【例 2-1】 某人持有一张带息票据，面额为 2 000 元，票面利率为 5%，出票日期为 8 月 12 日，到期日为 11 月 10 日(90 天)，则该持有者到期可得利息为

$$I = 2\,000 \times 5\% \times 90/360 = 25(元)$$

需要注意的是，除非特别指明，在计算利息时，给出的利率均为年利率，对于不足一年的利息，以一年等于 360 天进行折算。

单利终值的计算公式为

$$F = P + P \cdot i \cdot n = P(1 + i \cdot n)$$

【例 2-2】 我国国债的利息是以单利计算的。设国债面额为 100 元，3 年期，年利率为 3.73%，则到期后的本利和为

$$F = 100 \times (1 + 3 \times 3.73\%) = 111.19(元)$$

2. 单利现值的计算

单利现值是指若干年后收入或支出一笔资金按单利计算的现在价值，单利现值的计算同单利终值的计算是互逆的，由终值计算现值的过程称为折现。单利现值的计算公式为

$$P = \frac{F}{1 + i \cdot n}$$

【例 2-3】 若 5 年后可取得本利和 2 000 元，则在利率为 5%且以单利方式计算条件下，

现在需存入银行的本金为
$$P=\frac{2\,000}{1+5\%\times 5}=1\,600(元)$$

(二)复利的终值与现值

1. 复利终值的计算

复利终值是指一定量资金若干期后按复利法计算时间价值的本利和,其计算公式为
$$F=P\times(1+i)^n$$
式中,$(1+i)^n$ 称为复利终值系数或1元复利终值,用符号$(F/P,i,n)$表示。复利终值系数可通过查阅复利终值系数表(附录一)直接获得。

【例2-4】 某人将1 000元存入银行,若年利率为3.3%,3年后其复利终值为
$$F=1\,000\times(1+3.3\%)^3=1\,102.3(元)$$

2. 复利现值的计算

复利现值相当于原始本金,它是指今后某一特定时间收到或付出的一笔款项,按折现率(i)所计算的现在时点价值,其计算公式为
$$P=F\times(1+i)^{-n}$$
式中,$(1+i)^{-n}$通常称作一次性收付款项现值系数,记作$(P/F,i,n)$,可通过查阅复利现值系数表(附录二)直接获得。

【例2-5】 某企业投资项目预计6年后可获得收益800万元,按年利率5%计算,则这笔资金的现值为
$$P=800\times(P/F,5\%,6)$$
查附录二得$(P/F,5\%,6)=0.746\,2$,则
$$P=800\times 0.746\,2=596.96(万元)$$

(三)年金的终值与现值

年金按其每次收付发生的时点不同,可分为普通年金、预付年金、递延年金、永续年金等几种。

1. 普通年金

普通年金是指从第一期起,在一定时期内每期期末等额发生的系列收付款项,又称为后付年金。

(1)普通年金终值的计算(已知年金A,求年金终值F)。普通年金终值是每期期末收入或支出等额款项的福利终值之和。设每年的等额款项为A,利率为i,期数为n,其计算方法如图2-1所示。由图2-1中可知,普通年金终值的计算公式为

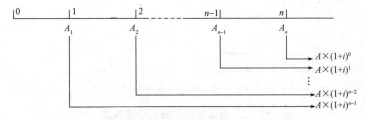

图2-1 普通年金终值的计算方法

$$F = A \times (1+i)^0 + A \times (1+i)^1 + A \times (1+i)^2 + \cdots + A \times (1+i)^{n-2} + A \times (1+i)^{n-1}$$

整理上式可得

$$F = A \times \frac{(1+i)^n - 1}{i}$$

式中，分式 $\frac{(1+i)^n - 1}{i}$ 称作年金终值系数，也可用 $(F/A, i, n)$ 表示，查年金终值系数表（附录三）能得到有关数值。

【例 2-6】 每年年末存入银行 1 000 元，年利率为 3%，第 5 年年末年金的终值为

$$F = 1\,000 \times \frac{(1+3\%)^5 - 1}{3\%} = 5\,309(元)$$

【例 2-7】 假设某项目在 5 年建设期内每年年末从银行借款 200 万元，借款年利率为 6%，则该项目竣工时应付本息的总额为

$$F = 200 \times \frac{(1+6\%)^5 - 1}{6\%} = 1\,127.42(万元)$$

(2)年偿债基金的计算(已知年金终值 F，求年金 A)。其经济含义为：在利率为 i，复利计息的条件下，如果要在第 n 期期末一次收入 F 数额的现金流量，那么在这 n 期内连续每期期末等额支付(支出)值 A 应是多少？

偿债基金的计算实际上是年金终值的逆运算，其计算公式为

$$A = F \times \frac{i}{(1+i)^n - 1}$$

式中，分式 $\frac{i}{(1+i)^n - 1}$ 称作偿债基金系数，记作 $(A/F, i, n)$。可查阅偿债基金系数表或通过年金终值系数的倒数推算出有关数值。

$$A = F \times (A/F, i, n)$$

或

$$A = F \times [1/(F/A, i, n)]$$

【例 2-8】 假设某企业有一笔 4 年后到期的借款，到期值为 1 000 万元。若存款年复利率为 10%，则为偿还该项借款应建立的偿债基金应为

$$A = 1\,000 \times 10\% / [(1+10\%)^4 - 1] = 1\,000 \times 0.215\,4 = 215.4(万元)$$

或

$$A = 1\,000 \times [1/(F/A, 10\%, 4)]$$
$$= 1\,000 \times (1/4.641\,0) = 215.4(万元)$$

(3)普通年金现值的计算(已知年金 A，求年金现值 P)。普通年金现值是一定时期内每期期末等额收付款项的复利现值之和，其计算方法如图 2-2 所示。

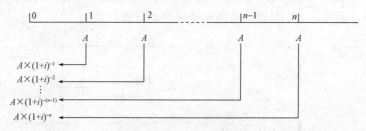

图 2-2 普通年金现值的计算方法

由图 2-2 可知，普通年金现值的计算公式为

$$P=A\times(1+i)^{-1}+A\times(1+i)^{-2}+A\times(1+i)^{-3}+\cdots+A\times(1+i)^{-n}$$

整理上式可得

$$P=A\times\frac{1-(1+i)^{-n}}{i}$$

式中　P——年金现值；

　　　$\frac{1-(1+i)^{-n}}{i}$——年金现值系数，可从年金现值系数表(附录四)中查得。

【例 2-9】　某企业租入设备，每年年末需要支付租金 1 000 元，年复利率为 10%，则 5 年内应支付的租金总额的现值为

$$P=1\,000\times\frac{1-(1+10\%)^{-5}}{10\%}$$
$$=1\,000\times(P/A,10\%,5)$$
$$=1\,000\times3.791=3\,791(元)$$

(4)投资年回收额的计算(已知年金现值 P，求年金 A)。资本回收额是指在给定的年限内等额回收初始投入资本或清偿所欠债务的价值指标。即在现金流量现值为 P，报酬率为 i 并复利计息的条件下，求在 n 期内与其等值的连续的等额分付值 A。

年投资回收额的计算是年金现值的逆运算。其计算公式为

$$A=P\times\frac{i}{1-(1+i)^{-n}}$$

式中，分式 $\frac{i}{1-(1+i)^{-n}}$ 称作投资回收系数，记为 $(A/P,i,n)$，可直接查阅"资本回收系数表"或利用年金现值系数的倒数求得。上式也可写作：

$$A=P\cdot(A/P,i,n)\text{或}A=P\cdot[1/(P/A,i,n)]$$

【例 2-10】　某企业现在借得 1 000 万元的贷款，在 10 年内以年利率 12% 等额偿还，则每年应付的金额为

$$A=1\,000\times\frac{12\%}{1-(1+12\%)^{-10}}=1\,000\times0.177\,0=177(万元)$$

或　　　$A=1\,000\times[1/(P/A,12\%,10)]=1\,000\times(1/5.650\,2)\approx177(万元)$

2. 预付年金

预付年金，又称为先付年金，是指在每期期初支付的年金。预付年金与普通年金的区别在于付款时间不同。

(1)预付年金终值的计算。预付年金终值是一定时期内每期期初等额收付款项的复利终值之和。预付年金终值的计算可在普通年金终值的基础上进行，其计算公式为

$$F=A\times\frac{(1+i)^n-1}{i}\times(1+i)\quad\text{或}\quad F=A\times\left[\frac{(1+i)^{n+1}-1}{i}-1\right]$$

式中方括号内的内容称作"预付年金终值系数"，它是在普通年金终值系数的基础上，期数加 1，系数值减 1 所得的结果，通常记为 $[(F/A,i,n+1)-1]$。这样，通过查阅年金终值系数表(附录三)得到 $(n+1)$ 期的值，然后减去 1 便可得对应的预付年金系数的值。这时可用如下公式计算预付年金的终值。

$$F=A\times[(F/A,i,n+1)-1]$$

【例 2-11】 已知某人每年年初存入银行 10 000 元,连续存入 5 年,存款利率为 5%,试求该人在第 5 年年末一次能取出的本利和金额。

【解】 方法一:查附录三得 $(F/A,5\%,6)=6.801\ 9$

$F=1\ 000\times(F/A,5\%,6)-10\ 000=58\ 019(元)$

方法二:查附录三得 $(F/A,5\%,5)=5.525\ 6$

$F=10000\times(F/A,5\%,5)\times(1+5\%)=58\ 019(元)$

(2)预付年金现值的计算。预付年金现值是一定时期内每期期初等额收付款项的复利现值之和。同预付年金终值计算一样,预付年金现值的计算也可以在计算普通年金现值的基础上进行,其计算公式为

$$P=A\times\frac{(1+i)^n-1}{i\times(1+i)^n}\times(1+i) \text{ 或 } P=A\times\left[\frac{(1+i)^{n-1}-1}{i\times(1+i)^{n-1}}+1\right]$$

式中,方括号内的内容称作"预付年金现值系数",它是在普通年金系数的基础上,期数减 1,系数加 1 所得的结果。通常记为 $[(P/A,i,n-1)+1]$。这样,通过查阅"1 元年金现值表"得 $(n-1)$ 期的值,然后加 1,便可得出对应的预付年金现值系数的值。这时可用如下公式计算预付年金的现值。

$$P=A\times[(P/A,i,n-1)+1]$$

【例 2-12】 某工程项目预计 6 年内建成,年利率为 10% 时,得每期期初等额投资 200 万元,试计算该项目投资总额的现值。

【解】 方法一:查附录四得 $(P/A,10\%,5)=3.790\ 8$

$P=200\times[(P/A,10\%,5)+1]=200\times(3.790\ 8+1)=958.16(万元)$

方法二:查附录四得 $(P/A,10\%,6)=4.355\ 3$

$P=200\times(P/A,10\%,6)\times(1+10\%)=200\times4.355\ 3\times1.1=958.16(万元)$

3. 递延年金

递延年金是指第一次收付款发生时间与第一期无关,而是隔若干期(假设为 m 期,$m\geq1$)后才开始发生的系列等额收付款项。它是普通年金的特殊形式,凡不是从第一期开始的年金都是递延年金。递延年金与普通年金的关系可用图 2-3 来表示。

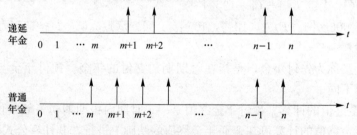

图 2-3 递延年金与普通年金的关系

(1)递延年金现值的计算。递延年金的现值可按以下公式计算:

$$P=A\times\left[\frac{1-(1+i)^{-n}}{i}-\frac{1-(1+i)^{-s}}{i}\right]$$
$$=A\times[(P/A,i,n)-(P/A,i,s)]$$

或

$$P=A\times\frac{1-(1+i)^{-(n-s)}}{i}\times(1+i)^{-s}$$

$$=A\times(P/A, i, n-s)\times(P/F, i, s)$$

前一个公式是先计算出 n 期的普通年金现值，然后减去前 s 期的普通年金现值，即得递延年金的现值；后一个公式是先将此递延年金视为 $(n-s)$ 期普通年金，求出在第 s 期的现值，然后再折算为第 0 期的现值。

【例 2-13】 某投资项目，预计 5 年后可建成投产，每年年末可获得收益 10 000 元，经营期为 10 年，年利率为 8%，试计算此项目总收益的现值。

【解】 方法一：$P=10\,000\times(P/A, 8\%, 5)\times(P/F, 8\%, 5)$

查附录四得 $(P/A, 8\%, 5)=3.992\,7$，查附录二得 $(P/F, 8\%, 5)=0.680\,6$

$$P=10\,000\times3.992\,7\times0.680\,6\approx27\,174(元)$$

方法二：$P=10\,000\times[(P/A, 8\%, 10)-(P/A, 8\%, 5)]$

查附录四得 $(P/A, 8\%, 10)=6.710\,1$，$(P/A, 8\%, 5)=3.992\,7$

$$P=10\,000\times(6.710\,1-3.992\,7)\approx27\,174(元)$$

(2) 递延年金终值的计算。递延年金终值的计算方法与普通年金终值的相同，此处不再赘述。

4. 永续年金

永续年金是指无限期等额收付的特种年金。可将其视为普通年金的特殊形式，即期限趋于无穷大的普通年金。在现实工作中，符合永续年金的例子较少，如存本取息、购买优先股定期取得的固定股利等。

由于永续年金持续期无限，没有终止的时间，因此，不能计算终值，只能计算现值。永续年金现值的计算公式可通过普通年金现值的计算公式导出：

$$P=A\times\sum_{t=1}^{\infty}\frac{1}{(1+i)^t}=\frac{A}{i}$$

【例 2-14】 某人持有一家公司的优先股，每年每股股利为 2 元，若此人想长期持有，在利率为 10% 的情况下，请对该项股票投资进行估价。

【解】 假设该优先股每年股利固定且持续较长时期，则可计算出这些股利的现值之和即为该股票的估价。

$$P=\frac{A}{i}=\frac{2}{10\%}=20(元)$$

第二节　收益与风险

一、资产的收益与收益率

(一) 资产收益的概念和计算

资产的收益是指资产的价值在一定时期的增值。资产的收益有资产的收益额、资产的收益率或报酬率两种表达方式。

(1)资产的收益额。资产的收益额以金额表示,是资产价值在一定期限内的增值量。

(2)资产的收益率或报酬率。资产的收益率或报酬率以百分比表示,是资产增值量与期初资产价值的比值。单期资产的收益率计算公式为

$$单期资产的收益率＝利息(股息)收益率＋资本利得收益率$$

(二)资产收益率的类型

1. 实际收益率

实际收益率表示已经实现的或者确定可以实现的资产收益率,表述为已实现的或确定可以实现的利息(股息)率与资本利得收益率之和。

2. 预期收益率

预期收益率也称为期望收益率,是指在不确定的条件下,预测的某资产未来可能实现的收益率。预期收益率的计算有以下三种方法。

(1)首先描述可能影响收益率的各种情况,然后预测各种可能情况发生的概率以及在各种可能情况下收益率的大小,那么预期收益率就是各种情况下收益率的加权平均数,权数是各种可能情况发生的概率。其计算公式为

$$E(R) = \sum P_i \times R_i$$

式中　$E(R)$——预期收益率;

　　　P_i——情况 i 可能出现的概率;

　　　R_i——情况 i 出现时的收益率。

(2)首先收集能够代表预测期收益率分布的历史收益率的样本,然后假定所有历史收益率的观察值出现的概率相等,那么所有数据的简单算术平均值就是预期收益率。其计算公式为

$$E(R) = \frac{\sum R_i}{n}$$

式中　R_i——各种历史收益率;

　　　n——历史收益率的个数。

(3)首先,收集事后收益率(历史数据),并按照不同的经济状况进行分类,计算发生在各类经济状况下的收益率观测值的百分比;同时,将所得百分比作为各类经济情况可能出现的概率。其次,计算各类经济情况下所有收益率观测值的平均值作为该类情况下的收益率。最后,计算各种情况下收益率的加权平均数即为预期收益率。

【例 2-15】 某企业半年前以 10 000 元购买某股票后一直持有,持有期曾获红利 60 元。预计未来半年内不会再发放红利,且未来半年后市值达到 12 000 元的概率为 50%,市值达到 13 000 元的概率为 45%。试求预期收益率。

【解】　预期收益率＝[50%×(12 000－10 000)＋45%×(13 000－10 000)＋60]÷
　　　　　　　　10 000＝24.1%

二、资产的风险

(一)风险的概念、特征与分类

财务活动经常是在有风险的情况下进行的,这是因为财务活动总是针对未来的,而未

来的活动相对于现在来说具有一定的不确定性，即一定的风险性。风险在财务活动中是广泛存在的，并且对企业实现其财务目标有着重要影响。因此，在财务活动中必须对风险加以考虑，不能忽视风险的影响。

1. 风险的概念

风险是指预期结果的不确定性。在风险存在的情况下，人们只能事先估计到采取某种行动可能导致的结果，以及每种结果出现的可能性，而不能事先确定行动的真正结果究竟会怎样。如果企业的一项活动有多种可能的结果，其将来的财务后果是不肯定的，就叫作有风险；若某项活动只有一种结果，就叫作没有风险。风险通常由风险因素、风险事故和风险损失三个要素构成。

(1)风险因素。风险因素是指促使某一特定风险事故发生或增加其发生的可能性或扩大其损失程度的原因或条件。风险因素是风险事故发生的潜在原因，是造成损失的间接原因。

(2)风险事故。风险事故是指造成人身伤害或财产损失的偶发事件，是造成损失的直接或外在的原因，是损失的媒介物。

(3)风险损失。风险损失是指风险事故所带来的物质上、行为上、关系上及心理上实际和潜在的利益丧失。损失通常是指非故意、非计划、非预期的经济价值减少的事实，一般以丧失所有权和预期利益、支出费用和承担责任等形式表现；精神打击、政治迫害、折旧及馈赠等行为的结果，一般不能视为损失。

2. 风险的特征

风险的特征是风险的本质及其发生规律的表现。因此，正确地认识风险的特征，对于建立和完善风险机制，充分发挥风险机制的作用，加强企业管理，减少风险损失，提高企业经济效益，具有重要的意义。风险主要具有以下四个基本特征：

(1)客观性。风险是客观存在的，是条件本身的不确定性。

(2)动态性。风险作为一种潜在的可能性，其出现是有条件的，风险损失的大小也是可变的，会因为时空的变化而有所改变。

(3)可控性。人们可以根据以往发生的一系列类似事件的统计资料，经过分析，对大多数种类风险发生的概率及其造成的经济损失程度作出主观判断，从而对可能发生的风险进行控制。

(4)与效益的一体性。风险的发生会带来损失，但人们冒险也可能获得额外的报酬，从而获得风险报酬。

3. 风险的分类

(1)从个别理财主体的角度看，风险分为市场风险和公司特有风险两类。

1)市场风险。市场风险是指那些能对所有企业产生影响的因素引起的风险，如战争、经济衰退、通货膨胀、高利率等。这类风险涉及所有的投资对象，不能通过多元化投资来分散，因此，又称为不可分散风险或系统风险。例如，一个人投资股票，无论买哪只股票，他都要承担市场风险，即经济衰退时每只股票的价格都要发生不同幅度的下跌。

2)公司特有风险。公司特有风险是指发生于个别企业的特有事项造成的风险。这种风险不是每个企业都面临的，而是发生于个别企业，如罢工、诉讼失败、失去销售市场等。公司特有风险只与个别或少数企业相联系，是由每个企业自身的经营和财务状况所决定的，并不会对大多数企业产生普遍的影响。这种风险也称为可分散风险或非系统风险。

(2)按形成原因的不同,风险可分为经营风险和财务风险两类。

1)经营风险。经营风险又称商业风险,是指因生产经营方面的原因给企业盈利带来的不确定性。例如,由于市场销售、生产成本、生产技术、经济状况等发生变化,企业的收益变得不确定,从而给企业带来风险。对于工程建筑企业来说,其经营风险主要来自以下几个方面:

①建筑材料价格的变动,尤其是建筑结构主体的主要材料(如水泥、钢材等)的价格变动对建筑安装成本影响较大。

②施工中安全事故的发生也会影响企业的损益,甚至可能导致施工进程的暂时中止,从而影响施工的进度。

③工程款的拖欠风险。现阶段,工程款的拖欠在工程建设中大量存在,严重影响了工程建设企业的现金流量和经济效益,另外,自然灾害、工资水平的变动以及投标竞争的变动也会对工程建筑企业的损益产生影响,从而使工程建筑过程具有较大的风险性。

2)财务风险。财务风险又称筹资风险,是指由于举债而给企业财务成果带来的不确定性。举债不仅可以解决企业资金短缺的困难,还可提高企业自有资金的盈利能力,但借入的资金须还本付息,加大了企业的风险;若经营不善,就会使企业陷入财务困境甚至破产。

(二)风险的衡量

衡量风险程度是财务管理的一项重要工作。风险的衡量通常采用数学中的概率论和统计学等方法。

1. 概率分布

在经济活动中,某一事件在相同的条件下可能发生也可能不发生,这类事件称为随机事件。概率就是用来表示随机事件发生可能性大小的数值。通常,将必然发生的事件的概率定为1,把不可能发生的事件的概率定为0,而一般随机事件的概率是介于0与1之间的某个数值。概率越大,就表示该事件发生的可能性越大。如果用 X 表示随机事件,X_i 表示随机事件的第 i 种结果,P_i 为出现该种结果的相应概率,那么,概率必须符合下列要求:

(1)任何时间的概率均不得大于1且不小于0,即 $0 \leqslant P_i \leqslant 1$;

(2)所有可能结果的概率之和等于1,即 $\sum_{i=1}^{n} P_i = 1$;

(3)必然事件的概率等于1,不可能事件的概率等于0。

将随机事件各种可能的结果按一定的规则进行排列,同时,列出各结果出现的相应概率,这一完整的描述称为概率分布。

【例2-16】 某公司有两个投资项目,A项目是一个高科技项目,该领域竞争很激烈,如果经济发展迅速且进展顺利,取得较大市场占有率,利润会很高;否则,利润会很低甚至亏损。B项目是一个老产品并且是必需品,销售前景可以准确地预测出来。假设未来的经济情况只有三种:繁荣、正常、衰退,那么有关的概率分布和预期报酬率见表2-1。

表2-1 概率分布和预期报酬率

经济情况	发生概率	A项目预期报酬/%	B项目预期报酬/%
繁荣	0.3	90	20

续表

经济情况	发生概率	A项目预期报酬/%	B项目预期报酬/%
正常	0.4	15	15
衰退	0.3	−60	10
合计	1.0	—	—

如果把某一事件可能的结果 X_i 都列示出来(在横坐标上表示),对每一结果给予一定的概率 P_i(在纵坐标上表示),便可构成某一事件概率的分布。在实际应用中,概率分布有两种类型:一种是不连续的概率分布,其特点是概率分布在各个特定的点上(图2-4);另一种是连续的概率分布,其特点是概率分布在连续图像(正态分布曲线)上的两个点的区间上(图2-5)。

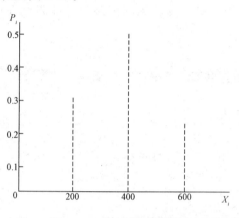

图2-4 不连续的概率分布

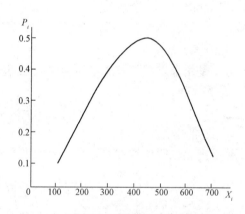

图2-5 连续的概率分布

2. 期望值

期望值是一个概率分布中的所有可能结果以各自相应的概率为权数计算的加权平均值,即加权平均的中心值,通常用符号 $\overline{E}$ 表示,其计算公式为

$$\overline{E} = \sum_{i=1}^{n}(X_i \cdot P_i)$$

期望收益率反映预计收益率的平均化,在各种不确定性因素影响下,它代表着投资者的合理预期。

【例2-17】 某房地产开发公司现有 A 和 B 两种类型的房地产开发方案,其净收益和各种收益出现的概率见表2-2。

表2-2 某房地产开发方案的净收益和各种收益出现的概率

销售情况	发生概率 P_i		预期收益 X_i/万元	
	A方案	B方案	A方案	B方案
较好	0.20	0.20	18 000	30 000
一般	0.50	0.40	12 000	20 000
较差	0.30	0.40	4 000	−8 000

由表 2-2 中的数据可以计算出 A、B 方案各自的期望收益。

A 方案 $\overline{E}$=18 000×0.20+12 000×0.50+4 000×0.30=10 800(万元)

B 方案 $\overline{E}$=30 000×0.20+20 000×0.40+(−8 000)×0.40=10 800(万元)

从上面的计算可知，A、B 两个开发方案期望收益相同，但其概率分布不同。A 方案期望收益的分散程度较小，B 方案期望收益的分散程度较大。在期望收益相同的情况下，概率分布越集中，实际收益越接近期望收益，即风险程度越小；概率分布越分散，实际收益与期望收益的偏差越大，即风险程度越大。因此，在上例中，A、B 两个开发方案期望收益相同，但风险大小不同，A 方案风险较小，B 方案风险较大。

3. 离散程度

离散程度是用以衡量风险大小的统计指标。表示随机变量离散程度的指标有平均差、方差、标准离差、标准离差率和全距等，最常用的是方差、标准离差和标准离差率三项指标。

(1)方差。

方差是用来表示随机变量与期望值之间离散程度的一个量，用 σ^2 表示，计算公式为

$$\sigma^2 = \sum_{i=1}^{n}(X_i - \overline{E})^2 \cdot P_i$$

(2)标准离差。

标准离差也叫作均方差，是方差的平方根，用 σ 表示，计算公式为

$$\sigma = \sqrt{\sum_{i=1}^{n}(X_i - \overline{E})^2 \cdot P_i}$$

标准离差以绝对数衡量决策方案的风险，在期望值相同的情况下，标准离差越大，风险越大；反之，标准离差越小，风险越小。

(3)标准离差率。

在期望值不同的情况下，评价和比较其各自的风险程度只能借助于标准离差率这一指标。标准离差率是标准离差与期望值的比值，是一个相对数指标，用 Q 表示，计算公式为

$$Q = \frac{\sigma}{\overline{E}}$$

标准离差率既可以进行期望值相同方案的比较，也可以进行期望值不同方案的比较。无论期望值相同与否，标准离差率越大，风险越大；标准离差率越小，风险越小。

(三)风险控制对策

建筑施工企业风险控制对策主要有以下四种：

1. 规避风险

当风险所造成的的损失不能由该项目可能获得利润予以抵消时，规避风险是最可行的简单方法。

2. 减少风险

一是控制风险因素，减少风险的发生；二是控制风险发生的频率和降低风险损害程度。

3. 转移风险

建筑企业以一定代价，采取某种方式，将风险损失转嫁给他人承担，以避免可能给自身带来的灾难性损失。

4. 接受风险

对于损失较小的风险，如果建筑企业能够承受风险损失，可以采取风险自担和风险自保方式消化风险损失。

（四）风险报酬

风险与报酬的关系，一般是风险越大，所要求的报酬率越高。标准离差率虽然可以正确地评价投资风险程度的大小，但那并不是风险报酬。若要计算风险报酬，则还必须借助一个系数——风险报酬系数（或称风险报酬斜率）。风险报酬、风险报酬系数和标准离差率之间的关系可表示为

$$R_R = B \cdot Q$$

式中　R_R——风险报酬；

　　　B——风险报酬系数（风险报酬斜率）；

　　　Q——标准离差率。

标准离差率 Q 反映了资产全部风险的相对大小，而风险报酬系数 B 则取决于投资者对风险的偏好。对风险的态度越是回避，要求的补偿也就越高，因此要求的风险收益就越高，风险报酬系数 B 的值也就越大；反之，则说明风险的承受能力越强，要求的风险补偿也就不会太高，风险报酬系数的取值就会较小。

风险报酬系数的确定方法如下：

(1) 根据以往的同类项目的历史资料加以确定。风险报酬系数 B，可以参照以往同类投资项目的历史资料，运用以下公式通过计算确定。

$$B = \frac{R - R_F}{Q}$$

式中　B——风险报酬系数；

　　　R——以往项目的投资报酬率；

　　　R_F——无风险报酬率；

　　　Q——标准离差率。

(2) 根据标准离差率与投资报酬率之间的关系加以确定。在已知公司过去年度的多项投资的报酬率和标准离差率之间的关系的情况下，可以利用以下公式计算确定该公司的风险报酬系数：

$$B = \frac{最高报酬率 - 最低报酬率}{最高标准离差率 - 最低标准离差率}$$

(3) 由企业领导或由企业组织有关专家确定。以上两种方法都必须是在历史资料比较充足的情况下才能使用；如果缺乏历史资料，则可由企业领导，如公司总经理、财务总监、总会计师等根据经验加以确定，也可由企业组织有关专家确定。

(4) 由国家有关部门组织专家测算。国家有关部门根据各行业的条件和有关因素，确定各行业的风险报酬系数，由国家定期公布，作为参数供投资者参考。

本章小结

本章主要介绍了资金时间价值的概念,现值、终值、年金等的计算,风险的概念、特征与分类以及风险的衡量、风险控制对策和风险报酬。通过本章的学习,认识资金时间价值的实质,认清风险与报酬的关系,掌握风险衡量与控制的方法。

思考与练习

一、填空题

1. _____是指一定量的资金在不同时点上价值量的差额,是在货币资金经历一定时间的投资和再投资过程中形成的。
2. _____是指一定数额的资金经过一段时期后的价值,也即资金在资金运动终点的价值,在商业上俗称"本利和"。
3. 年金按其每次收付发生的时点不同,可分为_____、_____、_____、_____等几种。
4. _____是指在给定的年限内等额回收初始投入资本或清偿所欠债务的价值指标。
5. 风险通常由_____、_____和_____三个要素构成。
6. 从个别理财主体的角度看,风险分为_____和_____两类。

二、选择题

1. (   )是指在未来某一时点上的一定数额资金折合成现在的价值,即资金在资金运动起点的价值。
   A. 现值　　　　B. 终值　　　　C. 年金　　　　D. 单利现值
2. (   )是指计算利息时,只按本金计算,应付而未付的利息不予计算。
   A. 复利法　　　B. 终值单利法　C. 单利法　　　D. 现值复利法
3. (   )是每期期末收入或支出等额款项的福利终值之和。
   A. 普通年金现值　B. 普通年金终值　C. 年偿债基金　D. 投资年回收额
4. (   )是指在每期期初支付的年金。
   A. 投资年回收额　B. 普通年金　　C. 年偿债基金　D. 预付年金
5. (   )是指第一次收付款发生时间与第一期无关,而是隔若干期(假设为 m 期,$m \geq 1$)后才开始发生的系列等额收付款项。
   A. 递延年金　　B. 预付年金　　C. 永续年金　　D. 永续现值
6. 已知$(P/A, 8\%, 5) = 3.9927$,$(P/A, 8\%, 6) = 4.6229$,$(P/A, 8\%, 7) = 5.2064$,则6年期、折现率为8%的预付年金现值系数是(   )。
   A. 2.9927　　　B. 4.2064　　　C. 4.9927　　　D. 6.2064
7. 某公司向银行借款1 000万元,年利率为4%,按季度付息,期限为1年,则该借款的实际年利率为(   )。
   A. −2.01%　　　B. 4%　　　　　C. 4.04%　　　D. 4.06%

8. 下列各种风险应对措施中，能够转移风险的是(　　)。

　　A. 业务外包　　　　B. 多元化投资　　　C. 放弃亏损项目　　D. 计提资产减值准备

三、计算题

1. 若本金为 10 000 元，投资 5 年，年利率为 10%，则按每季复利一次计算的终值是多少？

2. 假设以 10% 的年利率借得 50 000 元，投资于某个寿命为 5 年的项目，为使该项目有利可图，每年至少应收回的现金数额为多少？

3. 某大学拟建立一项永久性的奖学金，每年计划颁发 50 000 元奖学金。若利率为 10%，则现在应存入多少钱？

4. A、B 两个投资项目，投资额均为 10 000 元，其收益的概率分布见表 2-3。

表 2-3　A、B 两个投资项目的收益概率分布

概　　率	A 投资项目收益额/元	B 投资项目收益额/元
0.2	2 000	3 500
0.5	1 000	1 000
0.3	500	−500

试计算 A、B 两个投资项目的期望收益、标准离差及标准离差率并判断其优劣。

第三章　资金筹集管理

 学习目标

了解资金筹集的概念、种类、动机和原则；掌握筹资的渠道和方式，权益资金筹集、债务资金筹集、衍生工具筹资的种类、方式、特点。

 能力目标

能够根据各种筹资方式的优缺点选择恰当的筹资方式。

第一节　资金筹集概述

一、资金筹集的概念

资金筹集是指项目公司从自身经营现状及资金运用情况出发，根据公司未来经营战略及发展需要，经科学的预测和决策，通过一定渠道，采用一定的方式，向公司的投资者及债权人筹集资金，组织资金的供应，保证正常经营的需要。资金筹集既是保证企业生产经营正常进行和获取盈利的需要，也是企业财务管理的一项重要内容。

二、资金筹集的种类

1. 按企业所取得资金的权益特性不同分类

按所取得资金的权益特性不同，企业筹资分为权益筹资、债务筹资及衍生工具筹资三类。

(1) 权益筹资。权益筹资是指资金占有者以所有者身份向筹资者投入非负债性资金，形成企业的资本金或股东权益。权益筹资可以吸收国家财政资金、企业内部形成资金、民间资金、境外资金等渠道的资金，也可以采用吸收直接投资、发行股票、企业内部积累等方式进行筹集。权益筹资一般不用偿还本金，形成企业的永久性资本，因而财务风险小，但付出的成本较高。

(2)债务筹资。债务筹资是指筹资者以负债方式向投资者融通各种债务资金。债务筹资的来源渠道主要有银行信贷资金、非银行金融机构资金、民间资金、境外资金等,也可以采用银行借款、发行债券、商业信用、融资租赁等方式进行筹集。债务筹资具有较大的风险,但付出的资本成本较低。

(3)衍生工具筹资。衍生工具筹资包括兼具权益与债务性质的混合融资和其他衍生工具融资。我国上市公司目前最常见的混合融资方式是可转换债券融资,最常见的其他衍生工具融资方式是认股权证融资。

权益筹资、债务筹资和衍生工具筹资的财务风险程序从低到高依次为权益筹资、衍生工具筹资、债务筹资。

2. 按是否借助于金融机构为媒介来获取社会资金分类

按是否借助于金融机构为媒介来获取社会资金,企业筹资分为直接筹资和间接筹资。

(1)直接筹资。直接筹资不需要通过金融机构来筹措资金,是企业直接从社会取得资金的方式,其具体包括发行股票、发行债券、吸收直接投资等。其筹资手续比较复杂,费用较高,但筹资领域广阔。

(2)间接筹资。间接筹资是企业借助于银行和非银行金融机构而筹集资金,包括银行贷款和融资租赁等。其筹资手续相对比较简单,筹资效率高,筹资费用较低。

3. 按资金的来源范围不同分类

按资金的来源范围不同,企业筹资可分为内部筹资和外部筹资。

(1)内部筹资。内部筹资是指企业通过利润留存而形成的筹资来源。内部筹资数额大小主要取决于企业可分配利润的多少和利润分配政策,筹资成本较低。

(2)外部筹资。外部筹资是指企业向外部筹措资金而形成的筹资来源。外部筹资大多需要花费一定的费用,筹资成本较高。

4. 按所筹集资金的使用期限分类

按所筹集资金的使用期限是否超过1年,企业筹资可分为长期筹资和短期筹资。

(1)长期资金。长期资金是指需要期限在一年以上的资金,是企业长期、持续、稳定地进行生产经营的前提和保证。它主要投资于新产品的开发和推广、生产规模的扩大、厂房和设备的更新等。长期资金主要通过吸收直接投资,发行股票、发行公司债券,取得长期借款、融资租赁和内部积累等方式来筹集。

(2)短期资金。短期资金是指需要期限在一年以内的资金,是企业在生产经营过程中因短期性的资金周转需要而引起的。它主要投资于现金、应收账款、存货等。短期资金主要通过短期借款、商业信用等方式来筹集。

三、资金筹集的动机

建筑企业资金筹集最基本的目的是为企业的经营活动提供资金保障。资金筹集的动机主要包括创立性筹资动机、支付性筹资动机、扩张性筹资动机和调整性筹资动机四类。

1. 创立性筹资动机

创立性筹资动机是指企业设立时,未取得资金并形成开展经营活动的基本条件而产生的筹资动机。

2. 支付性筹资动机

支付性筹资动机是指为了满足经营活动的正常波动所形成的支付需要而产生的筹资动机。

3. 扩张性筹资动机

扩张性筹资动机是指企业因扩大经营规模或对外投资需要而产生的筹资动机。处于成长期的企业，往往会产生扩张性的筹资动机。

4. 调整性筹资动机

调整性筹资动机是指企业因调整资本结构而产生的筹资动机。企业产生调整性筹资动机的具体原因如下：

(1) 优化资本结构，合理利用财务杠杆效应。

(2) 偿还到期债务，债务结构内部调整。

四、资金筹集管理的内容

(1) 预计资金需要量。在企业创立时期，应按照规划的生产经营规模，科学预计长期资本需要量和流动资金需要量。在企业正常运营时期，应根据年度经营计划和资金周转水平，科学预计维持营业活动的日常资金需要量。在企业扩张发展时期，应根据生产经营扩张规模或对外投资、对大额资金的需求，安排专项资金。

(2) 选择合理的筹资渠道和筹资方式，即解决企业从什么渠道以什么方式进行资金筹集的问题。

(3) 降低资本成本、控制财务风险。资本成本是企业筹集和使用资金所付出的代价，包括资金筹集费用和使用费用。一般而言，债务筹资比权益筹资的资本成本要低。即使同是债务筹资，由于借款、债务、租赁等的性质不同，其资本成本也有差异。企业在筹资管理中，要合理利用资本成本较低的资金种类，努力降低企业的资本成本率。

五、资金筹集的原则

(1) 合理性原则。筹集资金是为了保证生产经营所需的资金需要。资金不足，自然会影响生产经营发展；资金过剩，则可能导致资金使用效益的降低。因此，企业在筹集资金前，就要合理确定资金的需要量，在此基础上拟订筹集资金计划，"以需定筹"，即按企业投资项目必不可少的资金需要量和为保证生产经营正常、高效运行的最低需要量来确定资金筹集量。

(2) 及时性原则。企业在不同时点上资金的需求量不尽相同，因此，企业的财务人员在筹集资金时，既要考虑数量因素，又要熟知资金时间价值的原理和计算方法，要合理安排资金的筹集时间，适时获取所需资金；既要避免过早筹集资金形成资金投放前的闲置，又要防止取得资金时间滞后，以免错过资金投放的最佳时机。

(3) 经济性原则。在确定了筹资数量、筹资时间、资金来源的基础上，企业在筹资时还必须认真研究各种筹资方式。筹集资金必然要付出一定的代价，不同筹资方式条件下的资金成本有所不同，因此，企业要对各种筹资方式进行研究、分析、对比，选择既经济又可行的最佳筹资方式，以降低综合资金成本，最大限度地避免和分散财务风险。

(4) 合法性原则。我国法律规定，企业发行股票和债券必须符合《中华人民共和国证券法》及《中华人民共和国公司法》中的相关规定。企业筹集资金必须遵守国家法律、财政经济法规,维护各方的经济权益。

六、企业筹资的渠道和方式

1. 企业筹资的渠道

筹资渠道指筹措资金来源的方向与通道,体现资金的来源与流量。目前,我国建筑企业的筹资渠道主要包括以下几个方面:

(1)国家财政资金。国家对企业的直接投资历来是国有企业(包括国有独资公司)的主要资金来源。在现有国有企业的资金来源中,其资本部分大多是由国家财政以直接拨款方式形成的。除此以外,还有一些是国家对企业"税前还贷"或减免各种税款而形成的。不管是以何种方式形成的,从产权关系上看,它们都属于国家投入的资金,产权归国家所有。

(2)银行等金融机构资金。金融机构是专门进行资金融通的机构,包括银行、信用社、信托投资公司、租赁公司、财务公司等。这些机构绝大多数可以贷款给企业货币资金,有的可以向企业提供委托代理、租赁、担保等服务。

(3)非银行金融机构资金。非银行金融机构包括信托投资公司、保险公司、金融租赁公司、企业集团的财务公司、基金公司等。虽然非银行金融机构的财力比银行小,但资金供应比较灵活、方便,而且提供有关融资的服务,所以,这种融资渠道具有广阔的发展前景。

(4)其他企业资金。其他企业也可以为建筑企业提供一定的资金。建筑企业在生产经营过程中,往往形成部分暂时闲置的资金,并为一定的目的而进行相互投资。另外,企业之间的购销业务可以通过商业信用方式来完成,从而形成企业之间的债权债务关系,形成债务人对债权人的短期信用资金占用。企业之间相互投资和商业信用的存在,使其他企业资金也成为企业资金的重要来源。

(5)社会闲散资金。企业职工和城乡居民的结余货币,作为"游离"于银行及非银行金融机构等之外的个人资金,可用于对企业投资,构成社会闲散资金的来源渠道,从而为企业所用。

(6)企业提留资金。建筑企业提留资金是指企业内部形成的资金,主要是计提折旧、资本公积金及提取盈余公积金、未分配利润而形成的资金,还包括一些经常性的延期支付款项如应付工资、应交税金、应付股利等形成的资金来源。这一渠道的资金除资本公积金外都由企业内部生成或转移,一般并不增加企业资金总量,但能增加可供周转的营运资金;它可以长期留用,不需要偿还,也不需要支付筹资费用,不需要承担财务风险;它不需要通过任何筹资活动,取得最为便利。

由于各种筹资渠道在资金供应量方面存在较大差异,企业在筹资时应对筹资渠道进行分析,了解各种筹资渠道资本的存量与流量大小,以促使企业正确、合理利用筹资渠道。

2. 企业筹资的方式

筹资方式是指筹集资金所采取的具体形式。认识筹资方式的种类及其特点,有利于建筑企业了解不同筹资方式的筹资成本和筹资风险,从而选择适宜的筹资方式。在一个健全的金融市场上,建筑企业可以通过多种方式获得投资或发展所需要的资金,主要包括吸收直接投资、发行股票、银行借款、利用商业信用、发行债券、融资租赁、企业内部积累等。

(1)吸收直接投资。吸收直接投资即企业按照"共同投资、共同经营、共担风险、共享利润"的原则直接吸收国家、法人、个人投入资金的一种筹资方式。

(2)发行股票。通过发行股票可筹措权益资金。

(3)银行借款。银行借款是指企业根据借款合同向银行以及非银行金融机构借入的、并按规定日期还本付息的款项,是企业筹集长、短期借入资金的主要方式。

(4)利用商业信用。商业信用是指商品交易中以延期付款或预收款方式进行购销活动而形成的借贷关系。它是企业之间的直接信用行为,是企业筹集短期借入资金的一种重要方式。

(5)发行债券。企业通过发行债券可筹措负债资金。

(6)融资租赁。融资租赁,也称资本租赁或财务租赁,是区别于经营租赁的一种长期租赁形式,是指出租人根据承租人对租赁物和供货人的选择或认可,将其从供货人处取得的租赁物,按融资租赁合同的约定出租给承租人占用、使用,并向承租人收取租金,最短租赁期限为一年的交易活动,它是建筑企业筹集长期负债资金的一种方式。

3. 筹资渠道与筹资方式的配合

企业的筹资方式与筹资渠道有密切的关系。一定的筹资方式可能只适用于某一特定的渠道,但是同一渠道的资金往往可以采取不同的方式取得。因此,企业筹集资金时必须实现二者的密切配合(表3-1)。

表 3-1　筹资渠道与筹资方式的配合

筹资方式 是否配合 筹资渠道	吸收直接投资	发行股票	银行借款	商业信用	发行债券	融资租赁
国家财政资金	✓	✓				
银行等金融机构资金			✓			
非银行金融机构资金	✓	✓	✓		✓	✓
其他企业资金	✓	✓		✓	✓	✓
社会闲散资金	✓				✓	
企业提留资金	✓					

第二节　权益资金筹集

权益资金又称主权资金或自有资金,是企业依法筹集并长期拥有、自主调配使用的资金。该资金是通过国家财政资金、其他企业资金、民间资金、外商资金等渠道,采用吸收直接投资、发行股票等方式筹措形成的。建筑企业主要通过吸收直接投资、发行股票和利用留存收益等方式筹集权益资金。

一、吸收直接投资

吸收直接投资是指建筑企业按照"共同投资、共同经营、共担风险、共享利润"的原则，直接吸收国家、法人、个人投入资金的一种筹资方式。在我国，除采取募集方式设立的股份有限公司外，其余企业均属于采用直接吸收投资方式筹集资本金。吸收投资中的出资者都是企业所有者，他们对企业拥有经营管理权，并按出资比例分享利润、承担损失。

(一)吸收直接投资的条件

建筑企业通过吸收投资取得的实物资产或无形资产，必须符合生产经营及科研开发的需要，在技术上能够消化应用。在吸收无形资产投资时，应符合法定比例。对建筑企业通过吸收直接投资取得的实物资产和无形资产，必须进行资产评估。

(二)吸收直接投资的种类

建筑企业采用吸收直接投资方式筹集的资金一般可分为以下三类：

(1)国家直接投资。国家投资是指有权代表国家投资的政府部门或者机构以国有资产投入企业形成的资本。吸收国家直接投资是国有企业筹集自有资金的主要方式，其一般具有三个特点：第一，产权归属国家；第二，资金的运用和处置受国家约束较多；第三，广泛适用于国有企业。

(2)法人投资。企业可吸收企业、事业单位等法人以其依法可以支配的资产，形成法人资本。法人投资一般具有如下三个特点：第一，发生在法人单位之间；第二，以参与企业利润分配为目的；第三，出资方式灵活多样。

(3)个人投资。企业内部职工和社会个人以个人合法财产投入企业，形成个人资本。个人投资一般也有三个特点：第一，参加投资的人员较多；第二，每人投资的数额相对较少；第三，以参与企业利润分配为目的。

(三)吸收直接投资的出资方式

建筑企业在采用吸收直接投资方式筹集资金时，投资者可以用现金、厂房、机器设备、材料物资、无形资产等作价出资。

(1)以现金出资。以现金出资是吸收直接投资中一种最重要的方式。有了现金，便可获取其他物质资源。因此，企业应尽量动员投资者采用现金方式出资。吸收投资中所需现金的数额，取决于投入的实物、工业产权之外还需多少资金来满足建厂、开支或日常周转需要。

(2)以实物出资。以实物出资就是投资者以厂房、建筑物、设备等固定资产和原材料、商品等流动资产所进行的投资。一般来说，企业吸收的实物应符合以下条件：

1)确为企业科研、生产、经营所需。

2)技术性能比较好。

3)作价公平、合理。

另外，实物出资所涉及的实物作价方法应按国家的有关规定执行。

(3)以工业产权出资。以工业产权出资是指投资者以专有技术、商标权、专利权等无形资产所进行的投资。一般来说，企业吸收的工业产权应符合以下条件：

1)能帮助研究和开发出新的高科技产品。

2)能帮助生产出适销对路的高科技产品。
3)能帮助改进产品质量，提高生产效率。
4)能帮助大幅度降低各种消耗。
5)作价比较合理。

(4)以土地使用权出资。投资者也可以用土地使用权来进行投资。土地使用权是按有关法规和合同的规定使用土地的权利。建筑企业吸收土地使用权投资应符合以下条件：
1)企业科研、生产、销售活动所需。
2)交通、地理条件比较适宜。
3)作价公平、合理。

(四)吸收直接投资的程序

企业吸收直接投资，一般应遵循如下程序：

(1)确定吸收资金数量。企业新建或扩大生产规模，在自有资金不足时，可采用吸收直接投资方式筹集资金，但在吸收直接投资前，应当合理确定所需吸收直接投资的数量，以利于正确筹集所需资金。

(2)选择吸收投资单位。企业在吸收投资前，要对各投资方进行调查和了解，选择最合适的合作伙伴。

(3)协商、签署投资协议。选择投资单位后，双方便可进行具体协商，以便合理确定投资的数量和出资方式。经双方协商确定后，便可签署投资协议或合同，以明确双方的权利和责任。协商的关键问题是以实物资产、无形资产投资的作价问题，因为投资的报酬、风险的承担都是以确定的出资额为依据的。双方应按公平、合理的原则协商定价；若争议较大，则可聘请有关资产评估机构来评定。

(4)共同分享投资利润。出资各方有权对企业进行经营管理。但如果投资者的投资占企业资金总额的比例较低，一般并不参与经营管理，他们最关心的是投资报酬问题。因此，企业在吸收投资后，应按合同中的有关条款，从实现的利润中对吸收的投资支付相应的报酬。企业要妥善处理与投资者的利益分配，以便与投资者保持良好的关系。

(五)吸收直接投资的优缺点

1. 吸收直接投资的优点

(1)有利于增强企业信誉。吸收投资所筹集的资金属于自有资金，与借入资金相比，它能提高企业的信誉和借款能力。

(2)有利于尽快形成生产能力。与通过有价证券间接筹资相比，直接吸收投资能尽快地形成生产能力，尽快开拓市场。

(3)有利于降低财务风险。吸收直接投资，企业可根据经营状况向投资者支付报酬，没有固定的财务负担，比较灵活，所以，财务风险较小。

2. 吸收直接投资的缺点

(1)资金成本较高。一般而言，采用吸收直接投资方式筹集资金所需负担的资金成本较高，特别是企业经营状况较好和盈利能力较强时，更是如此。因为向投资者支付的报酬是根据其出资额和企业实现的利润来计算的。

(2)吸收直接投资容易分散企业控制权。这是因为投资者一般都要求获得与投资数量相当的经营管理权，当外部投资者投资数额较大时，投资者会有相当大的管理权，甚至会对企业实行完全控制，这是吸收直接投资的不利因素。

二、发行股票

(一)股票的基本概念、特征

1. 股票的基本概念

股票是股份有限公司为筹集自有资金而签发的证明股东所持股份的凭证，代表了股东对股份制公司的所有权。

2. 股票的特征

通常情况下，股份有限公司只发行普通股。股票与其他有价证券相比，具有以下特征：

(1)财产所有性。股票是一定量价值的代表，发行股票所筹集的资金即为公司的财产。只要持有某股份公司的股票，就意味着对该公司的财产拥有一定的所有权。

(2)收益性。投资者凭所持有的股票，有权按公司章程从公司领取股息和分享公司的经营红利，股票持有者还可以利用股票获取差价和保值。

(3)参与性。股东有权出席股东大会，选举公司的董事会，参与公司的经营决策，股东权力的大小取决于其持有股票份额的多少。

(4)法定性。股票是经过国家主管部门核准发行的，具有法定性。

(5)风险性。认购股票必须承担一定的风险，因为股票的盈利要随着股份有限公司的经营状况和盈利水平上下浮动，并且受到股票交易市场行情的影响。

(6)无限期性。在股份有限公司的存续期间，股票是一种无限期的法律凭证，它反映着股东与股份有限公司之间比较稳定的经济关系。

(7)可转让性。股票是流通性很高的证券，在股票市场上，股票作为买卖对象和抵押品，可以随时转让。

(二)股票的分类

1. 按股东的权利和义务分类

股票按股东享受的权利和承担的义务大小可分为普通股票和优先股票。

(1)普通股票，也称普通股，是股份公司依法发行的具有管理权、股利不固定的股票，是最基本、最标准的股票。

(2)优先股票，也称优先股，是股份公司依法发行的具有一定优先权的股票。从法律上讲，企业对优先股不承担法定的还本义务，优先股票是企业自有资金的一部分。

2. 按股票发行时是否记名分类

股票按发行时是否记名，分为记名股票和无记名股票。

(1)记名股票，是指在股票票面和公司置备的股东名册上记载股东名称及有关内容的股票。分配股利时，由企业书面通知股东，记名股票的转让会受到一定限制，需办理过户手续。

(2)无记名股票，是指不在股票票面上记载股东名称且不需要登记股东名册的股票。不记名股票可以随意转让，不需要办理过户手续。

公司向发起人、国家授权投资的机构、法人发行的股票，应为记名股票。公司对社会公众发行的股票，可以记名，也可以不记名。

3. 按股票票面有无标明金额分类

股票按票面有无标明金额分为有面值股票和无面值股票。

(1)有面值股票,是指在股票的票面上记载每股金额的股票。股票面值的主要功能是确定每股股票在公司所占有的份额。另外,还表明在有限公司中,股东对每股股票所负有限责任的最高限额。

(2)无面值股票,是指股票票面不记载每股金额的股票。无面值股票仅表示每一股股票在公司全部股票中所占有的比例,即这种股票只在票面上注明每股占公司全部净资产的比例,其价值随公司财产价值的增减而增减。

4. 按股票发行时间分类

股票按发行时间,分为始发股和新发股。

始发股是公司设立时发行的股票,新发股是公司增资时发行的股票。无论是始发股还是新发股,其发行条件、发行目的、发行价格都不尽相同,但是股东的权利和义务是一样的。

5. 按发行与上市地区和对象的不同分类

股票按发行与上市地区和对象的不同,分为 A 股、B 股、H 股、N 股等。

(1)A 股股票指供我国国内个人和法人买卖的,以人民币标明票面金额并以人民币认购和交易的股票。

(2)B 股股票指可供境内外投资者买卖的,以人民币标明面值,但以外币认购和交易的股票。

(3)境外股是指中国的股份公司在境外发行和上市的股票。根据上市地点的简称分为 H 股、N 股。H 股为在我国香港地区上市的股票,N 股是在纽约上市的股票。

(三)股票的发行方式、销售方式和发行价格

1. 股票的发行方式

股票的发行方式是指公司通过何种途径发行股票。股票的发行方式主要包括以下两种:

(1)公开间接发行。公开间接发行指通过中介机构,公开向社会公众发行股票。我国股份有限公司采用募集设立方式向社会公开发行新股时,须由证券经营机构承销的做法,就属于股票的公开间接发行。这种发行方式发行范围广、发行对象多,还有助于提高发行公司的知名度和扩大其影响力。

(2)不公开直接发行。不公开直接发行指不公开对外发行股票,只向少数特定对象直接发行,因而不需经中介机构承销。我国股份有限公司采用发起设立方式和以不向社会公开募集的方式发行新股的做法,即属于股票的不公开直接发行。这种发行方式弹性大、发行成本低,但发行范围小、股票变现性差。

2. 股票的销售方式

股票的销售方式是指发行主体向社会公开发行股票时所采取的销售方式,包括自销方式和承销方式。

(1)自销方式。自销方式指发行主体直接将股票销售给认购者,不经过证券承销机构。这种发行方式可节约发行成本,但风险完全由发行公司承担。

(2)承销方式。承销方式指发行公司将股票销售业务委托给证券经营机构代理。这种销售方式是发行股票时所普遍采用的。《中华人民共和国公司法》规定,股份有限公司向社会公开发行股票,必须与依法设立的证券经营机构签订承销协议,由证券经营机构承销。股票承销包括包销和代销两种具体形式。

1)包销是指根据承销协议商定的价格,证券经营机构一次性购进发行公司发行的全部股票,然后以较高的价格出售给社会上的认购者。包销可使发行公司免于承担发行风险,但以较低的价格出售给承销商,损失部分溢价。

2)代销是指证券经营机构代替发行公司销售股票,并由此获取一定的佣金,但不承担股款未募租的风险。

3. 股票的发行价格

股票的发行价格是股票发行时所使用的价格,也就是投资者认购股票时所支付的价格。股票的发行价格一般有以下三种:

(1)等价发行。等价发行就是以股票的票面额作为发行价格,也称平价发行。这种发行价格,一般在股票的初次发行或在股东内部分摊增资的情况下采用。等价发行股票容易摊销,但不能取得股票溢价收入。

(2)时价发行。时价发行就是以本公司股票在流通市场上买卖的实际价格为基准确定的股票发行价格。其原因是股票在第二次发行时已经增值,收益率已经发生变化。选用时价发行股票,考虑了股票的现行市场价值,对投资者也有较大的吸引力。

(3)中间价发行。中间价发行就是以时价和等价的中间值确定的股票发行价格。

《中华人民共和国公司法》规定,股票发行价格可以等于票面金额(等价),也可以超过票面金额(溢价),但不得低于票面金额(折价)。

(四)普通股

1. 普通股股东的权利

普通股股票的持有人为普通股股东。根据《中华人民共和国公司法》的规定,普通股的股东主要有以下权利:

(1)经营管理权。普通股股东具有对公司的经营管理权。出席或委托代理人出席股东大会,并依公司章程规定行使表决权,这是普通股股东参与公司经营管理的基本方式。

(2)分享盈余权。分享盈余权也是普通股股东的一项基本权利,即普通股股东经董事会决定后有从净利润中分得股息和红利的权利。

(3)股份转让权。股东持有的股份可以自由转让,但必须符合《中华人民共和国公司法》、其他法规和公司章程规定的条件和程序。

(4)优先认股权。即普通股股东可优先于其他投资者购买公司增发新股票的权利。

(5)剩余财产分配权。当公司解散、清算时,普通股股东对剩余财产有要求权。剩余财产清偿的顺序如下:首先用来清偿债务,然后支付优先股股东,最后才能分配给普通股股东。

2. 普通股的优缺点

(1)普通股的优点。

1)没有固定股利负担。普通股筹资形成稳定而长期占用的资本,有利于增强公司的资信,为债务筹资提供基础。

2)可降低公司的财务风险。普通股股票没有到期日,没有固定的股利负担,而是视公司的盈利状况而定,自然可以降低公司的财务风险。

3)能增加公司的信誉。普通股与留存收益构成公司所借入一切债务的基础。有了较多的自有资金,就可为债权人提供较大的损失保障,因此,普通股筹资既可以提高公司的信用价值,也可为使用更多的债务资金提供强有力的支持。

(2)普通股的缺点。

1)可能会分散公司的控股权。普通股股东有投票表决权,持股比例达到一定水平后就可对投票结果产生较大影响,从而影响董事会组成或分配方案的通过与否,进而影响到公司的重大决策。另外,当公司增发新普通股时,新股东的加入意味着原股东的持股比例相应下降,原股东对公司的控股权分散。

2)资金成本较高。一般来说,普通股筹资的成本要大于债务资金。这主要是由于股利要从净利润中支付,而债务资金的利息可在税前扣除。另外,普通股的发行费用也比较高。

3)可能导致股价下跌。股票发行过量会直接影响公司股票市价,导致每股净收益额降低,从而引起公司股价的下跌。

三、利用留存收益筹资

(一)留存收益筹资的渠道

留存收益是公司税后利润形成的,属于权益资本。一般企业的净利润应按法律规定或公司需要提取一定的盈余公积金,并将一定比例的净利润作为股利支付给投资者,剩下的为未分配利润。这些盈余公积金和未分配利润是留存收益的两大渠道,留存收益是企业资金的一项重要来源。

1. 盈余公积金

盈余公积金是指企业按照规定从税后利润提取的积累资金。根据用途分为法定盈余公积金和公益金。法定盈余公积金按税后利润的10%提取,当其达到注册资本的50%时,可以不再提取;公益金专门用于企业职工的福利设施,按税后利润的一定比例提取。

2. 未分配利润

未分配利润即未进行分配的利润,有以下两层含义:

(1)这部分净利润没有分配给投资者。

(2)这部分净利润未指定用途。

(二)留存收益筹资的优缺点

1. 留存收益筹资的优点

(1)资金成本较普通股低。留存收益筹资不需要像发行普通股筹资一样支付筹资费用,因此,筹资成本较普通股低。

(2)保持普通股股东的控制权。留存收益筹资不用对外发行股票,由此增加的权益资本不会改变企业的股权结构,不会稀释原有股东的控制权。

(3)增强公司的信誉。留存收益筹资能够使企业保持较大的可支配现金流,既可解决企业经营发展的需要,又能提高企业的举债能力。

2. 留存收益筹资的缺点

(1)筹资的数额有限制。留存收益筹资可能的最大数额是企业当前的税后利润和上年累计未分配利润之和。若企业要支付股利,则会使企业的留存收益减少,且股利支付率越高,留存收益就越少。

(2)资金使用受限制。留存收益中某些项目的使用(如法定盈余公积金等)要受国家有关规定的制约。

第三节　债务资金筹集

债务资金又称借入资金、负债资金，是指企业依法筹措并依约使用、按期偿还的资金，是企业一项重要的资金来源。按所筹资金使用期限的长短，可分为长期债务筹资和短期债务筹资两大类。债务资金一般通过银行信贷资金、非银行金融机构资金、其他企业资金、民间资金等渠道，采用向银行借款、发行公司债券、融资租赁、商业信用等方式筹措形成。

一、向银行借款

向银行借款就是由企业根据借款合同从有关银行或非银行金融机构借入所需资金的一种筹资方式。

(一)银行借款的类型

(1)按借款的期限划分。按借款的期限，银行借款可分为短期借款(指借款期限在1年以内，含1年的借款)、中期借款(指1年以上5年以下，含5年的借款)和长期借款(指5年以上的借款)。

(2)按借款是否需要担保划分。按借款是否需要担保，银行借款可以分为信用借款、担保借款和票据贴现。信用借款是指以借款人的信誉为依据而获得的借款，企业取得这种借款，不需要以财产做抵押；担保借款是指以一定的财产做抵押或以一定的保证人做担保为条件所取得的借款；票据贴现是指企业以持有的未到期的商业票据向银行贴付一定的利息而取得的借款。

(3)按提供贷款的机构划分。按提供贷款的机构，银行借款分为政策性银行贷款和商业银行贷款。政策性银行贷款一般是指执行国家政策性贷款业务的银行向企业发放的贷款，如重点项目贷款、进口大型设备贷款等，其贷款面较窄；商业银行贷款是指各商业银行向工商企业提供的贷款，这类贷款主要用于满足企业生产经营的资金需要。

(4)按偿还方式划分。按偿还方式，银行借款分为一次偿还借款和分期偿还借款。

(5)按借款的用途划分。按借款的用途，银行借款可分为基本建设借款、专项借款和流动资金借款。基本建设借款是指列入计划以扩大生产能力为主要目的的新建、扩建工程及其有关工程，因自筹资金不足，需要向银行申请的借款；专项借款是指企业因为专门用途而向银行申请借入的款项，主要用于更新改造设备、大修理、科研开发以及小型技术措施等的借款；流动资金借款是指企业为满足流动资金的需要而向银行借入的款项，包括流动资金借款、生产周转借款、临时借款、结算借款和卖方借款。

(二)银行借款筹资的程序

一般而言，企业向银行借款，需要按以下程序进行：

(1)企业提出借款申请。企业向银行借款，必须向银行提出申请，然后填写包括借款金额、借款用途、偿还能力及还款方式等主要内容的《借款申请书》，而且还应提供必要的能够说明企业具备上述借款条件的资料。

(2)银行审查借款申请。银行接到企业的申请后,要对企业的申请进行审查,以决定是否对企业提供贷款。借款申请审查内容主要包括:①对借款人的信用等级进行评估;②贷款人受理借款人的申请后,应当对借款人的信用及借款的合法性、安全性和营利性等情况进行调查,核实抵押物、保证人情况,测定贷款的风险;③贷款审批。

(3)银行与企业签订借款合同。为了维护借贷双方的合法权益,保证资金的合理使用,企业向银行借入资金时,双方须签订借款合同。借款合同的内容主要包括基本条款、保证条款、违约条款、其他附属条款等。

(4)企业取得借款。双方签订借款合同后,贷款银行要按合同的规定按期发放贷款,以便企业取得相应的资金。贷款人不按合同约定按期发放贷款的,应偿付违约金;借款人不按合同的约定使用借款的,也应偿付违约金。

(5)企业还本付息。企业应按借款合同的规定按时足额归还借款本息。如果企业不能按期归还借款,应在借款到期前向银行申请贷款展期,但是否展期,由贷款银行根据其具体情况决定。一般而言,贷款银行会在短期贷款到期一个星期前,中长期贷款到期一个月前,向借款的企业发送还本付息通知单。企业在接到还本付息通知单后,要及时筹备资金,按期还本付息。

(三)与银行借款有关的信用条件

按照国际惯例,银行发放贷款时,往往涉及以下信用条款:

(1)信贷额度。信贷额度也即贷款限额,是借款人与银行在协议中规定的允许借款人借款的最高限额。如借款人超过规定限额继续向银行借款,银行则停止办理。另外,如果企业信誉恶化,即使银行曾经同意按信贷限额提供贷款,企业也可能得不到借款。这时,银行不需要承担法律责任。

(2)周转信贷协定。周转信贷协定是银行从法律上承诺向企业提供不超过某一最高限额的贷款协定。在协定的有效期内,只要企业借款总额未超过最高限额,银行必须满足企业任何时候提出的借款要求。企业享有周转协定,通常要对贷款限额的未使用部分付给银行一笔承诺费。

(3)补偿性余额。补偿性余额是银行要求借款人在银行中保持按贷款限额或实际借用额的一定百分比计算的最低存款余额。补偿性余额有助于银行降低贷款风险,补偿其可能遭受的风险;但对企业来说,补偿性余额则提高了供款的实际利率,加重了企业的利息负担。

(4)借款抵押。银行向财务风险较大、信誉不好的企业发放贷款,往往需要有抵押品作为担保,以减少银行自身蒙受损失的风险。借款的抵押品通常是借款企业的应收账款、存货、股票、债券及房屋等。

(5)偿还条件。无论何种借款,一般都会规定还款的期限。根据我国金融制度的规定,贷款到期后仍无能力偿还的,视为逾期贷款,银行要照章加收逾期罚息。

(6)以实际交易为贷款条件。当企业发生经营性临时资金需求,向银行申请贷款以求解决时,银行则以企业将要进行的实际交易为贷款基础,单独立项、单独审批,最后做出决定并确定贷款的相应条件和信用保证。

(四)银行借款筹资的优缺点

1. 银行借款筹资的优点

(1)借款筹资速度快。企业利用银行借款筹资一般所需的时间较短,程序较为简单,可以快速获得现金。而用发行股票、债券等方式筹集长期资金，需要做好发行前的各种工作，如印制证券等，发行也需一定时间。

(2)筹资成本低。从我国目前情况来看，企业利用银行借款所支付的利息比发行债券所支付的利息低。另外，也不需要支付大量发行费用。

(3)借款弹性较大。企业与银行可以直接商定贷款的时间、数额和利率等。在用款期间，企业财务状况若发生某些变化，也可与银行再行协商，变更借款数量及还款期限等。

2. 银行借款筹资的缺点

(1)财务风险较大。企业举借长期借款，必须定期还本付息。在经营不利的情况下，可能会产生不能偿付的风险，甚至会导致破产。

(2)限制条件较多。这可能会影响到企业以后的筹资和投资活动。

(3)筹资数额有限。银行借款往往不像股票、债券那样可以一次筹集到大批资金，一般都有一定的上限。

二、发行公司债券

(一)公司债券的基本概念

公司债券是指债务人依照法定程序发行的，约定在一定期限还本付息的有价证券。持券人可以按期取得固定利息，并到期向发行企业收回本金，同债券发行者之间纯属借贷关系。发行公司债券是企业筹集资金的一种重要形式。

(二)债券的种类

(1)按债券是否记名划分，债券分为记名债券和无记名债券。如果企业债券上登记债券持有者的姓名，投资者领取利息时，要凭印章或其他有效的身份证明；转让时，要在债券上签名的同时再到发行企业登记的是记名企业债券；反之，则是不记名企业债券。

(2)按有无抵押担保划分，债券分为信用债券和担保债券。信用债券是指仅凭筹资人的信用发行、没有担保的债券，只适用于信用等级高的债券发行企业；担保债券是指以抵押、质押、保证等方式发行的债券。其中，抵押债券是指以不动产作为担保品所发行的债券；质押债券是指以其有价证券作为担保品所发行的债券；保证债券是指由第三者担保偿还本息的债券。

(3)按偿还期限的长短划分，债券分为短期债券、中期债券和长期债券。短期企业债券期限在1年以内，中期企业债券期限在1年以上5年以下，长期企业债券期限在5年以上。

(4)按利率的不同划分，债券可分为固定利率债券和浮动利率债券。固定利率债券是指在偿还期内利率固定不变的债券；浮动利率债券是指票面利率随市场利率而变动的债券。

(5)按能否上市划分，债券分为上市债券与非上市债券。可在证券交易所挂牌交易的债券为上市债券反之，则为非上市债券。上市债券信用度高、价值高且变现迅速，较能吸引投资者，但其上市条件严格，须经有关机构审核，并要承担上市费用。

(6)按是否参与收益分配划分，债券分为参与债券和非参与债券。参与债券的持有人除可获得预先规定的利息外，还享有一定程度的参与发行公司收益分配的权利，其参与分配的方式与比例事先确定。非参与债券的持有人没有参与收益分配的权利。公司债券大多为非参与债券。

(7)按债券持有人的特定权益划分,债券分为收益债券、可转换债券和附认股权证债券。收益债券是只有当发行公司有税后收益可供分配时才支付利息的一种公司债券;可转换债券的持有者有权将持有的可转换债券按公司债券募集办法转换为公司普通股;附认股权证债券附带有允许债券持有人按特定价格认购股票的权利。

(三)债券发行的资格与条件

1. 债券发行的资格

根据《中华人民共和国公司法》的规定,股份有限公司、国有独资公司和两个以上的国有投资主体投资设立的有限责任公司,具有发行公司债券的资格。

2. 债券发行的条件

我国企业发行债券的条件如下:

(1)股份有限公司的净资产不低于 3 000 万元,有限责任公司的净资产不低于 6 000 万元。
(2)累计债券总额不得超过公司资产的 40%。
(3)最近三年平均可分配利润足以支付公司债券 1 年的利息。
(4)资金投向符合国家产业政策。
(5)债券的利率不得超过国务院限定的利率水平。
(6)国务院规定的其他条件。

此外,发行可转换的公司债券,除应具备上述条件外,还应符合股票发行的条件,并报请国务院证券管理部门批准。

(四)债券的发行价格

债券的发行价格是指债券发行时使用的价格,也即投资者在发行市场上购买债券时实际支付的价格。债券的发行价格有三种,即等价发行、折价发行和溢价发行。

(1)等价发行又称按面值发行,是指按债券的面值出售。
(2)折价发行是指以低于债券面值的价格出售。
(3)溢价发行是指按高于债券面值的价格出售。

溢价或折价发行债券,主要是由于债券的票面利率与市场利率不一致造成的。

在按期付息、到期一次还本,且不考虑发行费用的情况下,债券发行价格的计算公式为

$$P=\frac{票面金额}{(1+市场利率)^n}+\sum_{t=1}^{n}\frac{票面金额\times票面利率}{(1+市场利率)^t}$$

式中 n——债券期限;
  t——付息期数。

若债券是分期付息,到期还本,且每期利息相同,则

$$P=I\times(P/A,i,n)+M\times(P/F,i,n)$$

式中 I——每期等额的利息(等于"票面金额×票面利率");
  i——市场利率;
  n——付息期数;
  M——票面金额。

(五)债券的偿还

1. 本金的偿还

企业债券本金的偿还方式主要有以下三种：

(1)到期一次偿还。到期一次偿还是指对同一批发行的债券均在期满时一次性还清本金。这是最常用的一种偿还方式，手续简单，可节约偿还时间与费用；但若企业债券发行额较大，则可能会导致企业在还本时产生较大的资金压力。

(2)分批偿还。分批偿还具体来说有两种做法：一种是在债券发行时就对同一批债券规定不同的期限，并规定不同的利率，按各债券的到期日分批偿还。这种债券便于购券人根据自己的需要选择合适的到期日，因此有利于发行。另一种是对同一批发行的债券，分别规定各年的还本比例，但不预先规定具体的偿还对象，而是到期由抽签决定。当企业债券发行额很大时，采取分批偿还方式可以避免一次性偿还所造成的资金压力；但分批偿还手续复杂，所需的费用和时间都较多。

(3)随时偿还。随时偿还是指在债券的期限内，发行者可随时偿还一部分或全部债券本金。随时偿还具体来说也有两种做法：一种是由债券发行企业单方面选择偿还的时间和金额；另一种是债券发行企业在证券市场上按市价购回已发行的债券，予以注销。

2. 利息的支付

企业债券利息支付方式主要有以下三种：一是到期时一次性支付利息；二是在有效期内定期付息，如每年、每半年、每季度或每月支付一次利息；三是发行债券时预先从发行价格中将利息扣除，即贴现法付息。

(六)债券筹资的优缺点

1. 债券筹资的优点

(1)资金成本较低。债券筹资的成本比股票筹资的成本低，这主要是因为债券的利息允许在所得税前支付，且发行费用较低。

(2)具有财务杠杆的作用。债券的利率一般是固定的，无论发行公司的营利状况如何，公司只需向持有人支付固定的利息，因此，当公司获得丰厚的利润时，普通股股东会享受到更多的利益。

(3)保障股东控制权。债券持有人无权参与发行公司的管理决策，因此，公司发行债券不会像增发新股票那样，分散股东对公司的控制权。

2. 债券筹资的缺点

(1)财务风险大。债券固定的本息偿还要求可能会使发行主体面临较重的财务压力，一旦发行主体的资金周转出现困难，可能会因无法履约而陷入困境，甚至破产。

(2)限制条件多。发行债券的契约书中往往有一些限制条款。这种限制比优先股及短期债务严得多，可能会影响企业的正常发展和以后的筹资能力。

(3)筹资数额有限。企业利用债券筹资一般受一定额度的限制。

三、融资租赁

(一)融资租赁的概念

融资租赁是由出租方利用其资金或从银行贷款购买承租方所需要的机器设备，然后租给承租方使用的一种物资流通方式。租期届满，机器设备按双方签订的租赁合同条款处理，一般归承租方所有。融资租赁主要解决承租方进行生产或技术改造所急需设备的资金问题，这种租赁实质上是给承租方一种信贷资金，以改善承租单位的财务状况，出租方起着一种融通资金的作用。

(二) 融资租赁的特点

融资租赁具有如下特点：

(1) 一般由承租企业向租赁公司提出正式申请，由租赁公司融资购进设备租给承租企业使用。

(2) 租赁期限较长，大多为设备耐用年限的一半以上。

(3) 租赁合同比较稳定，在规定的租期内未经双方同意，任何一方不得中途解约。这有利于维护双方的利益。

(4) 由承租企业负责设备的维修、保养和保险，但承租企业无权自行拆卸改装。

(5) 租赁期满时，按事先约定处置设备。一般有退还、续租和留购三种选择，通常由承租企业留购。

(三) 融资租赁的形式

融资租赁具有以下形式：

(1) 售后租回。根据协议，企业将某资产卖给出租人，再将其租回使用，简称"回租"。回租是承租人和出卖人为同一人的特殊租赁方式。用于承租人具有一定市场价值的存量资产盘活。回租包括融资性回租和经营性回租两种类型。这种方式不仅有利于企业将现有资产变现，筹措流动资金、股本金、并购等用途的资金，而且有利于企业调节财务报表。回租类似于银行抵押贷款。

(2) 直接租赁。直接租赁是指承租人直接向出租人租入所需要的资产，并付出租金。

(3) 杠杆租赁。杠杆租赁一般要涉及承租人、出租人和贷款人三方当事人。从承租人角度看，它与其他融资租赁形式并无区别，同样是按合同的规定，在租期内获得资产的使用权，按期支付租金。但对于出租人不同，出租人只垫支购买资产所需现金的一部分，其余部分则以该资产为担保向贷款人借款支付。因此，在这种情况下，租赁公司既是出租人又是借款人，既要收取租金又要偿还债务。

(四) 融资租赁的程序

融资租赁的程序如下：

(1) 选择租赁公司。企业首先需了解各家租赁公司的经营范围、业务能力、资信情况以及与其他金融机构的关系，取得租赁公司的融资条件和租赁费率等资料，并对其加以分析和比较，择优选择。

(2) 办理租赁委托。企业选定租赁公司后，便可向其提出申请，办理委托手续。

(3) 签订购货协议。由承租企业与租赁公司的一方或双方合作组织选定设备供应厂商，并与其进行技术和商务谈判，在此基础上签订购货协议。

(4) 签订租赁合同。融资租赁合同由承租企业与租赁公司签订。它是租赁业务的重要文件，具有法律效力。

(5) 办理验货与投保。承租企业收到租赁设备，要进行验收。验收合格签发交货及验收证书并提交给租赁公司,租赁公司据以向厂商支付设备价款。同时,承租公司向保险公司办理投保事宜。

(6)支付租金。承租企业按合同规定的租金数额、支付方式等,向租赁公司支付租金。

(7)处理租赁期满的设备。融资租赁合同期满时,承租企业应按租赁合同规定,实行退租、续租或留购。

(五)融资租赁的优缺点

1. 融资租赁的优点

(1)筹资速度快。融资租赁是筹资与设备购置同时进行,既可以缩短设备的购进、安装时间,使企业尽快形成生产能力,又有利于企业尽快占领市场,打开销路。

(2)限制条款少。企业运用债券和长期借款都有相当多的限制条款,相比之下,融资租赁的限制条款则比较少。

(3)设备淘汰风险小。由于科学技术的迅速发展,固定资产更新周期日趋缩短,企业设备陈旧过时的风险很大,利用融资租赁可减少这种风险。

(4)财务风险小。租金在整个租期内分摊,不用到期归还大量本金。因此,租赁把财务风险分摊在整个租期内,可适当减少不能偿付的风险。

(5)税收负担轻。租金可在税前扣除,具有抵免所得税的效用。

2. 融资租赁的缺点

(1)资金成本较高。一般来说,融资租赁租金要比举借银行借款或发行债券所负担的利息高得多。在企业财务困难时,固定的租金也会构成一项比较沉重的负担。

(2)资产处置权有限。由于承租企业在租赁期内无资产所有权,因此不能根据企业的要求自行处置租赁资产。

四、商业信用

(一)商业信用的概念

商业信用是指企业之间在商品交易中以延期付款或延期交货方式所形成的借贷关系,是购销双方相互提供的信用。商业信用是由商品交换中货与钱在空间和时间上的分离而产生的,简单地说就是赊销预购。随着市场经济的繁荣发展,商业信用已成为企业筹集短期资金的一种有效方式。

(二)商业信用的形式

商业信用的形式主要有以下几种:

(1)赊购商品。赊购商品是一种最典型、最常见的商业信用形式。在此种情况下,买卖双方发生商品交易时,买方收到商品后不需要立即支付现金,可延期到一定时间以后再付款。

(2)应付账款。由于商品赊购而形成的欠款,是最典型、最常见的商业信用形式,即卖方允许买方在购货后一段时间内付款,相当于卖方以应付账款的形式向买方提供了一笔短期贷款。这对买方而言,可形成其短期资金来源。

(3)商业汇票。商业汇票是在延期付款的商品交易中所开具,载明一定金额和承付期,购货单位或委托的银行承诺到期付款的一种债务凭证。由付款单位承兑的汇票称为"商业承兑汇票"。由付款单位向开户银行申请,银行审查同意承兑的汇票称为"银行承兑汇票"。在商业汇票承兑期内,相当于购货单位从销货单位借到了一笔资金。汇票经承兑后,承兑者负有到期无条件支付票款的责任。

(三)商业信用的成本

商业信用的成本是企业利用商业信用形式筹资时所付出的代价。商业信用筹资所付出的代价可分为以下三种:

(1)免费信用。免费信用是指买方在规定的折扣期限内享受的折扣,这部分信用的融资是免费的。如果供应商没有提供现金折扣,或者能尽快地付款而获得现金折扣,那么买方利用供应商的商业信用就没有成本。

(2)有代价信用。当供应方提供了现金折扣,而买方没有获得折扣,则意味着有机会成本。买方放弃现金折扣成本为

$$放弃现金折扣成本 = \frac{折扣百分比}{1-折扣百分比} \times \frac{360}{总信用期限-折扣期限}$$

(3)展期成本。展期指买方超出规定的信用期限再付款,购买方利用商业信用隐含的成本将降低。推迟付款的时间越长,其利息成本越小。

(四)商业信用筹资的优缺点

1. 商业信用筹资的优点

商业信用筹资的优点主要体现在以下三个方面:

(1)筹资便利。利用商业信用筹措资金非常方便,因为商业信用与商品买卖同时进行,属于一种自然性融资,不用做非常正规的安排。

(2)筹资成本低。大多数商业信用都由卖方免费提供,因此,与其他筹资方式相比成本低。

(3)限制条件少。商业信用一般只对还款期限做出规定,一般不包含其他限制性条款,因此,对项目公司经营的影响较小。

2. 商业信用筹资的缺点

商业信用筹资的期限较短,只适用于短期资金的筹措。当存在现金折扣的情况时,如果企业放弃现金折扣所付出的资金成本较高,有一定的自发性;当商业信用不规范、当事人诚信程度较低时,则风险较大。

第四节 衍生工具筹资

一、可转换债券

(一)可转换债券的概念

可转换债券是一种混合型证券,是公司普通债券与证券期权的组合体。可转换债券的持有人在一定期限内,可以按照事先规定的价格或者转换比例,自由地选择是否转换为公司普通股。

(二)可转换债券的种类

可转换债券可分为不可分离的可转换债券和可分离交易的可转换债券。

(1)不可分离的可转换债券。不可分离的可转换债券是指转股权与债券不可分离,债券持有者直接按照债券面额和约定的转股价格,在规定的期限内将债券转换为股票。

(2)可分离交易的可转换债券。可分离交易的可转换债券是指债券在发行时附有认股权证,是认股权证和公司债券的组合。在发行上市后,公司债券和认股权证各自独立流通、交易。

(三)可转换债券的基本性质

1. 证券期权性

证券期权性是指给予债券持有人在未来约定期限是否选择将债券转换为普通股票的选择权。可转换债券从实质上来讲是一种未来的买入期权,因为可转换债券持有人拥有按约定的价格在事先约定的期限内购买股票的权利。

2. 资市转换性

可转换债券持有人在债券的转换期间,如果行权(将其转换为股票),持有人即成为企业的股权投资者;如果没有行权,发行企业到期必须无条件支付本金和利息。因此,资本的双重性(若转换期行权,则属于权益性质;若没有行权,则属于债务性质)是否能够转换取决于投资者是否行权。

3. 能够赎回与回售

可转换债券一般都有赎回和回售条款,在可转换债券转换前,既可以由发债公司按一定条件赎回债券,又可以由债券持有人按事先预定的价格将所持债券回售给发行公司。

(四)可转换债券的基本要素

1. 标的股票

标的股票一般是发行公司自己的普通股票,不过也可以是其他公司的股票,如该公司的上市子公司的股票。

2. 票面利率

可转换债券的票面利率一般会低于普通债券的票面利率,有时甚至还低于同期银行存款利率。

3. 转换价格

转换价格是指可转换债券在转换期间内据以转换为普通股的折算价格,即将可转换债券转换为普通股的每股普通股的价格。其一般比发售日的股票价格高出10%~30%。

4. 转换比率

转换比率是指每张可转换债券在既定的转换价格下能转换为普通股股票的数量。其计算公式为

$$转换比率=债券面值/转换价格$$

5. 转换期

可转换债券的转换期可以与债券的期限相同,也可以短于债券的期限。

6. 赎回条款

(1)含义：指发债公司按事先约定的价格买回未转股债券的条件规定。

(2)发生时机：一般发生在公司股票价格在一段时期内连续高于转股价格达到某一幅度时。

(3)主要的功能：

1)强制债券持有者积极行使转股权，因此，又被称为加速条款；

2)使发债公司避免在市场利率下降后，继续向债券持有人支付较高的债券利率所蒙受的损失。

7. 回售条款

(1)含义：指债券持有人有权按照事先约定的价格将债券卖回给发债公司的条件规定。

(2)发生时机：回售一般发生在公司股票价格在一段时间内连续低于转股价格达到某一幅度时。

(3)作用：回售对于投资者而言实际上是一种卖权，有利于降低投资者的持券风险。

8. 强制性转换条款

(1)含义：是指在某些条件具备之后，债券持有人必须将可转换债券转换为股票，无权要求偿还债券本金的规定。

(2)作用：保证可转换债券顺利地转换成股票，预防投资者到期集中挤兑引发公司破产。

(五)可转换债券的发行条件

根据《上市公司证券发行管理办法》的规定，上市公司发行可转换债券，除了应当符合增发股票的一般条件以外，还应当符合以下条件：

(1)最近三个会计年度加权平均净资产收益率平均不低于6%。扣除非经常性损益后的净利润与扣除前的净利润相比，以低者作为加权平均净资产收益率的计算依据。

(2)本次发行后累计公司债券余额不超过最近一期末净资产额的40%。

(3)最近三个会计年度实现的年均可分配利润不少于公司债券一年的利息。

(六)可转换债券筹资的特点

1. 优点

(1)筹资灵活性好。将传统的债务筹资功能和股票筹资功能结合起来，筹资性质和时间上具有灵活性。

(2)资本成本较低。可转换债券的利率低于同一条件下普通债券的利率，降低了公司的筹资成本。另外，在可转换债券转换为普通股时，公司不需要另外支付筹资费用，又节约了股票的筹资成本。

(3)筹资效率高。可转换债券在发行时，规定的转换价格往往高于当时本公司的股票价格。如果这些债券将来都转换成了股权，就相当于在债券发行之际，就以高于当时股票市价的价格新发行了股票，即以较少的股份代价筹集了更多的股份资金。

2. 缺点

(1)存在不转换的财务压力。如果在转换期内公司股价处于恶化性的低位，持券者到期不会转股，会造成公司集中兑付债券本金的财务压力。

(2)存在回售的财务压力。若公司股价长期低迷,在设计有回售条款的情况下,投资者集中在一段时间内将债券回售给发行公司,增大了公司的财务支付压力。

二、认股权证

(一)认股权证的概念

认股权证是由股份有限公司发行的可认购其股票的一种买入期权。它赋予持有者在一定期限内以事先约定的价格购买发行公司一定股份的权利。对于筹资公司而言,发行认股权证是一种特殊的筹资手段。认股权证本身含有期权条款,其持有者在认购股份之前,对发行公司既不拥有债权也不拥有股权,而只是拥有股票认购权。尽管如此,发行公司可以通过发行认股权证筹得现金,还可用于公司成立时对承销商的一种补偿。

(二)认股权证的种类

按行使状况分类,认股权证可分为美式和欧式认股证。

美式认股证:持有人在股证上市日至到期日期之间的任何时间均可行使其权利。

欧式认股证:持有人只可以在到期日当日行使其权利。欧式认股证为我国香港地区最常见的股证类别。

然而,无论股证属美式还是欧式,投资者均可在到期日前在市场出售持有股证。事实上,只有小部分股证持有人会选择行使股证,大部分投资者均会在到期前估出股证。

(三)认股权证的基本性质

1. 期权性

认股权证在本质上是一种股票期权,属于衍生金融工具,具有实现股票期权激励和融资的双重功能,但它既没有普通股应有的投票权,也没有普通股应有的红利收入,本身只是一种认购普通股的期权。

2. 认股权证是一种投资工具

认股权证是一种具有内在价值的投资工具,如果投资者购买了认股权证,可获得市场价与认购价之间的股票差价收益。

(四)认股权证的基本要素

1. 发行人

股本权证的发行人为标的上市公司,而衍生权证的发行人为标的公司以外的第三方,一般为大股东或证券公司(以下简称"券商")。在后一种情况下,发行人往往需要将标的证券存放于独立保管人处,作为其履行责任的担保。

2. 看涨和看跌权证

当权证持有人拥有从发行人处购买标的证券的权利时,该权证为看涨权证。反之,当权证持有人拥有向发行人出售标的证券的权利时,该权证为看跌权证。认股权证一般指看涨权证。

3. 到期日

到期日是权证持有人可行使认购(或出售)权利的最后日期。该期限过后,权证持有人便不能行使相关权利,权证的价值也变为零。

4. 执行方式

在美式执行方式下，持有人在到期日以前的任何时间内均可行使认购权；在欧式执行方式下，持有人只有在到期日当天才可行使认购权。

5. 交割方式

交割方式包括实物交割和现金交割两种形式，其中，实物交割指投资者行使认股权利时从发行人处购入标的证券，而现金交割指投资者在行使权利时，由发行人向投资者支付市价高于执行价的差额。

6. 认股价(执行价)

认股价(执行价)是发行人在发行权证时所订下的价格，持证人在行使权利时以此价格向发行人认购标的股票。

7. 权证价格

权证价格由内在价值和时间价值两部分组成。当正股股价(指标的证券市场价格)高于认股价时，内在价值为二者之差；当正股股价低于认股价时，内在价值为零。但如果权证尚没有到期，正股股价还有机会高于认股价，因此，权证仍具有市场价值，这种价值就是时间价值。

8. 认购比率

认购比率是每张权证可认购正股的股数，如认购比率为 0.1，就表示每 10 张权证可认购一份股票。

9. 杠杆比率

杠杆比率是正股市价与购入一股正股所需权证的市价之比。其计算公式为

$$杠杆比率 = 正股股价 / (权证价格 \times 认购比率)$$

杠杆比率可用来衡量"以小博大"的放大倍数，杠杆比率越高，投资者盈利率也越高，当然，其可能承担的亏损风险也越大。

(五)认股权证的筹资特点

认股权证的筹资具有如下特点：

(1)认股权证是一种融资促进工具。

(2)认股权证有助于改善上市公司的治理结构。

(3)认股权证有利于推进上市公司的股权激励机制。

三、优先股

(一)优先股的概念

优先股股东与普通股股东相比具有一定的优先权，主要是指优先分得股利和剩余财产。

(二)优先股的分类

按不同标准，可对优先股做不同的分类。

(1)累积优先股与非累积优先股。累积优先股是指公司在任何营业年度内未支付的股利可累积计算，由以后营业年度的盈利一起支付的优先股股票；非累积优先股是指仅按当年利润分取股利，而不予以累积补付的优先股股票。累积优先股是优先股的主要方式，如果不具有未支付股息的累积功能，那么它的投资价值也将受影响。因此，大多数优先股属于累积优先股。

(2)参加优先股和非参加优先股。参加优先股是指优先股股东按规定获取股息后，还有权与普通股股东一起参与剩余利润的分配。它又可分为全部参加优先股和部分参加优先股。实践中比较常见的为非参加优先股。

(3)可转换优先股与不可转换优先股。可转换优先股是股东可在一定时期内按一定比例将优先股转换成普通股的股票，转换的比例是事先确定的，其数值的大小取决于优先股与普通股的现行价格；不可转换优先股是指不能转换成普通股的股票，即只能获得固定股利报酬，而不能获得转换收益。

(4)可赎回优先股和不可赎回优先股。可赎回优先股是指公司可以按事先规定的赎回条款，按一定的价格收回的优先股。赎回的价格是事先确定的，通常高于股票面值，以保护投资者的利益；发行后根据规定不能赎回的优先股，则称为不可赎回优先股。

(三)优先股发行的动机

股份有限公司发行优先股的基本目的是筹资，但由于优先股具有其他特征，因此，发行公司往往还有其他的动机。其他动机主要表现在以下四个方面：

(1)防止公司股权分散化。优先股股东一般无表决权，发行优先股就可以避免公司股权分散，保障公司老股东的原有控制权。

(2)维持举债能力。由于优先股筹资属于主权资本筹资的范畴，因此，它可作为公司举债的基础，以提高其负债能力。

(3)改善公司的资金结构。公司在安排借入资本与自有资本的比例关系时，可较为便利地利用优先股的发行、转换、赎回等手段进行资金结构和自有资本内部结构的调整。

(4)增加普通股股东权益。由于优先股的股息固定，且优先股股东对公司留存收益不具有要求权。因此，在公司收益一定的情况下，提高优先股的比重，会相应提高普通股股东的权益，提高每股的净收益额，从而具有杠杆作用。

(四)优先股的基本性质

1. 优先股股息事先约定、相对固定

与普通股相比，优先股的股息一般是事先约定的，而且相对固定。事先约定是指优先股股息不会随着公司业绩、利润分红等而变化。相对固定是指优先股存续期间，股息一般固定或者根据约定的计算方法调整。

2. 优先股有相对的优先权

与普通股相比，优先股具有以下相对的优先权：

(1)优先股先于普通股分得公司的可分配利润。

(2)当公司进入清算程序时，优先股先于普通股分得剩余财产。

3. 优先股的权利范围小

与普通股股东相比，优先股股东一般没有选举和被选举权，除影响自身利益的特定事项外，优先股股东对重大经营事项没有表决权。

(五)优先股筹资的优缺点

1. 优点

(1)没有固定到期日，不用偿还本金。事实上等于使用的是一笔无限期的贷款，没有偿还本金的义务。

(2) 不分散普通股东的控股权。由于优先股股东不参加公司的经营管理，没有投票权，故发行优先股不会分散普通股东对公司的控股权。

(3) 有利于增强公司信誉。从法律上讲，优先股属于自有资金，因而，优先股扩大了权益基础，可适当增加公司的信誉，提高公司的借款能力。

2. 缺点

(1) 融资成本较高。优先股成本虽低于普通股，但高于债券，股利不能像债券利息一样在税前扣除。

(2) 财务负担重。由于优先股股利从税后净利润中固定支付，因此当利润下降时，会加大公司的财务负担。

(3) 筹资限制多。发行优先股通常有许多限制条款。

本章小结

本章主要介绍了资金筹集的概念、种类、动机、原则、渠道和方式，并从权益资金的筹集、债务资金的筹集、衍生工具筹资三个方面对企业筹资进行了详细分析，总结其各自的优缺点。通过本章的学习，应掌握建筑企业资金筹集的有关内容，具备基本的资金筹集管理能力。

思考与练习

一、填空题

1. 按企业所取得资金的权益特性不同，企业筹资分为_____、_____及_____三类。
2. 按是否借助于金融机构为媒介来获取社会资金，企业筹资分为_____和_____。
3. 建筑企业可以通过多种方式获得投资或发展所需要的资金，主要包括_____、_____、_____、_____、_____、_____。
4. 建筑企业主要通过_____、_____和_____等方式筹集权益资金。
5. 建筑企业采用吸收直接投资方式筹资的资金一般可分为_____、_____、_____三类。
6. 股票的发行方式是指公司通过何种途径发行股票，主要有_____和_____。
7. 股票的销售方式有_____和_____。
8. 留存收益的来源渠道包括_____和_____。
9. 商业信用的形式主要有_____、_____和_____。
10. 可转换债券可分为_____可转换债券和_____可转换债券。
11. _____是由股份有限公司发行的可认购其股票的一种买入期权。

二、选择题

1. 下列筹资方式中，既可以筹集长期资金，又可以融通短期资金的是( )。
   A. 发行股票　　B. 利用商业信用　　C. 吸收直接投资　　D. 向金融机构借款

2. 下列各种筹资方式中,最有利于降低公司财务风险的是( )。
   A. 发行普通股   B. 发行优先股   C. 发行公司债券   D. 发行可转换债券
3. 下列各项中,不属于普通股股东拥有的权利的是( )。
   A. 优先认股权   B. 优先分配收益权   C. 股份转让权   D. 剩余财产要求权
4. 下列各项条款中,有利于保护可转换债券持有者利益的是( )。
   A. 无担保条款   B. 赎回条款   C. 回售条款   D. 强制性转换条款
5. 某公司发行的可转换债券的面值是100元,转换价格是20元。目前该债券已到转换期,股票市价为25元,则可转换债券的转换比率为( )。
   A. 5   B. 4   C. 1.25   D. 0.8

三、简答题

1. 什么是资金筹集?
2. 简述资金筹集的动机。
3. 简述资金筹集的原则。
4. 企业的筹资渠道主要包括哪些?
5. 简述吸收直接投资的程序。
6. 简述股票的特征。
7. 简述银行借款的类型。
8. 债券筹资的优缺点主要体现在哪些方面?
9. 简述可转换债券筹资的优缺点。

四、计算题

1. 某企业从银行借款500万元,期限为2年,名义利率为10%,按照贴现法付息,计算企业该项贷款的实际利率。
2. 某公司是一家股份有限公司,其普通股的发行价为30元/股,发行费用为0.6元/股,第一年预计发放现金股利1元/股,预计股利将以每年4%的比率稳定增长。试计算该普通股的成本。
3. 某公司拟发行3年期公司债券,每份债券面值20万元,票面利率为10%,每半年付息一次,若此时市场利率为7%,其发行价格应为多少?
4. 某公司采用融资租赁方式于2017年年初租入一台设备,价款为10万元,租期为5年,租期年利率为12%。要求:
   (1)计算每年年末支付租金方式的应付租金。
   (2)计算每年年初支付租金方式的应付租金。
   (3)试分析(1)和(2)的关系。

第四章 资金成本与资金结构

学习目标

了解资金成本的概念、作用、类型，经营杠杆、财务杠杆、复合杠杆的概念、作用，资金结构的概念和影响因素；掌握个别资金成本、综合资金成本和边际资金成本的计算方法，经营杠杆、财务杠杆、复合杠杆的计量，最优资金结构的确定方法。

能力目标

能运用资金成本的计算方法，对企业实际经济活动中常见的个别资金成本、综合资金成本和边际资金成本进行计算，并具备分析与评价的能力；能够运用杠杆效应进行筹资管理；能确定企业最优资金结构并做出筹资决策。

第一节 资金成本

一、资金成本的概念

在市场经济条件下，资金作为一项特殊商品，有其使用价值，筹资者融资后，还需要为资金所有者的让渡使用价值而付出一定的代价。这就是资金成本。

资金成本包括资金筹集费和资金使用费。资金筹集费是指在资金筹集过程中支付的各种费用，如股票、债券发行时应支付的手续费、印刷费、注册费等；资金使用费是指使用资金而支付的费用，包括支付给投资者的无风险报酬和风险报酬两部分，如银行借款、发行债券的利息支出、发行股票的股利支出等。资金筹集费通常在筹集资金时一次性发生，与使用资金的时间无关；而资金使用费与使用资金的数量、时间有直接关系。

资金成本既可以用绝对数表示，也可以用相对数表示，在通常情况下以相对数表示，即年使用费用与筹资净额（筹资数额扣除筹资费用后的余额）的比率，其计算公式为

$$资金成本 = \frac{每年的使用费用}{筹资数额 - 筹资费用} \times 100\%$$

二、资金成本的作用

企业财务管理中,资金成本可以在多方面加以应用,其作用主要表现在以下三个方面:

(1)资金成本是选择筹资方式、拟订筹资方案的依据。企业筹资可通过股票、债券、贷款、融资租赁、留存利润等方式进行。不同来源的资金,其成本是不同的。企业资金构成发生变动,综合的资金成本率也会变动。为了以最小耗费,最方便地获取所需资金,企业必须分析多种资金来源的资金成本高低,并合理配置资金来源。

(2)资金成本是评价投资项目可行性的重要标准。企业投资项目的可行性通常采用净现值、现值指数和内含报酬率等指标来进行评价。其中,净现值的计算一般就是以资金成本为折现率,当净现值大于零时,方案可行;否则,方案不可行。用内含报酬率评价方案的可行性时,一般以资金成本作为基准收益率,当内含报酬率大于资金成本时,方案可行;否则,方案不可行。

(3)资金成本还可作为评价企业经营成果的依据。资金成本在一定程度上成为判断企业经营业绩的重要依据,只有在企业资金利润率大于资金成本率时,投资者的收益期望才能得到满足,才能表明企业经营有方;否则,被认为是经营不利。

三、资金成本的类型

按用途,资金成本可分为个别资金成本、综合资金成本和边际资金成本。

(1)个别资金成本,是指单种融资方式的成本,如银行借款成本、债券成本、优先股成本、普通股成本等,一般用于不同融资方式的比较和评价。

(2)综合资金成本,又称加权平均资金成本,是指以各种资金占全部资金的比重为权数,对各种个别资金成本进行加权平均后的资金成本,其权数可以在账面价值、市场价值和目标价值中选择。

(3)边际资金成本,是指追加筹措资金所需负担的成本。任何企业投资项目的边际资金成本都是该项目追加一单位的资本所需追加的成本。

四、资金成本的计算

1. 个别资金成本的计算

(1)银行借款成本。银行借款付出的代价是利息,利息列作财务费用,计入当期损益。由于支付利息后减少了企业所得税,可以少缴所得税,而且银行借款手续费很少,可以不予考虑。其计算公式为

$$银行借款成本 = \frac{借款额 \times 借款年利率 \times (1-所得税税率)}{借款额 \times (1-筹资费率)} \times 100\%$$

【例 4-1】 某公司从银行取得长期借款 200 万元,年利率为 8%,期限为 3 年,每年计息一次,到期还本付息,假定银行手续费费率为 1%,企业所得税税率为 33%,则

$$银行借款成本 = \frac{200 \times 8\% \times (1-33\%)}{200 \times (1-1\%)} \times 100\% = \frac{10.72}{198} \times 100\% = 5.414\%$$

(2)债券成本。债券利息在税前支付,具有减税效应。债券成本主要是指债券利息和筹

资费用。债券的筹资费用一般较高,主要包括申请发行债券的手续费、债券注册费、印刷费、上市费及推销费用等。其计算公式为

$$债券成本 = \frac{年利息 \times (1-所得税税率)}{债券筹资金额 \times (1-债券筹资费率)} \times 100\%$$

【例 4-2】 某企业债券面额为 500 元,发行价为 480 元,年利率为 12.6%,每年付息一次,发行费用占发行价的比率为 0.8%,企业所得税税率为 33%,则

$$债券成本 = \frac{500 \times 12.6\% \times (1-33\%)}{480 \times (1-0.8\%)} \times 100\% = 8.86\%$$

(3)优先股成本。与债券相同,优先股的股利通常是固定的,因此,优先股成本与债券成本计算有相同之处。其不同之处在于,优先股无届满期限。另外,优先股股利在所得税后支付,不涉及税款扣减问题。其计算公式为

$$K_P = \frac{D_P}{P_0(1-f)}$$

式中 K_P——优先股资金成本;

D_P——优先股每年的股利;

P_0——优先股发行总额;

f——优先股筹资费率。

【例 4-3】 某公司发行面值 200 万元的优先股,筹资费率为 4%,合约规定股利率为 10%,股票按 250 万元的溢价发行,其优先股资金成本计算为

$$K_P = \frac{200 \times 10\%}{250 \times (1-4\%)} \times 100\% = 8.33\%$$

(4)普通股成本。由于普通股股东的收益是随着企业税后收益额的大小而变动的,每年股利可能各不相同,而且这种变化深受企业筹资意向与投资意向及股票市场股价变动因素的影响。确定普通股成本的方法主要有股利折现模型法、债券收益加风险溢价法、资本资产定价模型法。

1)股利折现模型法。股利折现模型的基本形式为

$$P_0 = \sum_{t=1}^{n} \frac{D_t}{(1+K_c)^t}$$

式中 P_0——普通股筹资净额,即发行价格扣除发行费用;

D_t——普通股第 t 年股利;

K_c——普通股投资必要收益率,即普通股资金成本率。

如果现金红利以年增长率 g 递增,且增长率 g 小于投资者要求的收益率,则有

$$K_s = \frac{D_1}{P_0} + g$$

式中 K_s——普通股资金成本;

P_0——当年普通股市场价格;

D_1——第一年股利;

g——普通股股利每年的预期增长率。

【例 4-4】 某公司发行面值总额 1 450 万元的普通股股票,每股面值为 1 元,发行价为每股 2.89 元,下一年的股利率为 28%(按票面金额计算),以后每年增长 5%。发行完毕,

发行费用为实收金额 4 190.5 万元的 6%，则

$$\text{普通股筹资成本} = \frac{1\ 450 \times 28\%}{4\ 190.5 \times (1-6\%)} \times 100\% + 5\% = 15.31\%$$

2）债券收益加风险溢价法。用债券收益加风险溢价法计算普通股股票筹资的资金成本公式为

$$K_s = K_b + RP_c$$

式中　K_b——债务成本（长期借款成本、债券成本）；

　　　RP_c——股东比债权人承担更大的风险所要求的风险溢价。RP_c 主要取决于普通股相对于债券而言的风险程度大小。一般只能从经验获得信息，资本市场经验表明，公司普通股的风险溢价对公司的债券而言，绝大部分为 3%～5%。这种方法有其特定的用途，当公司不发放现金股利时，这种方法就无从应用。

3）资本资产定价模型法。采用资本资产定价模型计算普通股成本的公式为

$$K_s = K_c = R_f + \beta \cdot (R_m - R_f)$$

式中　K_c——市场投资组合的期望收益率；

　　　R_f——无风险利率；

　　　β——公司股票收益相对于市场投资组合期望收益率的变动幅度；

　　　R_m——市场股票平均收益率。

【例 4-5】　某公司普通股股票收益相对于市场投资组合期望收益率的变动幅度为 1.20，市场股票平均收益率为 12%，无风险利率为 6%，则

$$\text{普通股资金成本} = 6\% + 1.20 \times (12\% - 6\%) = 13.2\%$$

（5）留存收益资金成本。留存收益资金成本与普通股资金成本的计算基本相同，但不用考虑筹资费用。其计算公式为

$$K_e = \frac{D_1}{V_0} + g$$

式中　K_e——留存收益资金成本率；

　　　D_1——第一年股利；

　　　V_0——留存收益资金。

【例 4-6】　某公司拟将留存收益 500 万元用于扩大再生产，据测算第一年股利率为 10%，以后每年递增 6%，则留存收益资金成本率为

$$K_e = \frac{500 \times 10\%}{500} + 6\% = 16\%$$

2. 综合资金成本的计算

企业采用不同的方式，分别从各种渠道取得资金，其资金成本率各不相同。由于种种条件的制约，企业不可能只从某种资金成本较低的来源筹集资金。相反，从多种来源取得资金，以形成各种资金来源的组合可能更为有利。综合资金成本计算公式为

$$\text{综合资金成本} = \sum \left(\text{某种来源资金成本} \times \frac{\text{某种来源的资金}}{\text{资金筹集总额}} \right)$$

【例 4-7】　某公司的资金来源及资金成本的计算见表 4-1。

表 4-1 某公司的资金来源及资金成本的计算

资金来源	融资金额/万元	各种来源资金占全部资金的比重	资金成本/%	综合资金成本/%
长期借款	100	0.05	4.5	0.225
债券	420	0.21	8.3	1.743
优先股成本	200	0.1	13	1.3
普通股成本	1 280	0.64	15	9.6
合计	2 000	1	—	12.868

3. 边际资金成本的计算

边际资金成本是指资金每增加一个单位而增加的成本，边际资金成本也是按加权平均法计算的。企业筹资需要计算加权平均资金成本，但加权平均资金成本也不是一成不变的，因此，企业在进行投资时，不仅要考虑目前的资金成本，还要考虑新筹集的资金成本，这就需要企业计算追加筹资时的边际资金成本。

加权平均资金成本的确定步骤如下：

(1) 首先测定各类资金来源的资金成本分界点。资金成本分界点是指使资金成本发生变动时的筹资金额。

(2) 确定追加筹集资金的资金结构。

(3) 确定筹资分界点并划分与之相对应的筹资范围。

在一定的资金成本率下只能筹集到一定限度的资金，超过这一限度，多筹集资金就要多花费资金成本，引起原资金成本率的变化，于是就把在保持某资金成本率不变的条件下可以筹集到的资金总限额，称为现有资金结构下的筹资分界点。在筹资分界点范围内筹资，原来的资金成本率不会改变；一旦筹资额超过筹资分界点，即使维持现有的资金结构，其资金成本率也会增加。筹资分界点的计算公式为

$$筹资总额分界点 = \frac{第i种筹资方式的成本分界点}{目标资金结构中第i种筹资方式所占的比重}$$

(4) 分组计算追加筹资数额的边际资金成本。

【例 4-8】 某企业为了满足追加投资的需要，拟筹集一定金额的长期资金。通过进行资金市场状况和企业有关条件的分析可以得到各种筹资方式下筹资规模与资金成本关系方面的资料，见表 4-2。

表 4-2 各种筹资方式下筹资规模与资金成本之间的关系

筹资方式	资金成本分界点/万元	个别资金筹资范围/万元	资金成本/%
长期借款	100 200	100 以内 100～200 200 以上	5 6 7
长期债券	150 300	150 以内 150～300 300 以上	6 7 8

续表

筹资方式	资金成本分界点/万元	个别资金筹资范围/万元	资金成本/%
普通股票	300 600	300 以内 300～600 600 以上	12 13 14

通过分析,确定追加筹资的资金结构为长期借款20%、长期债券20%、普通股票60%。根据前述加权平均边际资金成本的计算方法,其计算结果见表4-3,其加权平均边际资金成本见表4-4。

表 4-3 筹资总额分界点的计算

筹资方式	资金成本/%	资金成本分界点/万元	筹资结构/%	筹资总额分界点/万元	筹资范围/万元
长期借款	5 6 7	100 200 >200	20 20 —	500 1 000 —	0～500 500～1 000 >1 000
长期债券	6 7 8	150 300 >300	20 20 —	750 1 500 —	0～750 750～1 500 >1 500
普通股票	12 13 14	300 600 >600	60 60 —	500 1 000 —	0～500 500～1 000 >1 000

表 4-4 加权平均边际资金成本的计算

筹资范围/万元	筹资方式	资金结构/%	个别资金成本/%	加权平均资金成本/%
0～500	长期借款 长期债券 普通股票	20 20 60	5 6 12	1 1.2 7.2 9.4
500～750	长期借款 长期债券 普通股票	20 20 60	6 6 13	1.2 1.2 7.8 10.2
750～1 000	长期借款 长期债券 普通股票	20 20 60	6 7 13	1.2 1.4 7.8 10.4
1 000～1 500	长期借款 长期债券 普通股票	20 20 60	7 7 14	1.4 1.4 8.4 11.2
>1 500	长期借款 长期债券 普通股票	20 20 60	7 8 14	1.4 1.6 8.4 11.4

第二节 财务管理中的杠杆效应

一、杠杆效应的含义

自然界中的杠杆效应是指人们利用杠杆，可以用较小的力量移动较重物体的现象。财务管理中的杠杆效应，具体表现为由于特定费用（如固定成本或固定财务费用）的存在而导致的当某一财务变量以较小幅度变动时，另一相关财务变量会以较大幅度变动。合理运用杠杆原理有助于企业合理规避风险，提高企业财务管理水平。

财务管理中的杠杆效应有三种形式，即经营杠杆、财务杠杆和复合杠杆。

二、杠杆效应的形式

(一)经营杠杆

1. 经营杠杆的概念

经营杠杆是指企业运用固定经营成本对营业利润产生的影响。经营杠杆的存在使企业有可能享受到经营杠杆利益，但同时也可能承担更大的经营风险，即当企业的销售量增加时，营业利润会以更大的幅度增加，但也使其承担的经营风险增大，即营业利润的不确定性增大；当企业的销售量下降时，营业利润会以更大的幅度下降，使其遭受更大的损失。杠杆作用对企业的盈亏也具有同样的放大作用。

2. 经营杠杆的计量

经营杠杆的作用程度通常用经营杠杆系数来衡量。经营杠杆系数（DOL）也称经营杠杆程度，是息税前利润变动率相当于产销业务量变动率的倍数。经营杠杆系数的计算公式为

$$经营杠杆系数(DOL)=\frac{息税前利润变动率}{产销业务量变动率}$$

经营杠杆系数也可通过销售量和成本来表示，推导如下：

因为
$$EBIT=Q(P-V)-F$$
$$\Delta EBIT=\Delta Q(P-V)$$

所以
$$DOL=\frac{\Delta Q(P-V)/[Q(P-V)-F]}{\Delta Q/Q}=\frac{Q(P-V)}{Q(P-V)-F}$$

也可以表示为
$$DOL=\frac{S-VC}{S-VC-F}=\frac{EBIT+F}{EBIT}$$

式中　$EBIT$——基期息税前利润；

F——固定成本；

Q——基期销售量；

P——销售单价；

S——基期销售额；

V——单位变动成本；

VC——变动成本总额。

其简化公式为

$$\text{经营杠杆系数}(DOL) = \frac{\text{基期边际贡献}}{\text{基期息税前利润}}$$

边际贡献是指销售收入减去变动成本以后的差额，其计算公式为

$$\text{边际贡献} = \text{销售收入} - \text{变动成本}$$
$$= (\text{销售单价} - \text{单位变动成本}) \times \text{产销量}$$
$$= \text{单位边际贡献} \times \text{产销量}$$

【例4-9】 某企业销售额、成本、利润的资料见表4-5。

表4-5 某企业销售量、成本利润的资料表

项目	销售量/件	单价/万元	销售额/万元	单位变动成本/万元	变动成本总额/万元	边际贡献/万元	固定成本总额/万元	息前利润/万元
基期	200	7.5	1 500	5.1	1 020	480	288	192
本期	240	7.5	1 800	5.1	1 224	576	288	288
差异	40	—	300	—	204	96	—	96
变动率/%	20	—	20	—	20	20	—	50

按基期（变动前）数据计算，经营杠杆系数 $= \frac{480}{192} = 2.5$

按两个变动率（变动后）计算，经营杠杆系数 $= \frac{50\%}{20\%} = 2.5$

上述计算出的经营杠杆系数为2.5，说明在其他条件不变的情况下，销售量每增加1倍（或1%），利润将增加2.5倍（或2.5%）。

3. 经营杠杆与经营风险的关系

企业经营风险发生的主要原因是市场需求和成本等因素的不确定性。经营杠杆加大了市场、经营等不确定性因素对息税前利润变动的影响程度，而且经营杠杆系数越大，息税前利润的变动越剧烈，企业相应的经营风险也就越大。一般来说，对于销售情况多变的企业，保持较低水平的经营杠杆系数，相对减少了经营成果的不确定性风险。总之，经营杠杆系数随固定成本的增减而呈现同趋势变动，即在息税前利润既定的情况下，若企业固定成本额度越大，则经营杠杆系数也越高，则经营风险也就越大。

(二)财务杠杆

1. 财务杠杆的概念

财务杠杆是指由于债务的存在而导致普通股股东权益变动大于息税前利润变动的杠杆效应。无论企业营业利润是多少，债务的利息和优先股的股利通常是固定不变的，当息税前资金利润率高于借入资金利息率时，借入资金越多，则所有者权益利润率越高，即每股普通股收益越高；反之，当息税前资金利润率低于借入资金利息率时，借入资金越多，则所有者权益利润率越低，即每股普通股收益越低。

2. 财务杠杆的计量

财务杠杆作用程度的大小可用财务杠杆系数来衡量。财务杠杆系数（DFL），是指普通

股每股收益变动率(或普通股本利润率的变动率,而在非股份企业只可用净资产利润率的变动率)对于息税前利润变动率的倍数。其计算公式为

$$DFL = \frac{普通股每股利润变动率}{息税前利润变动率}$$

即

$$DFL = \frac{\Delta EPS/EPS}{\Delta EBIT/EBIT}(定义式)$$

此公式还可以推导为

$$DFL = \frac{EBIT}{EBIT - I}(计算公式)$$

式中 DFL——财务杠杆系数;

ΔEPS——普通股每股利润变动额;

EPS——基期每股利润;

I——债务利息;

$\Delta EBIT$——普通股息税前利润变动定额;

$EBIT$——基期息税前利润。

对于既有普通股、优先股,又有债务的筹资企业来说,可以按以下简化公式计算财务杠杆系数:

$$财务杠杆系数 = \frac{息税前利润}{息税前利润 - 利息 - \frac{优先股股利}{1 - 所得税税率}}$$

即

$$DFL = \frac{EBIT}{EBIT - I - \frac{d}{1-T}}$$

需要注意的是,上式中的 $EBIT$、I、d、T 均为基期值。如果企业存在融资租赁,公式中的利益应包含融资租赁租金。

【例 4-10】 有 A、B、C 三家公司,公司全部长期资本皆为 1 000 万元。A 公司全部为普通股股本;B 公司的负债比例为 25%,利率为 6%,普通股股本为 750 万元,无优先股;C 公司的负债比例为 60%,利率为 10%,普通股股本为 400 万元。假定预期息税前利润为 100 万元,所得税税率为 33%,分别计算三家公司的财务杠杆系数。假设普通股每股 1 元,如果下一年度三公司息税前利润可能增加 10%,则这三家公司的普通股每股收益将如何变化?

【解】 根据题意可知:

A 公司的财务杠杆系数 $DFL_A = 100/100 = 1$

B 公司的利息费用为 15 万元,则财务杠杆系数 $DFL_B = 100/(100-15) = 1.18$

C 公司的利息费用为 60 万元,则财务杠杆系数 $DFL_C = 100/(100-60) = 2.5$

A 公司的每股收益 $EPS_A = 0.1$ 元

B 公司的每股收益 $EPS_B = 0.133$ 元

C 公司的每股收益 $EPS_C = 0.25$ 元

如果下一年度三公司息税前利润可能增加 10%,根据财务杠杆系数的含义,这三家公司的普通股每股收益将分别增加:

A 公司普通股每股收益增加 $1 \times 10\% = 10\%$,则每股收益 $EPS_A = 0.11$ 元

B 公司普通股每股收益增加 $1.18 \times 10\% = 11.8\%$,则每股收益 $EPS_B = 0.15$ 元

C 公司普通股每股收益增加 $2.5 \times 10\% = 25\%$,则每股收益 $EPS_C = 0.312\ 5$ 元

以上计算表明,在资本总额、息税前利润相同的情况下,负债比例越高(即资金来源中资本成本固定型资本所占比重越高),财务杠杆系数越大。C公司的财务杠杆系数最大,其对财务杠杆利益的影响也最强,承担的财务风险也最高;A公司的财务杠杆系数等于1,不能获得财务杠杆利益,也不承担财务杠杆风险。

3. 财务杠杆与财务风险的关系

财务风险是由于企业筹集资金而形成的风险。影响财务风险的因素除经营方面的风险使利润具有不确定性外,还有资金供应状况、资金成本、获利能力、金融政策等方面的因素。财务杠杆系数越大,表明财务杠杆作用越大,财务风险也就越大;反之,财务杠杆系数越小,财务风险也就越小。

(三)复合杠杆

1. 复合杠杆的作用

复合杠杆是指由于固定生产经营成本和固定财务费用的共同存在而导致企业每股利润变动大于产销业务量变动的杠杆效应。由于存在固定的生产经营成本,产生经营杠杆效应,使息税前利润的变动率大于产销业务量的变动率;同样,由于存在固定财务费用(如固定利息、优先股股利),产生财务杠杆效应,使企业每股利润的变动率大于息税前利润的变动率。如果两种杠杆共同起作用,那么只要销售额稍有变动,就会使每股收益产生更大的变动。复合杠杆效应具有双面性,既可能产生杠杆效益,也可能带来杠杆风险。

2. 复合杠杆的计量

复合杠杆作用程度的大小可用复合杠杆系数来衡量。复合杠杆系数的计算公式为

$$DCL = \frac{普通股每股收益变动率}{产销量变动率}$$

复合杠杆系数与经营杠杆系数、财务杠杆系数之间的关系可用下式表示:

$$复合杠杆系数 = 经营杠杆系数 \times 财务杠杆系数$$

复合杠杆系数也可直接按下式计算:

$$复合杠杆系数 = \frac{边际贡献}{息税前利润 - 利息}$$

【例4-11】 某企业长期资本总额为2 000万元,其中,长期负债占30%,利率为10%,销售额为200万元,固定成本总额为10万元,变动成本率为60%,则

$$息税前利润 = 200 - 10 - 200 \times 60\% = 70(万元)$$

$$利息 = 2\,000 \times 30\% \times 10\% = 60(万元)$$

$$复合杠杆系数 = \frac{200 - 200 \times 60\%}{70 - 60} = 8$$

当然,也可以采取先分别计算经营杠杆系数和财务杠杆系数的方式求得。

3. 复合杠杆与企业风险的关系

在复合杠杆的作用下,当企业的经济效益好时,每股利润会随业务量增加而大幅度上升;当企业的经济效益差时,每股利润会随业务量减少而大幅度下降。企业的复合杠杆系数越大,每股利润的波动幅度越大。由于复合杠杆作用使每股利润大幅度波动而造成的风险,称为复合风险。在其他因素不变的情况下,复合杠杆系数越大,则复合风险越大;复合杠杆系数越小,则复合风险越小。

第三节　资金结构

一、资金结构的概念

资金结构是指企业筹集资金中各种资金的构成及其比例关系。企业最基本的资金结构是自有资金与借入资金各自在资金来源总额中的比重。一般来说，采用多种方式，从多种渠道筹集资金，使企业的综合资金成本率较低的资金来源构成，就是最佳资金来源结构。

在财务管理中，需要合理安排企业资金结构，其意义体现在两个方面：一是有利于降低资金成本。由于采用不同方式从不同渠道取得资金，其资金成本率各不相同。这样就可以选择较低成本的资金来源来安排资金结构，从而使全部资金来源的综合成本较低。二是可以获得财务杠杆利益。在企业息税前利润较多、增长幅度较大时，最大限度地利用债务资金来发挥财务杠杆的作用，可增加每股利润，从而使企业股票价格上涨。

二、影响资金结构的因素

资金结构的形成在实践中是一个十分复杂的问题，影响资金结构的因素主要有以下几个方面：

(1)企业的财务状况。企业获利能力越强、财务状况越好、变现能力越强，就越有能力承担财务上的风险，其举债筹资就越有吸引力。衡量企业财务状况的指标主要有流动比率、利息周转倍数、固定费用周转倍数、投资收益率等。

(2)企业的资产结构。比如，劳动密集型企业比技术密集型企业更偏重于负债，特别是短期负债，因为其流动资产所占比重较大，资本周转速度快。

(3)企业的销售增长情况。如果企业产品销售前景好，盈利能力强，就可以适当增加负债筹资的比例。

(4)企业资产的流动性。如果企业资产变现能力强，周转速度快，就可以举债融资，并且可以短期融资，以降低资金成本。

(5)企业的信用等级。企业能否以负债的方式筹集到资金和能筹集到多少资金，与企业的信用等级有很大的关系，因为如果信用等级不高，而且负债率已经较高，企业将无法筹集到所需要的负债额。

(6)企业所有者和管理人员的态度。如果一个企业的股权比较分散，企业所有者并不担心控制权旁落，因此会更多地采用发行股票的方式来筹集资金；反之，有的企业被少数股东控制，为了保证少数股东的绝对控制权，多采用优先股或负债方式筹集资金。喜欢冒险的财务管理人员，可能会安排比较高的负债比例；一些持稳健态度的财务人员，则使用较少的债务。

(7)企业的盈利能力。盈利能力强的企业，内部资金来源比较充分，故这类企业对债务资金的依赖程度不大。

(8)税收因素。债务利息可以在应纳税所得额中列支,使企业少缴纳所得税,因此,企业所得税税率越高,则企业越愿意使用更多的债务资本。

(9)行业因素。不同行业的资金结构有很大差别。财务经理必须考虑本企业所在的行业,以确定其最佳的资金结构。

三、最优资金结构的确定

1. 最优资金结构的概念

企业的资金结构安排和资金来源选择在企业筹资中起着非常关键的作用。巧妙地安排企业的资金构成比例,选择合适的资金形式,可以达到既能减少企业自有资金的直接投入,又能提高企业综合经济效益的双重目的。

所谓最优资金结构,是指企业在一定时期内,使加权平均资金成本最低、企业价值最大时的资金结构。可以在理论上推导出最优资本结构,但是在现实生活中,最优往往是一个理想状态,可以接近但难以实现。因此,通常所说的最优资本结构,就是通过公司理财,努力接近的一个目标。衡量企业资金结构是否优化的标准主要有以下三个方面:

(1)综合资金成本最低。
(2)有利于最大限度地增加投资者财富,能使企业价值最大化。
(3)资产保持适宜的流动,并使资本结构具有弹性。

其中,综合资金成本最低是其主要标准。

要实现企业的财务管理目标,就必须寻找最佳的资金结构,但是,无论在理论上还是在实务上,要找到一个最佳的资金结构都非常困难,但是寻找到一个区间范围是可行的。

2. 最优资金结构的确定方法

确定最优资金结构的方法有综合资金成本比较法、每股利润无差异点分析法和公司价值分析法。

(1)综合资金成本比较法。综合资金成本比较法是通过对各种可能的融资方案的综合资金成本进行计算和比较,选择综合资金成本最低的方案作为最优方案。

【例 4-12】 某企业初始融资方案见表 4-6。

表 4-6 某企业初始融资方案

融资方式	A方案		B方案		C方案	
	融资额/万元	个别资金成本/%	融资额/万元	个别资金成本/%	融资额/万元	个别资金成本/%
长期借款	400	6	500	5	600	6
债券	800	8	1 100	7	1 200	9
优先股	400	10	400	10	300	10
普通股	2 400	12	2 000	12	1 900	12
合计	4 000	—	4 000	—	4 000	—

表中三个方案的综合资金成本计算如下:

$K_w(A) = 10\% \times 6\% + 20\% \times 8\% + 10\% \times 10\% + 60\% \times 12\% = 10.4\%$

$K_w(B) = 12.5\% \times 5\% + 27.5\% \times 7\% + 10\% \times 10\% + 50\% \times 12\% = 9.55\%$

$K_w(C)=15\% \times 6\% + 30\% \times 9\% + 7.5\% \times 10\% + 47.5\% \times 12\% = 10.05\%$

从以上计算结果可以看出，B方案的综合资金成本最低，应该选择B方案。

综合资金成本比较法一般适用于资金规模较小，资金结构较为简单的非股份制企业。综合资金成本比较法的测算原理容易理解，测算过程简单，但该方法仅以综合资金成本率最低为决策依据，没有对不同方案的财务风险进行具体测算，单纯比较综合资金成本高低，可能使选择的结果倾向于风险更高的方案；同时，由于拟订的方案数量有限，因此最优方案可能被遗漏。

若为满足投资计划需要而进行追加资金结构决策，可以直接比较各备选方案的边际资金成本，也可以将各备选融资方案与原始资金结构汇总来比较各追加融资条件下资金结构的综合资金成本，以确定最优融资方案。

(2) 每股利润无差异点分析法。资金结构是否合理，可以通过分析每股利润的变化来衡量。企业的盈利能力一般用息税前利润(EBIT)表示。负债筹资是通过它的杠杆作用来增加股东财富的，确定资金结构不能不考虑它对股东财富的影响，股东财富用每股利润(EPS)来表示。将以上两方面联系起来分析资金结构与每股利润之间的关系，进而确定合理的资金结构的方法，称为息税前利润—每股利润分析法，简写为EBIT-EPS分析法。利用此种方法确定的资金结构能使企业价值最大化。

息税前利润—每股利润分析法要确定每股利润无差异点(指每股利润不受融资方式影响的营利水平)，因此，该方法又叫作每股利润无差异点分析法，可以通过下列公式表示。

$$\frac{(\overline{EBIT}-I_1)(1-T)-P_1}{N_1} = \frac{(\overline{EBIT}-I_2)(1-T)-P_2}{N_2}$$

式中 $\overline{EBIT}$——每股利润无差异点，即使两种筹资方式普通股每股利润相等的息税前利润点；

I_1，I_2——两种筹资方式下的长期债务年利息；

P_1，P_2——两种筹资方式下的年优先股利；

N_1，N_2——两种筹资方式下的普通股股份数；

T——所得税税率。

【例4-13】 某企业欲筹集资金400万元以扩大生产规模。筹集资金可用增发普通股或长期借款的方式。若增发普通股，则以每股10元的价格增发40万股；若采用长期借款，则以10%的年利率借入400万元。已知该公司现有资产总额为2 000万元，负债比率为40%，年利率为8%，普通股100万股。假定增加资金后预期息税前利润为500万元，所得税税率为30%，试采用每股利润无差异点分析法计算并分析该企业应选择何种筹资方式。

【解】 1) 计算每股利润无差异点。

$$\frac{(\overline{EBIT}-64) \times (1-30\%)}{100+40} = \frac{(\overline{EBIT}-64-40) \times (1-30\%)}{100}$$

$$\overline{EBIT} = 204 \text{ 万元}$$

即当息税前利润为204万元时，两种筹资方案的每股利润相同。

2) 计算预计增资后的每股利润(表4-7)，并选择最佳筹资方式。

表 4-7 预计增资后的每股收益　　　　　　　　　　　　　　　　万元

项　　目	增 发 股 票	增加长期借款
预计息税前利润	500	500
减：利息	64	64＋40
税前利润	436	396
减：所得税	130.8	118.8
税后利润	305.2	277.2
普通股股数(万股)	140	100
每股收益	2.18	2.77

由表可知，预期息税前利润为 500 万元时，追加负债筹资的每股利润为 2.77 元，高于增发股票筹资的每股利润 2.18 元，所以，应该选择负债方式筹集资金。

3) EBIT-EPS 分析。当息税前利润 EBIT 为 204 万元时，两种筹资方式下的每股利润 EPS 相等；当息税前利润大于 204 万元时，负债筹资的每股利润大于普通股筹资的每股利润，利用负债筹资较为有利；当息税前利润小于 204 万元时，普通股筹资的每股利润大于负债筹资的每股利润，不应再增加负债，以发行普通股为宜。

上述无差异点分析法，对选择筹资方式、确定资金结构有一定的指导作用。这种方法只考虑了资金结构对自有资金利率的影响，没有考虑风险因素。因为负债比率加大，在自有资金利润率提高的同时，企业还本付息的风险也在加大，投资者的风险也在加大，企业在社会上的信誉度有可能下降。利用负债筹资，虽然可以提高所有者投资报酬，但也会使其面临更大的风险。

(3) 公司价值分析法。每股无差异点分析法以每股利润的高低作为衡量标准对筹资方式进行选择，这种方法的缺陷在于没有考虑风险因素。从根本上讲，财务管理的目标在于追求公司价值的最大化，然而，只有在风险不变的情况下，每股利润的增长才会直接导致股价的上升，实际上经常是随着每股利润的增长，公司面临的风险也在加大。如果每股利润的增长不足以补偿风险增加所需的报酬，尽管每股利润增加，股价也会下降。因此，公司的最佳资金结构应是可以使公司的总价值最大，而不一定是每股利润最大的资金结构；同时，在公司总价值最大的资金结构下，公司的资金成本也是最低的。

公司价值的内容和测算原理如下：

1) 公司价值等于其未来净收益(或现金流量，下同)按照一定的折现率折现的价值，即公司未来净收益的折现值。这种测算方法有其合理性，但因其中所含的不易确定的因素很多，难以在实践中加以应用。

2) 公司价值是其股票的现行市场价值。公司股票的现行市场价值可按其现行市场价格来计算，有其客观合理性，但一方面，公司股票的价格经常处于波动之中，很难确定按哪个交易日的市场价格来计算；另一方面，只考虑股票的价值而忽略长期债务的价值不符合实际情况。

3) 公司价值等于其长期债务和股票的折现价值之和。公司的市场总价值应该等于其股票的总价值加上债券的价值，即

$$V = S + B$$

式中　V——公司的市场总价值；

S——股票的总价值；

B——债券的价值。

为简化起见，可以假设债券的市场价值等于其面值。股票的市场价值可以通过下式计算：

$$S=\frac{(\overline{EBIT-I})(1-T)}{K_s}$$

式中 $\overline{EBIT}$——息税前利润；

I——年利息额；

T——公司所得税；

K_s——权益资金成本，$K_s = R = R_f + \beta(R_m - R_f)$。

而公司的资金成本，则可以用加权平均资金成本(K_w)来表示，计算公式为

$$K_w=K_b\left(\frac{B}{V}\right)(1-T)+K_s\left(\frac{S}{V}\right)$$

式中 K_b——税前的债务资金成本。

在企业没有债务的情况下，企业总价值就是其原有股票的现值。当企业用债务资金部分地替代权益资金时，财务杠杆开始发挥作用，企业价值上升，加权平均资金成本下降。当企业债务资金达到某一程度时，企业价值最大，加权平均资金成本最低。若债务超过这一程度，随着利率的不断上升，财务杠杆作用逐步减弱甚至呈现副作用，企业价值下降，加权平均资金成本上升。因此，要合理选择企业的最优资金结构。

四、资金结构的调整方法

资金结构的调整方法主要有存量调整、增量调整、减量调整三种。

1. 存量调整

(1)当债务资金过高时，将部分债务资金转化为权益资金。

(2)当债务资金过高时，将长期债务赎回或提前归还，而筹集相应的权益资金额。

(3)当权益资金过高时，通过减资并增加相应的负债额来调整资金结构。

2. 增量调整

(1)当债务资金过高时，通过追加权益资金来改善资金结构。

(2)当债务资金过低时，通过追加债务筹资规模来提高其比重。

(3)当权益资金过低时，可通过筹集权益资金来提高其权益比重。

3. 减量调整

(1)当权益资金过高时，通过减资来降低其比重，如企业购回部分普通股票等。

(2)当债务资金过高时，利用税后留存归还债务，以减少资产总量并相应减少债务比重。

本章小结

本章主要介绍了资金成本的概念、作用、类型、个别资金成本、综合资金成本、边际资金成本的计算，经营杠杆、财务杠杆、复合杠杆效应，并在此基础上分析企业资金结构

最优决策。通过本章的学习，可以对资金成本的概念和计算有一定的认识，并能掌握财务管理中的杠杆效应和最优资金结构的确定方法。

思考与练习

一、填空题

1. 资金成本包括_____和_____。
2. 资金成本按用途，可分为_____、_____和_____等。
3. 财务管理中的杠杆效应有_____、_____和_____三种形式。
4. _____是指由于债务的存在而导致普通股股东权益变动大于息税前利润变动的杠杆效应。
5. 企业的复合杠杆系数越大，每股利润的波动幅度越_____。
6. _____是指企业筹集资金中各种资金的构成及其比例关系。
7. 所谓最优资金结构，是指企业在一定时期内，使加权平均资金成本最_____、企业价值最_____时的资金结构。
8. 确定最优资金结构的方法有_____、_____和_____。
9. 资金结构的调整方法主要有_____、_____、_____三种。

二、选择题

1. 某公司向银行借款 2 000 万元，年利率为 8%，筹资费率为 0.5%，该公司适用的所得税税率为 25%，则该笔借款的资金成本是(   )。
   A. 6.00%   B. 6.03%   C. 8.00%   D. 8.04%
2. 下列各项中，将会导致经营杠杆效应最大的情况是(   )。
   A. 实际销售额等于目标销售额   B. 实际销售额大于目标销售额
   C. 实际销售额等于盈亏临界点销售额   D. 实际销售额大于盈亏临界点销售额
3. 出于优化资本结构和控制风险的考虑，比较而言，下列企业中最不适宜采用高负债资本结构的是(   )。
   A. 电力企业   B. 高新技术企业   C. 汽车制造企业   D. 餐饮服务企业
4. 下列方法中，能够用于资本结构优化分析并考虑了市场风险的是(   )。
   A. 杠杆分析法   B. 公司价值分析法   C. 每股收益分析法   D. 利润敏感性分析法

三、简答题

1. 简述资金成本的作用。
2. 经营杠杆与经营风险的关系是什么？
3. 财务杠杆与财务风险的关系是什么？
4. 复合杠杆与企业风险的关系是什么？
5. 简述影响资金结构的因素。
6. 资金结构的调整方法有哪几种？

四、计算题

1. 某公司发行一笔期限为 5 年的债券，债券面值为 1 000 万元，溢价发行，实际发行价格为面值的110%，票面利率为10%，每年年末付一次利息，筹资费率为5%，所得税税率为33%。计算该债券的成本。

2. 某公司资产总额为860万元，负债比率为40%，负债利率为12%，销售额为1 250万元，固定成本为116万元，变动成本率为45%。计算该公司的经营杠杆系数、财务杠杆系数和复合杠杆系数。

3. 某公司在初创时拟筹资600万元，现有甲、乙两个备选筹资方案。其有关数据见表4-8。

表4-8　某公司初创筹资方案有关数据

筹资方式	甲筹资方案		乙筹资方案	
	筹资额/万元	个别资金成本/%	筹资额/万元	个别资金成本/%
长期借款	100	7.0	130	7.5
公司债券	200	8.5	60	8.0
普通股票	300	14.0	410	14.0
合计	600	—	600	—

试计算并比较该公司甲、乙两个筹资方案的综合资金成本。

第五章　项目投资管理

学习目标

了解项目投资的概念、类型和特点，现金流量的含义、作用和影响因素，项目财务评价的基本概念；掌握项目投资的决策程序，项目计算期的构成和项目资金的投入方式，现金流量的构成和净现金流量的确定，项目投资决策财务评价指标和方法，项目投资决策评价方法的应用。

能力目标

具备运用现金流量的计算方法估算、分析企业实际投资项目的现金流量的能力；能够结合建筑企业个案，应用项目投资决策评价指标方法，为企业进行科学、合理的投资决策。

第一节　项目投资概述

一、项目投资的概念

投资是指投资者为获得收益而向一定的对象投放资金的经济行为。企业投资按照其内容的不同可分为项目投资、证券投资和其他投资等。其中项目投资是指用于机器、设备、厂房的购建与更新改造等生产性资产的投资，即一种以特定建设项目为对象，直接与新建项目或更新改造项目有关的长期投资行为。与其他形式的投资相比，项目投资具有投资数额大、影响时间长、变现能力差等特征。

二、项目投资的类型

建筑企业的项目投资主要包括新建项目和更新改造项目两大类。

(1)新建项目。新建项目是指以新增生产能力为目的的投资项目。新建项目按其涉及内容又可分为单纯固定资产投资项目和完整工业投资项目。其中，单纯固定资产投资项目简称固定资产投资，其特点是在投资中只包括为取得固定资产而发生的垫支资本投入，不涉及周转资本的投入；完整工业投资项目则不仅包括固定资产投资，还涉及流动资金投资，甚至涉及其他长期资产项目(如无形资产)的投资。因此，不能将项目投资简单地等同于固定资产投资。

(2)更新改造项目。更新改造项目是指以恢复或改善生产能力为目的的投资项目，其目的是恢复或改善生产能力。以旧换新或者对旧的规定资产进行改扩建，虽然需要增加投资，但是也会带来现金流入的增加；而现金流入的增加是否会大于新增的投资，则是决定是否需要进行更新改造的关键。

三、项目投资的特点

与其他投资的形式相比，项目投资具有以下特点：
(1)有明确的投资目的。项目投资的目的是在未来获得投资报酬。
(2)投资的数额大。项目投资的资金发生额一般比较大，在企业总资产中所占比重也比较大。
(3)投资的回收时间较长。项目投资决策一旦实施，会在一段较长的时间内影响企业的经济效益，投资的回收期往往需要几年乃至十几年甚至更长时间。
(4)投资的变现能力较差，具有一定的风险。项目投资的实物形态主要是房屋和机器设备等固定资产，这些资产不易改变用途，变现能力较弱；项目投资的投资是确定的，但是其未来投资的收益具有不确定性，存在投资风险。

四、项目投资的决策程序

项目投资的决策程序是指建筑企业投资主体在市场调研的基础上，根据企业发展战略，提出项目投资方案，并对项目投资方案进行可行性研究、决策分析、财务控制和财务分析的过程和步骤。

企业项目投资的决策程序主要包括以下步骤：
(1)根据企业的发展战略和当前的投资机会，提出投资领域和投资对象。
(2)通过对投资决策中应考虑因素的分析，运用一定的技术方法，评价项目投资的财务可行性。
(3)项目投资的决策。项目投资的决策是在财务可行性评价的基础上，对多个可行性的方案进行选择。投资决策就是评价投资方案是否可行，并从诸多可行的投资方案中选择要执行的投资方案的过程。而判断某个投资方案是否可行的标准是某个方案所带来的收益是否不低于投资者所要求的收益。
(4)项目投资的执行。项目投资的执行是对已经决策的投资项目，企业管理部门要编制资金预算，并进行控制和监督，使之按期保质完成。
(5)项目投资的控制。项目投资的控制是在项目投入生产后，要实施经营过程控制和考核，保证预期目标的实现。
(6)项目投资的分析。项目投资的分析是了解项目投资的经济效益，进行财务分析，明确投资责任中心的责任和经营业绩，并进行相应的考核。

五、项目计算期的构成

项目计算期是指投资项目从投资建设开始到最终清理结束整个过程的全部时间。完整的项目计算期(记作 n)包括建设期(记作 S，$S \geqslant 0$)和生产经营期(记作 P)，三者之间的关系为：$n=S+P$。如图 5-1 所示，通常建设期的第 1 年初(记作第 0 年)称为建设起点，建设期的最后一年年末(即第 S 年)称为投产日；项目计算期的最后一年年末(即第 n 年)称为终结点。从投产日到终结点之间的时间间隔即为生产经营期 P。

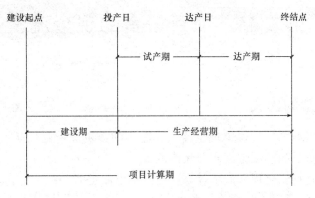

图 5-1　项目计算期

【例 5-1】　某企业拟构建一项固定资产，预计使用寿命 20 年，在下列情况下，分别确定该项目的项目计算期：

(1)在建设起点投资并投产。

(2)建设期为 2 年。

【解】　(1)项目计算期＝0＋10＝10(年)

(2)项目计算期＝2＋10＝12(年)

六、项目资金的投入方式

从时间特征上看，投资主体将原始总投资注入具体项目的投入方式包括一次投入和分次投入两种形式。一次投入是指投资行为集中一次发生在项目计算期第一个年度的年初或年末；如果投资行为涉及两个或两个以上年度，或虽然只涉及一个年度但同时在该年的年初和年末发生，则属于分次投入。

【例 5-2】　某建筑公司拟建一条生产线，需要在建设起点一次投入固定资产 100 万元，无形资产 20 万元。建设期为 2 年，建设期资本化利息为 6 万元。投产第一年预计流动资产需用额为 34 万元，流动负债需用额为 22 万元。投产第二年预计流动资产需用额为 35 万元，流动负债需用额为 20 万元。

该项目有关指标计算如下：

(1)固定资产原值＝100＋6＝106(万元)

(2)投产第一年的流动资金需用额＝34－22＝12(万元)

首次流动资金投资额＝12－0＝12(万元)

投产第二年的流动资金需用额＝35－20＝15(万元)

投产第二年的流动资金投资额＝15－12＝3(万元)

(3)建设投资＝100＋20＝120(万元)

(4)原始投资＝120＋15＝135(万元)

(5)投资总额＝135＋6＝141(万元)

第二节　项目投资的现金流量

一、现金流量的含义

现金流量是指资本循环过程中现金流入、流出的数量。企业长期投资中的现金流量是指特定的投资项目所引起的现金流入和流出的数量。

为了便于理解并且简化现金流量计算，建立如下假定前提：

（1）假设现金流量以年为时间单位发生。

（2）假设现金流量均发生于某时间，主要是各年年初或年末。

（3）假设赊销、赊购等应计项目的期初、期末余额相当，其对各期现金流量的影响可以忽略不计。

（4）假设所需全部投资均为自有资金（全投资假设），即项目相关现金流量不会受投资资金的取得方式的影响。

二、现金流量的作用

投资决策的关键就是估计各年的现金流量，即因投资方案的实施而引起的企业收支的改变量。现金流量是企业生存之源。现金流量信息可以发挥以下作用：

（1）现金流量信息所揭示的未来期间现实货币资金收支运动，可以序时、动态地反映项目投资的流向与回收之间的投入/产出关系，使决策者站在投资主体的立场上，更完整、更准确、更全面地评价具体投资项目的经济效益。

（2）利用现金流量指标代替利润指标作为反映项目效益的信息，可以摆脱在贯彻财务会计的权责发生制时必然面临的困境，即由于不同的投资项目可能采取不同的固定资产折旧方法、存货估价方法和费用摊配方法，从而导致不同方案的利润信息相关性差、透明度不高和可比性差。

（3）利用现金流量信息，还因排除了非现金收付内部周转的资本运动形式而简化了有关投资决策评价指标的计算过程。

（4）由于现金流量信息与项目计算期的各个时点密切结合，有助于在计算投资决策评价指标时，应用货币时间价值的形式进行动态投资效果的综合评价。

三、影响现金流量的因素

确定项目的现金流量，就是在收付实现制的基础上，预计并反映现实货币资本在项目计算期内未来各年中的收支运动情况。

在现实生活中，若要说明一个具体投资项目的现金流量究竟应当包括哪些内容或要回答应当怎样确定其现金流量的问题，并非十分容易的事情，必须视特定的决策角度和现实的时空条件而定。影响投资项目现金流量的因素很多，概括起来包括以下几个方面：

（1）不同投资项目之间存在的差异。在现实生活中，不同投资项目在其项目类型、投资构成内容、项目计算期构成、投资方式和投资主体等方面均存在较大差异，可能出现多种情况的组合，因此就可能有不同组合形式的现金流量，其内容千差万别。

（2）不同出发点的差异。即使是同一个投资项目，也可能有不同角度的现金流量。比如，从不同决策者的立场出发，就有国民经济现金流量和财务现金流量之分；从不同的投资主体的角度看，又有全部投资现金流量和自有资金现金流量的区别。

（3）不同时间的差异。由于投资计算期的阶段不同，各阶段上的现金流量的内容也可能不同；不同的现金流入量或现金流出量项目在其发生时间上也存在不同特征，如有些项目发生在年初，而有的则发生在年末；有的属于时点指标，有的则属于时期指标。另外，固定资产的折旧年限与经营期的长短也可能存在差异。

（4）相关因素的不确定性。由于投资项目的投入物和产出物的价格、数量等受到未来市场环境等诸多不确定因素的影响，因此必然影响现金流动估算的准确性。

四、现金流量的构成

投资项目现金流量分为初始现金流量、经营现金流量和终结现金流量三部分。

1. 初始现金流量

初始现金流量是投资开始时（主要指项目建设过程中）发生的现金流量，主要包括：

（1）固定资产投资支出，如设备购置费、运输费、安装费等。

（2）垫支的营运资本，指项目投产前后，分次或一次投放于流动资产上的资本增加额，包括对原材料、在产品、产成品和现金等流动资产的追加投资。垫支的营运资本在项目终结时收回。其计算公式为

$$某年营运资本增加额＝本年流动资本需用额－上年流动资本$$
$$本年流动资本需用额＝该年流动资产需用额－该年流动负债需用额$$

（3）其他费用，指不属于以上各项的投资费用，如投资项目的筹建费、职工培训费等。

（4）原有固定资产的变价收入，指固定资产重置、旧设备出售时的净现金流量。

2. 经营现金流量

经营现金流量是指项目建成后，生产经营过程中发生的现金流量。这种现金流量一般是按年计算的。经营现金流量主要包括：

（1）增量税后现金流入量，指投资项目投产后增加的税后现金收入（或成本费用节约额）。

（2）增量税后现金流出量，指与投资项目有关的以现金支付的各种税后成本费用（不包括固定资产折旧费及无形资产摊销费等，也称经营成本、付现成本）及各种税金支出。

经营现金流量的确认可根据有关利润表的资料分析得出，其基本计算公式（为简化起见，不考虑无形资产摊销）为

$$经营现金净流量＝营业收入－付现成本－所得税$$

据此可以推导出

$$经营现金净流量＝营业收入－（营业成本－折旧）－所得税$$

$$=(营业收入-营业成本-所得税)+折旧$$
$$=净利润+折旧$$

也可以推导出：

经营现金净流量＝营业收入－付现成本－(营业收入－付现成本－折旧)×所得税税率
　　　　　　　＝(营业收入－付现成本)×(1－所得税税率)＋折旧×所得税税率

式中，折旧×所得税税率称为税负节余或税收挡板，因为折旧计入成本可以冲减利润，起到减少税负的作用。

3. 终结现金流量

终结现金流量是指投资项目完结时发生的现金流量，主要包括经营现金流量和非经营现金流量。经营现金流量与经营期的计算方式一样。非经营现金流量主要包括固定资产残值净收入或变价净收入、垫支营运资本的收回、停止使用的土地变价收入等。

五、净现金流量的确定

(一)净现金流量的含义

净现金流量是指在项目计算期内由每年现金流入量与同年现金流出量之间的差额所形成的序列指标，是计算项目投资决策评价指标的重要依据。

净现金流量具有以下两个特征：

(1)无论是在建设期内还是在经营期内，都存在净现金流量。

(2)由于项目计算期不同阶段上的现金流入和现金流出发生的可能性不同，使得各阶段的净现金流量在数值上表现出不同的特点：建设期内的净现金流量一般小于或等于零；经营期内的净现金流量则多为正值。

根据净现金流量的定义，其理论计算公式如下：

$$净现金流量＝现金流入量－现金流出量$$

为此，要计算净现金流量，必须逐年计算每一时点上的现金流入量和现金流出量。

(二)净现金流量的简化计算公式

为简化净现金流量的计算，可以根据项目计算期不同阶段的现金流入量和现金流出量的具体内容，直接计算各阶段的净现金流量。

1. 新建项目净现金流量的简化计算公式

(1)建设期。假如投资项目的原始投资均在建设期内投入，则建设期净现金流量可按以下公式计算：

$$建设期某年的净现金流量(NCF)＝-该年发生的固定资产原始投资额$$

(2)运营期。运营期净现金流量可以按以下公式计算：

运营期某年所得税前净现金流量(NCF)＝该年因使用该固定资产而新增的息税前利润＋该年因使用该固定资产而新增的折旧额＋该年回收的固定资产净残值

运营期某年所得税后净现金流量(NCF)＝运营期某年所得税前净现金流量－该年因使用该固定资产而新增的所得税

2. 更新改造项目净现金流量的简化计算公式

(1)建设期。如果更新改造项目的固定资产投资均在建设期内投入，建设期不为零，且

不涉及追加流动资金投资,那么建设期净现金流量的简化公式为

建设期某年的净现金流量(NCF)＝－(该年发生的新固定资产投资－旧固定资产变价净收入)

建设期末的净现金流量＝因固定资产提前报废发生净损失而抵减的所得税额

(2)经营期。如果建设期为零,则经营期净现金流量的简化公式为

经营期第一年净现金流量＝该年因更新改造而增加的净利润＋该年因更新改造而增加的折旧＋因固定资产提前报废发生净损失而抵减的所得税额

经营期其他各年净现金流量＝该年因更新改造而增加的净利润＋该年因更新改造而增加的折旧＋该年回收新固定资产净残值超过假定继续使用的旧固定资产净残值之差额

通常,为简化计算,假定新设备的使用年限和旧设备的可继续使用年限相等,新设备报废时的预计净残值与继续使用旧设备届时的净残值相等。在此条件下,上面两个计算式中的"因更新改造而增加的折旧"就等于更新设备比继续使用旧设备增加的投资额(即新设备的投资扣除旧设备的变价净收入后的差额)除以新设备的使用年限。

(三)净现金流量计算示例

【例 5-3】 某公司计划购建一项固定资产,需要在建设起点一次性投入全部资金 500 万元,按直线法折旧,使用寿命预计为 10 年,期末预计净残值为 30 万元。建设期为一年,建设期资本化利息为 40 万元。预计投入使用后,每年息税前利润为 80 万元。公司所得税税率为 25%,要求:

(1)按简化方法计算该投资项目的建设期净现金流量。
(2)按简化方法计算该投资项目的运营期所得税前净现金流量。
(3)按简化方法计算该投资项目的运营期所得税后净现金流量。

【解】 根据以上资料计算相关指标如下:

(1)固定资产原始价值＝500＋40＝540(万元)

$$年折旧额 = \frac{540-30}{10} = 51(万元/年)$$

项目计算期＝1＋10＝11(年)

新增的所得税额＝80×25%＝20(万元)

该投资项目的建设期净现金流量:

$$NCF_0 = -500 \text{ 万元}$$
$$NCF_1 = 0$$

(2)该投资项目的运营期所得税前净现金流量:

$$NCF_{2\sim10} = 80+51 = 131(万元)$$
$$NCF_{11} = 131+30 = 161(万元)$$

(3)该投资项目的运营期所得税后净现金流量:

$$NCF_{2\sim10} = 131-20 = 111(万元)$$
$$NCF_{11} = 161-20 = 141(万元)$$

【例 5-4】 某公司为扩充生产能力购进一设备,设备投资为 12 000 元,采用直线法计提折旧,使用寿命为 5 年,期满设备有残值收入 2 000 元,5 年中每年的销售收入为 8 000 元,付现成本第一年为 3 000 元,以后随着设备日渐陈旧,将逐年增加修理费 400 元;另需垫支

运营资金 3 000 元(设备报废时收回)，假设所得税税率为 40%，计算该投资项目各年的净现金流量。

【解】 根据以上资料计算相关指标如下：
(1)项目计算期 $n=0+5=5$(年)
(2)每年折旧额$=(12\,000-2\,000)/5=2\,000$(元)
(3)项目计算期各年的净现金流量为

$NCF_0=-(12\,000+3\,000)=-15\,000$(元)
$NCF_1=(8\,000-3\,000-2\,000)\times(1-40\%)+2\,000=3\,800$(元)
$NCF_2=(8\,000-3\,400-2\,000)\times(1-40\%)+2\,000=3\,560$(元)
$NCF_3=(8\,000-3\,800-2\,000)\times(1-40\%)+2\,000=3\,320$(元)
$NCF_4=(8\,000-4\,200-2\,000)\times(1-40\%)+2\,000=3\,080$(元)
$NCF_5=(8\,000-4\,600-2\,000)\times(1-40\%)+2\,000+3\,000+2\,000=7\,840$(元)

第三节 项目投资决策的财务评价

一、财务评价的基本概念

财务评价是指根据国家现行财税制度和价格体系，分析、计算项目直接发生的财务效益和费用，编制财务报表，计算评价指标，考察项目的盈利能力、清偿能力及外汇平衡等财务状况，据以判断投资项目财务的可行性。财务评价是投资项目经济评价中的微观层次，主要从微观主体的角度分析项目可以给投资者带来的效益及投资风险。作为市场经济微观主体的企业在进行投资时，一般都进行项目财务评价。

财务评价的作用主要表现在：
(1)用于考察项目的财务盈利能力。
(2)用于制定适宜的资金规划。
(3)为协调企业利益与国家利益提供根据。

二、项目投资决策的财务评价指标

财务评价所使用的指标可分为两类(图 5-2)：一类是贴现指标(也称动态指标)，即考虑资金时间价值因素的指标，主要包括动态投资回收期、财务净现值及财务内部收益率；另一类是非贴现指标(也称静态指标)，即没有考虑资金时间价值因素的指标，主要包括静态投资回收期、借款偿还期、投资利润率、投资利税率、资本金利润率和财务比率等指标。

根据财务评价指标在决策中所处的地位，还可以将其分为主要指标(如财务净现值、财务内部收益率等指标)、次要指标(如静态投资回收期指标)及辅助指标(如投资利润率指标)。

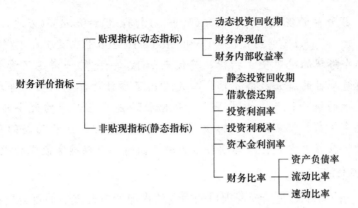

图 5-2 财务评价所使用的指标

三、项目投资决策的财务评价方法

财务评价方法是考虑货币时间价值的分析评价方法,主要包括净现值法、净现值率法、获利指数法、内部收益率法、静态投资回收期法和投资收益率法等。

(一)净现值法

净现值(记作 NPV)是指将项目计算期内各年的财务净现金流量,按照一个给定的标准折现率(基准收益率)折算到建设初期(项目计算期第 1 年年初)的现值之和。净现值是考察项目在计算期内盈利能力的主要动态评价指标。其计算公式为

$$NPV = \sum_{t=1}^{n}(CI-CO)_t(1+i_c)^{-t}$$

式中 NPV——财务净现值;
$(CI-CO)_t$——第 t 年的净现金流量,其中,CI 为现金流入量,CO 为现金流出量;
n——项目计算期;
i_c——标准折现率。

若项目建成投产后,各年净现金流量相等,均为 A,投资现值为 K_p,则

$$NPV = A \times (P/A, i_c, n) - K_p$$

净现值是折现的绝对值正指标,采用净现值指标的决策标准:若投资方案的净现值大于或等于零,该方案为可行方案;若投资方案的净现值小于零,则该方案为不可行方案;如果几个方案的投资额相同且净现值均大于零,那么净现值最大的方案为最优方案。

【例 5-5】 某企业拟建一项固定资产,需投资 100 万元,预计建设期为 1 年,建设资金分别于年初、年末各投入 50 万元,期末无残值,按直线法计提折旧,投产后使用寿命为 10 年,该工程预计投产后每年可获利 10 万元。假定该项目的行业基准折现率为 10%,计算其净现值。

【解】 投产后每年(相等)的营业现金净流量 $=10+100/10=20$(万元)
未来报酬的总现值 $=20 \times (P/A, 10\%, 10) \times (P/F, 10\%, 1) = 20 \times 6.1446 \times 0.9091$
$=111.7211$(万元)

投资额的现值$=50+50\times(P/F,10\%,1)=95.455$(万元)

则 $NPV=111.7211-95.455=16.2661$(万元)

净现值是一个贴现的绝对值正指标,其优点如下:一是综合考虑了资金时间价值,能较合理地反映投资项目的真正经济价值;二是考虑了项目计算期的全部净现金流量,体现了流动性与收益性的统一;三是考虑了投资风险性,因为贴现率的大小与风险大小有关,风险越大,贴现率越高。但是该指标的缺点也是明显的,即无法从动态的角度直接反映投资项目的实际投资收益率水平;当各项目投资额不同时,难以确定最优的投资项目。

(二)净现值率法

净现值率(记作 $NPVR$)是指投资项目的净现值占原始投资现值的百分比指标。其计算公式为

$$净现值率=\frac{项目的净现值}{原始投资现值}\times 100\%$$

即 $NPVR=NPV/I\times 100\%$

式中 I——原始投资现值。

净现值率是一个考虑货币时间价值的相对量评价指标,其优点是可以从动态的角度反映项目投资的资金投入与净产出之间的关系,比其他动态相对数指标更容易计算;其缺点与净现值指标相似,即同样无法直接反映投资项目的实际收益率。

(三)获利指数法

获利指数(记作 PI)又称现值指数,是指项目投资方案的未来现金净流入量的总现值与原始投资额的现值之比。其计算公式为

$$PI=\frac{未来现金净流入量的总现值}{原始投资额的现值}=净现值率+1$$

获利指数也是一个折现的相对量评价指标,利用该指标进行投资项目决策的标准如下:若投资方案的获利指数大于或等于1,则该方案为可行方案;若投资方案的获利指数小于1,则该方案为不可行方案;若几个方案的获利指数均大于1,则获利指数越大,投资方案越好。

获利指数的优点是可以动态地反映项目投资的资金投入与总产出之间的关系;其缺点是无法直接反映投资项目的实际收益率,计算较为复杂。

(四)内部收益率法

内部收益率(记作 IRR)是指项目在整个计算期内各年财务净现金流量的现值之和等于零时的折现率,也就是使项目的财务净现值等于零时的折现率。其计算公式为

$$\sum_{t=1}^{n}(CI-CO)_t(1+IRR)^{-t}=0$$

式中 IRR——财务内部收益率。

其他符号意义同前。

内部收益率是反映项目实际收益率的一个动态指标,该指标越大越好。一般情况下,财务内部收益率大于或等于基准收益率时,项目可行。内部收益率的计算过程是解一元 n 次方程的过程,只有常规现金流量才能保证方程式有唯一解。

当投资项目期初一次投资且项目各年净现金流量相等时,内部收益率的计算过程如下:

(1)计算年金现值系数$(P/A, IRR, n) = K/R$。

(2)查年金现值系数表,找到与上述年金现值系数相邻的两个系数$(P/A, i_1, n)$和$(P/A, i_2, n)$以及对应的i_1、i_2,满足$(P/A, i_1, n) > K/R > (P/A, i_2, n)$。

(3)用差值法计算IRR。

$$\frac{IRR - i_1}{i_2 - i_1} = \frac{K/R - (P/A, i_1, n)}{(P/A, i_2, n) - (P/A, i_1, n)}$$

若投资项目现金流量为一般常规现金流量,则内部收益率的计算过程如下:

(1)首先根据经验确定一个初始折现率i_0。

(2)根据投资方案的现金流量计算财务净现值$NPV(i_0)$。

(3)若$NPV(i_0) = 0$,则$FIRR = i_0$;

若$NPV(i_0) > 0$,则继续增大i_0;

若$NPV(i_0) < 0$,则继续减小i_0。

(4)重复步骤(3),直到找到这样两个折现率i_1和i_2,满足$NPV(i_1) > 0$,$NPV(i_2) < 0$,其中$(i_2 - i_1)$一般不超过2%~5%。

(5)利用线性插值公式近似计算财务内部收益率IRR。其计算公式为

$$\frac{IRR - i_1}{i_2 - i_1} = \frac{NPV}{NPV_1 - NPV_2}$$

【例5-6】 某投资项目在建设起点一次性投资30万元,当年完工并投产,投产后每年可获净现金流量8万元,经营期为5年。试计算该项目的内部收益率。

【解】 根据题意,计算如下:

第一步:年金现值系数 $= \frac{30}{8} = 3.75$

第二步:查1元年金现值系数表,所得资料见表5-1。

表5-1 查1元年金现值系数表所得资料

折现率/%	10	i	12
$n=5$	3.7908	3.75	3.6048

第三步:用内插法求出内部收益率:

$$IRR = 10\% + \frac{3.7908 - 3.75}{3.7908 - 3.6048} \times (12\% - 10\%) = 10.44\%$$

内部收益率法的优点是非常注重资金时间价值,能动态地反映投资项目的实际收益水平,而且不受行业基准收益率高低的影响,比较客观。其缺点是该指标的计算过程十分复杂,当经营期大量追加投资时,又有可能导致多个IRR出现,或偏高或偏低,缺乏实际意义。

(五)静态投资回收期法

静态投资回收期又叫作全部投资回收期,简称回收期,是指以投资项目经营净现金流量抵偿原始总投资所需要的全部时间。指标的计算以"年"为单位,有两种形式,即包括建设期的投资回收期(记作PP)和不包括建设期的投资回收期(记作PP')。

静态投资回收期的计算方法分以下两种情况:

(1)如果一项长期投资决策方案满足以下特殊条件:项目投产后,前若干年每年的经营

净现金流量相等，而且这些年内的经营净现金流量之和大于或等于原始总投资，则可按以下简化公式直接求出不包括建设期的投资回收期 PP'，即

$$PP' = \frac{原始投资额}{投产后前若干年每年相等的现金净流量}$$

在计算出 PP' 的基础上得出 $(PP'+S)$（建设期），即为包括建设期的投资回收期 PP。

【例 5-7】 某投资项目在建设起点一次性投资 30 万元，当年完工并投产，投产后每年可获净现金流量 8 万元，经营期 5 年。计算该项目的投资回收期。

【解】 根据题意可知

$$不包括建设期的投资回收期 = \frac{30}{8} = 3.75（年）$$

$$包括建设期的投资回收期 = 3.75 + 1 = 4.75（年）$$

（2）经营期年净现金流量不相等，需要计算逐年累计的净现金流量，然后用内插法计算出投资回收期。

【例 5-8】 设贴现率为 10%，有两个投资方案，相关数据见表 5-2，计算它们各自的静态投资。

表 5-2 投资方案数据表

投资方案期间	A 方案		B 方案	
	净收益	净现金流量	净收益	净现金流量
0		−20 000		−9 000
1	1 800	11 800	−1 800	1 200
2	3 240	13 240	3 000	6 000
3			3 000	6 000
合计	5 040	5 040	4 200	4 200

【解】 根据题意，A 方案的静态投资回收期 = 2−1+(8 200/13 240) = 1.62（年）

B 方案的静态投资回收期 = 3−1+(1 800/6 000) = 2.30（年）

静态投资回收期的决策标准是投资回收期最短的方案为最佳方案，投资回收期越短，投资风险越小。将计算出来的方案静态投资回收期与基准投资回收期对比，只有投资回收期小于或等于基准投资回收期的方案是可行方案，否则就是不可行方案。

静态投资回收期法的优点是能够直观地反映原始总投资的返本期限；易于理解，计算简便。其缺点是没有考虑货币时间价值因素，没有考虑回收期满后继续发生的现金流量的变化情况。

(六)投资收益率法

投资收益率(ROI)是指在项目达到设计能力后，其每年的净收益与项目全部投资的比率，是考察项目单位投资盈利能力的静态指标。其计算公式为

$$投资收益率(ROI) = \frac{年净收益}{项目全部投资} \times 100\%$$

当项目在正常生产年份内预期收益情况变化幅度较大时，可用当年平均净收益替代年净收益，计算投资收益率。在采用投资收益率对项目进行经济评价时，投资收益率不小于

行业平均的投资收益率(或投资者要求的最低收益率)，项目即可行。投资收益率指标由于计算口径不同，又可分为投资利润率、投资利税率、资本金利润率等指标。

$$投资利润率 = \frac{利润总额}{投资总额}$$

$$投资利税率 = \frac{利润总额+销售税金及附加}{投资总额}$$

$$资本金利润率 = \frac{税后利润}{资本金}$$

【例5-9】 已知某公司在建设起点一次投入借入资金90万元购建一项固定资产，建设期资本化利息10万元。预计投产后每年可获净收益分别为第一年8万元、第二年9万元、第三年9万元、第四年10万元、第五年10万元。计算该项目的投资收益率。

【解】 每年平均利润额 = (8+9+9+10+10)÷5 = 9.2(万元)

投资总额 = 90+10 = 100(万元)

投资收益率(ROI) = $\frac{9.2}{100} \times 100\% = 9.2\%$

投资收益率的决策标准是投资项目的投资收益率越高越好，仅就该指标而言，若投资收益率大于基准投资收益率(事先给定)，则为可行方案。

投资利润率指标的优点是简单、明了、易于掌握；该指标不受建设期的长短、投资的方式、回收额的有无及现金流量的大小等条件的影响，能够说明各投资方案的收益水平。其缺点是没有考虑货币时间价值因素，不能正确反映建设期长短及投资方式不同对项目的影响；该指标的计算无法直接利用净现金流量信息，不能作为项目投资决策财务评价的主要指标。

第四节　项目投资决策评价方法的应用

一、在单一的独立投资方案中的应用

独立方案是指一组互相分离、互不排斥的方案。在独立方案中，选择某一方案并不排斥选择另一方案。

1. 判断方案是否完全具备财务可行性的条件

如果某一投资方案的所有评价指标均处于可行区间，即同时满足某些条件时，则可以断定该投资方案无论从哪个方面看都具备财务可行性，或完全具备可行性。这些条件如下：

(1)净现值 $NPV \geqslant 0$。

(2)净现值率 $NPVR \geqslant 0$。

(3)获利指数 $PI \geqslant 1$。

(4)内含报酬率 $IRR \geqslant$ 基准折现率 i_c。

(5)包括建设期的静态投资回收期 $PP \leqslant \frac{n}{2}$(项目建设期的一半)。

(6)不包括建设期的静态投资回收期 $PP' \leqslant \dfrac{n}{2}$(运营期的一半)。

(7)投资利润率 $ROI \geqslant$ 基准投资收益率 I。

2. 判断方案是否基本具备财务可行性的条件

若一个投资方案的主要指标——NPV、NPVR、PI、IRR 处于可行状态,辅助指标——PP、PP′、ROI 处于不可行状态,则该投资方案基本具备财务可行性。

(1)净现值 $NPV \geqslant 0$。

(2)净现值率 $NPVR \geqslant 0$。

(3)获利指数 $PI \geqslant 1$。

(4)内含报酬率 $IRR \geqslant$ 基准折现率 i_c。

(5)包括建设期的静态投资回收期 $PP > \dfrac{n}{2}$(项目建设期的一半)。

(6)不包括建设期的静态投资回收期 $PP' > \dfrac{n}{2}$(运营期的一半)。

(7)投资利润率 $ROI >$ 基准投资收益率 I。

3. 判断方案完全不具备财务可行性的条件

如果某一投资方案的所有评价指标均处于不可行区间,即同时满足以下条件时,则可以断定该投资项目无论从哪个方面看都不具备财务可行性或完全不具备可行性,应彻底放弃投资方案。这些条件如下:

(1)净现值 $NPV < 0$。

(2)净现值率 $NPVR < 0$。

(3)获利指数 $PI < 1$。

(4)内含报酬率 $IRR <$ 基准折现率 i_c。

(5)包括建设期的静态投资回收期 $PP > \dfrac{n}{2}$(项目建设期的一半)。

(6)不包括建设期的静态投资回收期 $PP' > \dfrac{n}{2}$(运营期的一半)。

(7)投资利润率 $ROI <$ 基准投资收益率 I。

4. 判断方案是否基本不具备财务可行性的条件

若一个投资方案的主要指标——NPV、NPVR、PI、IRR 处于不可行状态,即使辅助指标——PP、PP′、ROI 即使处于可行状态,该投资方案也基本不具备财务可行性。

(1)净现值 $NPV < 0$。

(2)净现值率 $NPVR < 0$。

(3)获利指数 $PI < 1$。

(4)内含报酬率 $IRR <$ 基准折现率 i_c。

(5)包括建设期的静态投资回收期 $PP \leqslant \dfrac{n}{2}$(项目建设期的一半)。

(6)不包括建设期的静态投资回收期 $PP' \leqslant \dfrac{n}{2}$(运营期的一半)。

(7)投资利润率 $ROI \geqslant$ 基准投资收益率 I。

【例 5-10】 某固定资产投资项目只有一个方案,其原始投资为 1 000 万元,项目计算期为11年(其中生产经营期为10年)，基准投资收益率为9.8%，行业基准折现率为10%。其投资决策评价指标如下：$ROI=10\%$，$PP=6$年，$PP'=5$年，$NPV=152$万元，$NPVR=12.05\%$，$PI=1.1205$，$IRR=11.54\%$。

【解】 $ROI=10\%>9.8\%$，$PP'=10/2=5$(年)，$NPV=152$万元>0

$NPVR=12.05\%>0$，$PI=1.1205>1$，$IRR=11.54\%>10\%$

因此，该方案基本上具备财务可行性[虽然$PP=6$年$>11/2=5.5$(年)]。

二、在多个互斥投资方案中的应用

互斥投资方案就是决策时涉及多个相互排斥、不能并存的投资方案。互斥投资方案决策是指在所有备选方案均为财务可行方案时，利用具体决策方法，比较各方案的优劣，并利用评价指标从各备选方案中优选出一个最佳方案的过程。

(1)互斥方案的投资额、项目计算期均相等，可采用净现值法或内含报酬率法。

1)净现值法。净现值法是指通过比较互斥方案的净现值指标的大小来选择最优方案的方法。

2)内含报酬率法。内含报酬率法是指通过比较互斥方案的内含报酬率指标的大小来选择最优方案的方法。

评价标准：净现值或内含报酬率最大的方案为优。

(2)互斥方案的投资额不相等，但项目计算期相等，可采用差额法。差额法是指在两个原始投资不同的方案之间，计算出差额内部收益率，并将其与行业基准折现率进行比较，从而据以判断投资方案的优劣。

评定标准：当差额投资内部收益率指标大于或等于基准收益率或设定折现率时，原始投资额大的方案较优；反之，当差额投资内部收益率指标小于基准收益率或设定折现率时，原始投资额小的方案较优。

(3)互斥方案的投资额不相等，且项目计算也不同，可采用年等额净回收额法。

年等额净回收额法是指在投资方案中，用年等额净回收额指标的大小来判断选择最优的决策方法。其适用于原始投资不同，并且项目计算期也不同的多方案比较决策。

评价决策的标准是年等额净回收额最大的方案为优。

年等额净回收额计算公式为

$$年等额净回收额 = \frac{该方案净现值}{年金现值系数}$$

【例5-11】 某公司原有一台设备，目前出售可得收入15万元(设与旧设备的折余价值一致)，预计使用10年，已使用5年，预计残值为1.5万元。该公司用直线法计提折旧。现该公司拟购买新设备替换该旧设备，新设备的购置成本为80万元，使用年限为5年，按直线法计提折旧，预计残值也为1.5万元；使用新设备后公司每年销售收入可从300万元上升到330万元，每年付现成本可从220万元上升到230万元，该公司所得税税率为40%，资金成本为10%。

要求：判断是否应更新该设备。

【解】 旧年折旧额$=(15-1.5)/5=2.7$(万元)

新年折旧额$=(80-1.5)/5=15.7$(万元)

$\Delta NCF_0 = -80+15 = -65$(万元)

$\Delta NCF_{1\sim 5}=30\times(1-40\%)-10\times(1-40\%)+(15.7-2.7)\times 40\%=17.2(万元)$

$\Delta NPV=17.2\times(P/A,10\%,5)-65=0.20176(万元)$

应更新该设备。

三、多方案组合或排队投资决策

如果一组方案既不相互独立，又不相互排斥，而是可以实现任意组合或排队，则这组方案被称为组合或排队方案，其中又包括先决方案、互补方案和不完全互斥方案等形式。在这种方案决策中，除要求首先评价所有方案的财务可行性，淘汰不具备财务可行性的方案外，还需要衡量不同组合条件下的有关评价指标的大小，从而做出最终决策。

这类决策分为以下两种情况：

(1)在资金总量不受限制的情况下，可按每一项目净现值 NPV 的大小排队，确定优先考虑的项目顺序。

(2)在资金总量受到限制时，则需按净现值率 NPVR 或获利指数 PI 的大小，结合净现值 NPV 进行各种组合排队，从中选出能使 ΣNPT 最大的最优组合。

本章小结

本章主要介绍了项目投资管理的相关知识，包括项目投资的概念、类型特点，项目投资的决策程序和投入方式，项目投资的现金流量的影响因素、作用及净现金流量的确定，项目投资决策财务评价指标和方法以及项目投资决策评价方法的应用。通过本章的学习，应对项目投资管理有一定的认识，并能在实际工作中进行应用。

思考与练习

一、填空题

1. 建筑企业的投资项目主要包括_____和_____两大类。
2. _____是指资本循环过程中现金流入、流出的数量。
3. 投资项目现金流量分为_____、_____和_____三部分。
4. 财务评价方法是指考虑货币时间价值的分析评价方法，主要包括_____、_____、_____、_____和_____等。
5. _____是指把项目计算期内各年的财务净现金流量，按照一个给定的标准折现率(基准收益率)折算到建设初期(项目计算期第1年年初)的现值之和。
6. _____是指项目投资方案的未来现金净流入量的总现值与原始投资额的现值之比。

二、选择题

1. 已知某投资项目的原始投资额现值为100万元，净现值为25万元，则该项目的现值指数为( )。

   A. 0.25   B. 0.75   C. 1.05   D. 1.25

2. 对项目寿命期相同而原始投资额不同的两个互斥投资项目进行决策时，适宜单独采用的方法是(　　)。
   A. 回收期法　　　B. 净现值率法　　　C. 内含报酬率法　　　D. 净现值法

三、简答题
1. 简述项目投资的决策程序。
2. 简述现金流量的作用。
3. 简述影响现金流量的因素。
4. 财务评价的作用主要表现在哪些方面？

四、计算题
1. 某公司欲购置生产设备一台，该设备价值 50 000 元，预计使用 5 年，预计净残值为 8 000 元，按直线法计提折旧。设备投入使用后，预计可增加收入 55 000 元，相应的成本增加 36 000 元，所得税税率为 25%，折现率为 10%。试对该投资项目进行可行性研究。

2. 某公司拟建造一套生产设备，预计建设期为 1 年，所需原始投资 200 万元于建设起点一次投入。该套设备预计使用寿命为 5 年，使用期满报废清理时无残值。该套设备的折旧方法采用直线法。该套设备投产后每年增加净利润 50 万元。假定适用的行业基准折现率为 10%。要求：

(1) 计算项目计算期内各年净现金流量；
(2) 计算项目净现值，并评价其财务可行性。

3. 某建筑企业拟投资新建一条生产线，现有三个项目可供选择：
A 项目的原始投资为 2 400 万元，项目计算期为 10 年，净现值为－25 万元。
B 项目的原始投资为 2 800 万元，项目计算期为 12 年，净现值为 798.35 万元。
C 项目的原始投资为 3 000 万元，项目计算期为 15 年，净现值为 898.43 万元。
行业基准贴现率为 12%。
问：该企业应选择哪个项目进行投资？

第六章　证券投资管理

学习目标

了解证券投资的基本概念、目的、类型，债券投资的目的，股票投资的目的，投资基金的概念，证券投资组合的目的；掌握证券投资的一般程序和风险，债券要素，债券投资价值的确定、债券投资收益率的计算，股票投资价值的确定、股票投资收益率的计算，投资基金的运作方式、种类、特点、估价，证券投资组合的风险及风险收益率的计算。

能力目标

能够进行证券投资中一般情况下债券、股票投资收益率的计算及证券投资组合的风险收益率的计算；能够描述企业证券投资的主要风险并进行投资决策的相关因素分析。

第一节　证券投资概述

一、证券投资的基本概念

证券是指票面标有一定金额，代表一定量的财产权利，证明持券人有权按期取得一定的利息、股息等收入，可自由转让和买卖的所有权或债权凭证。证券投资是指投资者将资金用于购买公开发行的有价证券，从而获取收益的一种投资行为。

二、证券投资的目的

证券投资的目的如下：

(1)利用闲置资金获取投资收益。企业在生产经营过程中，可以将闲置的现金进行有价证券投资，以获取一定的收益，并在现金流出超过现金流入时，将持有的证券出售，以取得经营所需的现金。

(2)与筹集长期资金相配合。处于成长期或扩张期的公司一般每隔一段时间就会发行股票或公司债券，但所获得的资金一般并不是一次用完，而是逐渐、分次使用。这样，暂时不用的资金可投资于有价证券，以获取一定的收益，而当企业进行投资需要资金时，则可卖出有价证券，以获得现金。

(3)应对未来或季节性对现金的经常需求。比如，某企业在不久的将来有一笔现金需求，那么可将现有现金投资于有价证券，以便到时售出，满足所需要的现金。另外，某些生产经营有季节性特征的企业在一年内的某些月份有剩余现金，而在另几个月则会出现现金短缺，这些企业通常在现金有剩余时购入有价证券，而在现金短缺时出售有价证券。

(4)获得对相关企业的控制权。在市场竞争过程中，有些企业从战略上考虑需要控制其他企业，往往会动用一定资金购买一些企业的股票，以便获得对这些企业的控制权。

三、证券投资的类型

(1)债券投资。债券投资是指投资者将资金用于购买国债、公司债券和短期融资券等各种形式的债务的投资行为。例如，企业购买国库券、公司债券和短期融资券等都属于债券投资。与股票投资相比，债券投资能获得稳定收益，投资风险较低。

(2)股票投资。股票投资是指投资者将资金用于购买其他企业所发行的股票的投资行为。企业投资于股票，尤其是投资于普通股票，要承担较大风险，但通常情况下，收益也较高。

(3)基金投资。基金投资是指通过购买投资基金股份或收益凭证来获取收益的投资方式。这种方式可使投资者享受专家服务，有利于分散风险，获得较大投资收益。

(4)期货投资。期货投资是投资者通过买卖期货合约躲避价格风险或赚取利润的一种投资方式。期货合约是指为在将来一定时期以指定价格买卖一定数量和质量的商品而由商品交易所制定的统一的标准合约。

(5)期权投资。期权是一种金融合约，是指投资者在指定的时刻(或规定时间内)按合约规定的价格或购买(或出售)某种资产，或不购买(或不出售)某种资产的权利。期权投资是指为了实现营利的目的或规避风险而进行期权买卖的一种投资方式。

(6)组合投资。组合投资是指将资金同时用于购买国债、企业债券、企业股票等多种证券，以分散投资风险，获取收益的投资行为。

四、证券投资的特征

1. 流通性强

有价证券投资可以是短期的，资金可以在几个月内收回，也可以是长期的，持有时间是几年甚至几十年。大多数有价证券可以通过转让或者通过证券交易市场随投资者主观愿望出售，流通性强。

2. 价格不稳定

证券投资受人为因素影响较大，且没有相应的实物做保证，其价值受政治、经济等环境因素的影响较大，因此具有价格不稳定、投资风险大的特性。

3. 交易成本低

证券买卖交易快速、简捷，成本较低。

五、证券投资的一般程序

1. 合理选择投资

为准确地达到投资目的，企业应根据一定的投资原则，认真分析投资对象的收益水平和风险程度，以便合理选择投资对象，将风险降低到最低限度，取得较好的投资收益。一般来讲，如果企业进行证券投资的目的是寻求未来稳定的收益，则应该选择那些收益稳定、信誉较高的债券（如国债）或优先股作为投资对象。如果企业进行证券投资是为了分散投资风险，就应该在重视投资行业选择的基础上选择合适的企业股票作为投资对象。如果企业的抗风险能力较强，有专业的投资人才，投资的主要目的是营利，则可以适当地选择某些盈利能力较强的股票（这种股票的风险通常也较高），或等级较低的公司债券作为投资对象。

2. 委托买卖

由于投资者无法直接进场交易，买卖证券业务需委托证券商代理。证券投资大多要通过证券交易所进行，其证券交易必须通过有资格进入证券交易所进行交易的证券商（作为经纪人）代为进行。这样，投资者就面临着一个选择适当的证券商作为自己的经纪人的问题。选择经纪人时，要考虑经纪人的资金实力、操作经验和特长、服务水平和信誉等多方面的因素。选定经纪人后，投资者要在经纪人处开立户头，从而确立委托买卖关系。

3. 成交

证券买卖双方通过中介券商的场内交易员分别出价委托，若买卖双方的价位与数量合适，交易即可达成，这个过程称为成交。

4. 清算与交割

企业委托券商买入某种证券成功后，即应解交款项，收取证券。清算即指证券买卖双方结清价款的过程。证券交易成交后，买卖双方要相互交付价款和证券。比如，某投资者买入一只股票，成交后，他要向股票的卖方交付价款，收取股票；卖方则要向该投资者交付股票，收取价款。这一过程即为证券的交割。

5. 办理证券过户

证券过户只限于记名证券的买卖业务。当企业委托买卖某种记名证券成功后，必须办理证券持有人的姓名变更手续。

六、证券投资的风险

证券投资的风险是指证券投资收益的不确定性，即证券投资无法达到预期收益或遭受损失的可能性。进行证券投资需要承担一定的风险，这是证券的基本特征之一。证券投资的风险主要分为系统风险和非系统风险。

1. 系统风险

系统风险主要有宏观经济风险、政策风险、市场风险、购买力风险和利率风险。

(1) 宏观经济风险。宏观经济风险是指一个国家的宏观经济发展状况对证券市场的影响。

(2) 政策风险。政策风险是指因政府有关证券市场的政策发生重大变化，由于重要的举措或法规出台引起证券市场的波动而给投资者带来的风险。

(3)市场风险。这是金融投资中最普遍、最常见的风险,无论投资于股票、债券、期货、期权等有价证券,还是投资于房地产、贵金属、国际贸易等有形资产,几乎所有投资者都必须承受这种风险。这种风险来自市场买卖双方供求不平衡。

(4)购买力风险。购买力风险也就是通货膨胀风险,是指通货膨胀、货币贬值给投资者带来实际收益水平下降的风险。

(5)利率风险。利率风险也称为货币风险,是指由于货币市场利率的变动引起证券市场价格的波动,从而影响证券收益率的变动而带来的风险。

2. 非系统风险

非系统风险主要有信用风险、经营风险、财务风险和期限性风险。

(1)信用风险。信用风险又称违约风险,是指证券发行人在证券到期时无法按期支付利息或偿还本金而使投资者遭受损失的风险。

(2)经营风险。经营风险是指企业的决策人员与管理人员在经营管理过程中出现的失误导致企业亏损、破产而使投资者遭受损失的可能性。

(3)财务风险。财务风险是指企业财务结构不合理所形成的风险。

(4)期限性风险。由于证券期限长而给投资人带来的风险叫作期限性风险。一项投资,到期日越长,投资人遭受的不确定性因素就越多,承担的风险也就越大。

第二节 债券投资

一、债券投资的目的

企业进行短期债券投资的目的主要是配合企业对资金的需求,调节现金余额,使现金余额达到合理水平。当企业现金余额太多时,便投资于债券,使现金余额降低;反之,当企业现金余额太少时,则出售原来投资的债券,收回现金,使现金余额提高。企业进行长期债券投资的目的主要是获得稳定的收益。

二、债券要素

债券是指发行者为筹集资金,依照法定程序向债权人发行的,在约定时间还本付息的有价证券。债券要素通常包括债券面值、债券票面利率和债券到期日。

1. 债券面值

债券面值是指债券设定的票面金额,代表发行人借入并承诺于未来债券到期日,应偿付给债券持有人的金额。债券面值包括票面币种和票面金额两部分。票面币种是指以何种货币作为债券的计量单位。通常,在国内发行的债券,发行的对象是国内有关经济主体,则选择本国货币;若在国外发行,则可选择发行地国家或地区的货币或国际通用货币作为债券的币种。票面金额对债券的发行成本、数量及持有者的分布都会产生影响,若票面金额小,则有利于小额投资者购买,有利于债券发行,但可能会增加发行费用;若票面金额大,则会降低发行成本,但可能会减少发行量。

2. 债券票面利率

债券票面利率是指债券发行者预计1年内向持有者支付的利息占票面金额的比率。票面利率越大,债券价值越大。

3. 债券到期日

债券到期日是指偿还债券本金的日期,债券一般都有规定的到期日,以便到期时归还本金。

三、债券投资价值的确定

债券作为一种投资,其未来现金流入的现值称为债券的价值。企业进行债券投资时,必须对债券的价值进行确认,以便将债券的价值与债券市价或购买价格进行比较,做出投资决策。

1. 复利计息、分期付息、到期还本的债券估价模型

复利计息、分期付息、到期还本的债券估价模型是一种典型的债券估价模型,其计算公式为

$$债券价值 = 每期利息 \times 年金现值系数 + 债券面值 \times 复利现值系数$$

即

$$P = \frac{I}{(1+K)} + \frac{I}{(1+K)^2} + \cdots + \frac{I}{(1+K)^n} + \frac{F}{(1+K)^n}$$
$$= I \times (P/A, K, n) + F \times (P/F, K, n)$$

式中 P——债券价值;

I——每期利息;

F——债券面值或到期本金;

K——市场利率或投资者要求的最低报酬率;

n——付息期数。

【例6-1】 某公司发行的债券面值为1 000元,票面利率为8%,期限为5年,当前的市场利率为10%,债券价格为多少时才能进行投资?

【解】 根据上述公式得

$$P = 1\,000 \times 8\% \times (P/A, 10\%, 5) + 1\,000 \times (P/F, 10\%, 5)$$
$$= 80 \times 3.790\,8 + 1\,000 \times 0.620\,9 = 924.16(元)$$

即当该债券的价格只有低于924.16元时,投资者才能投资。

2. 不计复利、一次还本付息的债券估价模型

目前,我国有一部分债券属于不计复利、一次还本付息的债券估价模型。其估价计算公式为

$$债券价值 = 债券到期本利之和 \times 复利现值系数$$

即

$$P = \frac{F + F \times i \times n}{(1+K)^n} = (F + F \times i \times n) \times (P/F, K, n)$$

式中 i——债券的票面利率。

其他符号意义同前。

【例 6-2】 某公司拟购买一种到期一次还本付息的债券,该债券面值为 1 000 元,期限为 3 年,票面利率为 6%(单利计算),当时的市场利率为 5%。该债券价格为多少时,公司才能购买?

【解】 根据上述公式得

$$P=(1\ 000+1\ 000\times 6\%\times 3)\times (P/F, 5\%, 3)$$
$$=1\ 180\times 0.863\ 8=1\ 019.28(元)$$

即当该债券价格低于 1 019.28 元时,公司才能购买。

3. 折现发行时债券的估价模型

折现发行的债券是以折现方式发行,也即以低于面值的价格发行,没有票面利率,到期按面值偿还。这种估价模型估价的计算公式为

$$债券价值=债券面值\times 复利现值系数$$

即

$$P=\frac{F}{(1+K)^n}=F\times (P/F, K, n)$$

公式中的符号含义同前。

【例 6-3】 某公司发行的债券面值为 1 000 元,期限为 5 年,以折现方式发行,期内不计利息,到期按面值偿还,当时的市场利率为 8%。计算该债券的价值。

【解】 根据上述公式得

$$P=1\ 000\times (P/F, 8\%, 5)=1\ 000\times 0.680\ 6=680.60(元)$$

即当该债券的市价低于 680.60 元时,公司才能购买。

四、债券投资收益率

债券投资收益率有债券票面收益率、债券直接收益率、债券持有期收益率等多种,这些收益率分别反映投资者在不同买卖价格和持有年限下的不同收益水平。

1. 债券票面收益率

债券票面收益率又称债券名义收益率或债券票息率,是指债券票面上的固定利息率,即年利息收入与债券面额的比率。其计算公式为

$$债券票面收益率=\frac{单位债券年利息}{同一单位的债券面额}\times 100\%$$

2. 债券直接收益率

债券直接收益率又称本期收益率或当前收益率,是指债券的年利息收入与买入债券的实际价格的比率。买入价格可能是发行价,也可能是流通市场交易价,这个价格可能等于或大于或小于票面额。债券直接收益率的计算公式为

$$债券直接收益率=\frac{债券年利息}{债券买入价}\times 100\%$$

3. 债券持有期收益率

债券持有期收益率是指投资者买入债券后持有一段时间,在债券到期之前将债券出售所得到的收益率。债券持有期收益率的计算公式有两种。一种是息票债券持有期

收益率，另一种是一次还本付息债券持有期收益率。其中，息票债券持有期收益率的计算公式为

$$息票债券持有期收益率 = \frac{年买卖差价收入}{买入价} \times 100\%$$

【例6-4】 某公司债券面值为100元，发行价格为110元，票面利率为12%，偿还期限为3年，则该种债券投资收益率为

$$\frac{100 \times 12\% + (100 - 110) \div 3}{110} \times 100\% = 7.88\%$$

五、影响债券价值的因素

影响债券价值的因素主要有债券的到期时间对债券价值的影响、债券期限对债券价值的敏感性和市场利率对债券价值的敏感性等。

1. 债券的到期时间对债券价值的影响

(1)当市场利率低于票面利率时，随着时间向到期日靠近，债券价值逐渐降低，最终等于债券面值。

(2)当市场利率高于票面利率时，随着时间向到期日靠近，债券价值逐渐提高，最终等于债券面值。

(3)当市场利率等于票面利率时，债券价值一直等于票面价值。

2. 债券期限对债券价值的敏感性

对于不同票面利率的债券，当债券期限发生变化时，债券价值也随之波动，其关系如图6-1所示。

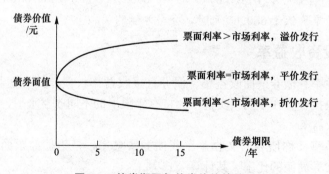

图6-1 债券期限与债券价值的关系

由图6-1可得出以下结论：

(1)债券价值随债券期限的变化而波动，是债券票面利率与市场利率不一致引起的。

(2)对于票面利率不等于市场利率的债券，期限越短，票面利率对债券价值的影响越小。

(3)债券期限越长，债券价值越偏离债券面值。

(4)债券期限越长，在票面利率偏离市场利率时，债券的价值会越偏离债券的面值，但这种偏离的变化幅度最终会趋于平稳。

3. 市场利率对债券价值的敏感性

债券的面值、期限、票面利率一般都是固定的，市场利率是决定债券价值的贴现率，市场利率的变化会造成系统性的利率风险。市场利率与债券价值的关系如图6-2所示。

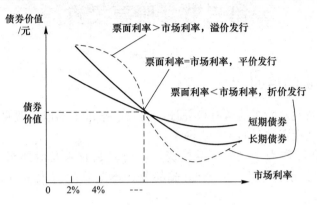

图6-2　市场利率与债券价值的关系

由图6-2可得出以下结论：

(1)市场利率的上升会导致债券价值的下降；市场利率的下降会导致债券价值的上升。

(2)长期债券对市场利率的敏感性会大于短期债券，在市场利率较低时，长期债券的价值远高于短期债券；在市场利率较高时，长期债券的价值远低于短期债券。

(3)市场利率低于票面利率时，债券价值对市场利率的变化较为敏感，市场利率稍有变动，债券价值就会剧烈波动；市场利率超过票面利率后，债券价值对市场利率的变化并不敏感，市场利率的提高不会使债券价值过分降低。

六、债券投资的优缺点

1. 债券投资的优点

(1)本金安全性高。与股票相比，债券投资风险较小。政府发行的债券，其本金的安全性非常高，企业债券的持有者则拥有优先求偿权，优先于股东分得企业资产，其本金损失的可能性较小。

(2)收入稳定性强。债券票面一般都标有固定利息率，债券的发行人有按时支付利息的法定义务。因此，在正常情况下，投资于债券都能获得比较稳定的收入。

(3)流动性较好，变现能力较强。许多债券都具有较好的流动性，特别是政府及大企业发行的债券一般都可在金融市场上迅速出售，变为现金。

2. 债券投资的缺点

(1)购买力风险较大。债券的面值和利息率在发行时就已确定，如果投资期间的通货膨胀率比较高，则本金和利息的购买力将不同程度地受到侵蚀，投资者虽然名义上有收益，但实际上发生了损失。

(2)没有经营管理权。投资于债券只是获得收益的一种手段，无权参与债券发行单位的日常经营管理活动并取得控制权。

第三节 股票投资

一、股票投资的目的

股票是股份公司发给股东的所有权凭证,是股东据以定期取得股息、红利的一种有价证券。企业进行股票投资的目的主要有两个:

(1)获利。获利即作为一般的证券投资,获取股利收入及股票买卖差价。此时,企业应将某种股票作为证券组合的一个组成部分,不应冒险将大量资金投资于某一企业的股票上。

(2)控股。控股即通过购买某一企业的大量股票达到控制该企业的目的。此时,企业应集中资金投资于被控企业的股票上,考虑得更多的不是股票投资收益的高低,而应是占有多少股权才能达到控制的目的。

二、股票投资价值的确定

股票作为一种投资方式,现金流出是其购买价格,现金流入是股利和出售价格。股票未来现金流入的现值,称为股票投资的价值。同债券投资一样,企业进行股票投资时也需要对其价值进行确认,即必须知道股票价值的估算方法,以便将股票的内在价值与股票市价或购买价格进行比较,作为投资参考。

1. 短期持有、未来出售股票的估价模型

股票带给持有者的现金流入包括两部分,即股利收入和出售股票时的资本利得,其价值由一系列的股利的现值和将来出售股票时售价的现值构成。此时,股票估价计算公式为

$$V = \sum_{t=1}^{n} d_t/(1+K)^t + V_n/(1+K)^n$$

式中 V——股票内在价值;

V_n——未来出售时预计的股票价格;

d_t——第 t 期的预期股利;

K——投资人要求的必要资金收益率;

n——预计持有股票的期数。

【例 6-5】 某企业购买某上市公司发行的股票,该股票预计今后三年每年每股股利收入为 2 元,3 年后出售可得 20 元,投资者的必要报酬率为 10%,则该股票的价值为

$$V = 2 \times (P/A, 10\%, 3) + 20 \times (P/F, 10\%, 3)$$
$$= 2 \times 2.4869 + 20 \times 0.7513$$
$$= 20(元)$$

该股票的价值为 20 元,若此时股票的市价低于 20 元,则该企业可考虑对此股票进行投资。

2. 零成长股票的估价模型

如果每年股利稳定不变,其支付过程是一个永续年金,此时,股票的估价模型可简化为

$$V = d/K$$

式中 d——每年固定股利。

其他符号意义同前。

【例 6-6】 某企业拟购买某公司的股票并准备长期持有，预计该股票每年股利为 2.50 元，企业要求的必要收益率为 12%，则该股票的价值为

$$V = \frac{2.50}{12\%} = 20.83(元)$$

3. 股利固定增长股票的估价模型

如果某公司的股利不断增长，投资者的投资期限又非常长，则股票的估价就会更为困难，只能计算近似值。设上年股利为 d_0，第 1 年股利为 d_1，每年股利相比上年的增长率为 g，则

$$V = \frac{d_0 \times (1+g)}{K-g} = \frac{d_1}{K-g}$$

【例 6-7】 A 公司准备投资购买 B 公司的股票，该股票上年每股股利为 0.15 元，预计以后每年以 6% 的增长率增长，A 公司经分析后，认为必须达到 8% 的报酬率才能购买 B 公司的股票，则该种股票的内在价值应为

$$V = [0.15 \times (1+6\%)]/(8\%-6\%) = 7.95(元)$$

即当 B 公司的股票价格在 7.95 元以下时，A 公司才能购买。

三、股票投资收益率

股票投资收益是指投资者购买股票后所获得的全部投资报酬，主要包括股利收益和股票买卖价差收益。股利收益是指投资者从股份制企业的税后利润中获得的投资报酬，其实质是股份制企业分给股东的税后利润。股票买卖价差收益是指投资者以较低的价格买进股票、以较高的价格卖出股票，即买低卖高而得到的收益，又称资本收益。如果买高卖低，则为资本损失。

股票投资收益率是股票投资收益与股票投资的比率，其计算公式为

$$股票投资收益率 = \frac{股利+资本收益(或损失)}{期初购买价格} \times 100\%$$

【例 6-8】 某公司于 2019 年 1 月 2 日以每股 65 元的价格购入某种股票 100 股。2020 年 7 月 1 日以每股 95 元的价格将这 100 股全部卖出，持股期间收到 2019 年度的股利 1 000 元（每股股利为 10 元），则

$$股票投资收益率 = \frac{10+(95-65)}{65} \times 100\% = 61.54\%$$

这个收益率是在一年半（2019 年 1 月 2 日至 2020 年 7 月 1 日）的时间内获得的，如果折算成年收益率，则为 $61.54\% \times \frac{1}{1.5} = 41.03\%$。

四、股票投资的优缺点

1. 股票投资的优点

(1) 投资收益较高。股票的价格虽然波动性较大，但从长期来看，投资优质公司股票

一般能取得较高的投资收益。

(2)拥有一定的经营控制权。普通股股东属股份公司的所有者，有权监督和控制企业的生产经营情况，因此，若要控制一家企业，最好的办法是收购这家企业的股票。

(3)购买力风险低。在通货膨胀率比较高时，由于物价普遍上涨，股份公司营利增加，股利的支付率也随之增加，与固定收益证券相比，普通股能有效降低购买力风险。

2. 股票投资的缺点

(1)求偿权居后，风险较大。投资者购入股票后，不能要求股份公司偿还本金，只能在证券市场上转让。如果公司破产，股东的求偿权位于债权人之后，因此，股东可能部分甚至全部不能收回投资，可见股票投资的风险比较大。

(2)价格波动较大。普通股的价格受众多因素影响，具有较大的波动性。政治因素、经济因素、投资人的心理因素、企业的盈利情况、企业的风险情况等都会影响股票价格，使股票投资具有较高的风险。

(3)投资收益不稳定。股票投资的收益主要是公司发放的股利和股票转让的价差收益，其稳定性较差。股票的股利直接与公司的经营状况相关，公司盈利多，就可能多发放股利，公司盈利少，就可能少发或不发股利。股票转让的价差收益主要取决于股票市场行情和公司的经营状况、盈利能力等。

第四节 基金投资

一、投资基金的概念

投资基金也称为互助基金或共同基金，是通过公开发售基金份额募集资本，然后投资于证券的机构。投资基金由基金管理人管理，基金托管人托管，以资产组合方式进行证券投资活动，为基金份额持有人的利益服务。

二、投资基金的运作方式

投资基金的运作方式可以采用封闭式基金或开放式基金。

(1)封闭式的投资基金是根据核准的基金份额总额在基金合同期限内固定不变，基金份额可以在依法设立的证券交易场所交易，但基金份额持有人不得申请赎回的基金。

(2)开放式的投资基金是以基金份额总额不固定，基金份额可以在基金合同约定的时间和场所申购或者赎回的基金。

三、投资基金的种类

按照不同的分类方法，投资基金分别可以分为如下类别：

1. 按法律地位划分

按法律地位划分，投资基金可分为契约型基金和公司型基金。

(1)契约型基金是根据一定的信托契约原理组建的代理投资制度。委托者、受托者和受益者三方订立契约，由经理机构(委托者)经营信托资产；银行或信托公司(受托者)保管信托资产；投资人(受益者)享有投资收益。

(2)公司型基金是按照股份公司方式运营的。投资者购买公司股票成为公司股东。公司型基金涉及四个当事人：投资公司，是公司型基金的主体；管理公司，为投资公司经营资产；保管公司，为投资公司保管资产，一般由银行或信托公司担任；承销公司，负责推销和回购公司股票。

2. 按资金募集方式和来源划分

按资金募集方式和来源划分，投资基金可分为公募基金和私募基金。

公募基金是以公开发行证券募集资金方式设立的基金；私募基金是以非公开发行方式募集资金所设立的基金。私募基金面向特定的投资群体，满足对投资有特殊期望的客户需求。

3. 按对投资受益与风险的设定目标划分

按对投资受益与风险的设定目标划分，投资基金可以分为收益基金、增长基金，也会有两者的混合型。

(1)收益基金追求投资的定期固定收益，因而主要投资于有固定收益的证券，如债券、优先股股票等。收益基金不刻意追求在证券价格波动中可能形成的价差收益，因此，投资风险较低，同时，投资收益也较低。

(2)增长基金追求证券的增值潜力。通过发现价格被低估的证券，低价买入并等待升值后卖出，以获取投资利润。

4. 按投资标的不同划分

按投资标的不同划分，投资基金可分为股票基金、债券基金、货币市场基金、期货基金、期权基金、认股权证基金、专门基金。

(1)股票基金。股票基金是指以股票为投资对象的投资基金。

(2)债券基金。债券基金是指以债券为投资对象的投资基金。

(3)货币市场基金。货币市场基金是指以国库券、大额银行可转让存单、商业票据、公司债券等货币市场短期有价证券为投资对象的投资基金。

(4)期货基金。期货基金是指以各类期货品种为主要投资对象的投资基金。

(5)期权基金。期权基金是指以能分配股利的股票期权为投资对象的投资基金。

(6)认股权证基金。认股权证基金是指以认股权证为主要投资对象的投资基金。

(7)专门基金。专门基金由股票基金发展而来，属于分类行业股票基金或次级股票基金，包括黄金基金、科技基金和地产基金等。

四、投资基金的特点

1. 专家理财

投资基金募集的资金要交给专业基金经理人操作。基金经理须通过政府部门组织的资格认证，同时在投资领域积累相当丰富的经验并与金融市场联系密切，信息资料来源广泛，人员知识结构齐全,分析手段先进。个人投资基金,将资金交给基金经理去操作,也就意味着拥有了知识、经验、信息、技术等方面的优势,从而避免了个人投资的盲目性。

2. 资金所有权、使用权与保管权的分离

投资人作为基金资产的所有者必须委任基金的托管人保管基金资产,由基金管理人使用基金资产。基金托管人须为基金设立独立的账户,将投资人的出资存放在托管人独立的账户内,把基金财产与管理公司或托管人的固有财产区别开来,托管人依据基金管理人的指令处理基金资产,除此之外,任何人不得擅自动用基金资产。基金管理人只负责基金的日常投资运作,拥有基金资产使用权,同时,对投资者提供服务,管理人不得介入或干预基金的资产保存。由于"三权"分离,相互之间职责明确,因此可以最大限度地保证基金资产的安全和投资人的利益。

3. 风险分散

为了保护广大投资人的利益,基金投资都有分散风险进行组合投资的原则。如《公开募集证券投资基金运作管理办法》第三十二条规定,基金管理人运用基金财产进行证券投资,不得有下列情形:

(1)一只基金持有一家公司发行的证券,其市值超过基金资产净值的10%。

(2)同一基金管理人管理的全部基金持有一家公司发行的证券,超过该证券的10%。

(3)基金财产参与股票发行申购,单只基金所申报的金额超过该基金的总资产,单只基金所申报的股票数量超过拟发行股票公司本次发行股票的总量。

(4)一只基金持有其他基金(不含货币市场基金),其市值超过基金资产净值的10%,但基金中基金除外。

(5)基金中基金持有其他单只基金,其市值超过基金资产净值的20%,或者投资于其他基金中基金。

(6)基金总资产超过基金净资产的140%。

(7)违反基金合同关于投资范围、投资策略和投资比例等约定。

(8)中国证监会规定禁止的其他情形。

4. 运作透明

基金的投资目标、投资范围、投资决策、投资组合和投资限制等在基金的招募说明书中均应对外公布,基金在运作过程中所发生或遇到的有可能影响投资人利益的重要事项,必须尽快予以披露。

5. 持有人利益至上

基金托管人和管理人按照基金的资产规模分别收取托管费和管理费。除此之外,不得有其他利益,不得损害基金的利益。基金托管人与管理人任何一方因过错造成基金资产损失的,另一方要向其追偿;双方都有过错的,双方均应赔偿基金的损失。

五、投资基金的估价

基金的内涵价值是指基金投资上所能带来的现金净流量。对基金投资进行估价,有利于基金投资的买卖。对于封闭式基金,只有当其价值高于或等于价格时,才有投资的必要。

1. 基金净资产价值

基金的价值取决于目前能给投资者带来的现金流量。这种现金流量可用基金的净资产价值来表达。基金净资产就是基金总资产减去基金负债后的余额。其中，基金总资产是指基金在某一时点拥有的所有资产（包括股票、债券、银行存款和其他有价证券等）按照公允价格计算的资产总额。总负债是指基金运作及融资时所形成的负债，包括应付给他人的各项费用，如管理费、托管费、应付资金利息等。

2. 基金单位净值

基金的单位净值是指某时点上某一投资基金每一基金份额实际代表的价值。基金单位净值的计算公式为

$$基金单位净值 = \frac{基金净资产价值总额}{基金单位总份额} = \frac{基金资产总额 - 基金负债总额}{基金单位总份额}$$

3. 基金价格的确定

基金价格的确定应划分为封闭式基金和开放式基金两种情况：

(1) 封闭式基金。封闭式基金在二级市场上竞价交易，其交易价格由供求关系和基金业绩决定，围绕着基金单位净值上下波动。

(2) 开放式基金。开放式基金的柜台交易价格完全以基金单位净值为基础，通常采用基金认购价（基金经理公司的卖出价）和基金赎回价（基金经理公司的买入价）两种报价形式。

$$基金认购价 = 基金单位净值 + 首次认购费$$

$$基金赎回价 = 基金单位净值 - 基金赎回费$$

式中　首次认购费——支付给基金管理人的发行佣金；

基金赎回费——基金管理人在赎回基金时收取的佣金。

收取首次认购费的基金，一般不再收取赎回费。

4. 基金投资的收益率

基金收益率是指某一投资者所拥有的基金净资产的增值与其期初基金净资产值的比值。其计算公式为

$$基金收益率 = \frac{年末持有股份数 \times 年末基金单位净值 - 年初持有股份数 \times 年初基金单位净值}{年初持有股份数 \times 年份基金单位净值}$$

基金收益率用来反映基金增值的情况和基金投资者权益的增值情况。

第五节　证券投资组合

一、证券投资组合的目的

证券投资组合是指投资者在进行证券投资时，不是将所有的资金都投向单一的某种证券，而是有选择地投向多种证券。证券投资具有风险性，投资风险存在于各种证券中，随经济环境的变化而不断变化。如果投资者简单地将资金全部投向一种证券，便要承受巨大

的风险。有效地进行证券组合，可以帮助投资者捕捉获利机会，起到降低风险的作用。

二、证券投资组合的风险及其收益率

1. 证券投资组合的风险

证券投资组合的风险可分为非系统性风险和系统性风险两种类型。

(1)非系统性风险。非系统性风险又称可分散风险或公司特有风险，是指发生在个别公司的特有事件造成的风险，也即指某些因素对单个证券造成经济损失的可能性。这种风险可通过证券持有的多样化来分散。

(2)系统性风险。系统性风险又称不可分散风险或市场风险，是指由于某些因素给市场上所有的证券都带来经济损失的可能性。这些风险影响到所有的证券，因此，不能通过证券组合分散掉。这种风险是无法消除的，故称不可分散风险，但是，这种风险对不同的企业也有不同影响。

2. 证券投资组合的风险收益率

不可分散风险的程度，通常用 β 系数来计量。β 系数是反映个别证券的收益率与市场上全部证券的平均收益率之间变动关系的量化指标，其计算公式为

$$\beta = \frac{某种证券的风险收益率}{市场组合的风险收益率}$$

当整个股市变动时，每种股票的反映均不一样，有的发生较为剧烈的变动，有的只发生较小的变动。β 系数就是用于衡量个别证券收益率对于证券市场组合收益率变化的敏感性，它可以衡量出个别股票的市场风险。β 系数可以是正值，也可以是负值。

一般将整个证券市场的 β 系数定为 1，当某种股票的 $\beta=1$ 时，表示该股票的收益率与证券市场平均收益率呈相同比例的变化，其风险与整个证券市场组合的风险一致；当某种股票的 $\beta>1$ 时，说明其风险大于整个证券市场组合的风险；当某种股票的 $\beta<1$ 时，说明其风险小于整个证券市场组合的风险。

在运用证券组合方式进行投资决策时，会面临证券组合的风险与收益率之间的关系问题。投资者进行证券组合投资与进行单项投资一样，都要求对承担的风险进行补偿，股票的风险越大，要求的收益就越高。与单项投资不同，证券组合投资要求补偿的风险只是不可分散风险，而不要求对可分散风险进行补偿。因此，证券组合的风险收益是投资者因承担不可分散风险而要求的超过时间价值的那部分额外收益，可用下列公式计算：

$$R_p = \beta_p(K_m - R_F)$$

式中 R_p——证券组合的风险收益率；

β_p——证券组合的 β 系数；

K_m——所有股票的平均收益率，也就是由市场上所有股票组成的证券组合的收益率，简称市场收益率；

R_F——无风险收益率，一般用政府公债的利息率来衡量。

【例6-9】 某公司持有由 A、B、C 三种股票组成的证券组合，这三种股票在证券组合中的比重分别为 40%、20%、10%，它们的 β 系数分别为 2.5、1.5、0.5。市场上所有股票的平均收益率为 14%，无风险收益率为 8%。试计算该证券组合的风险收益率及必要收益率。

【解】 (1)确定该证券组合的 β 系数：

$$\beta_p = \sum_{i=1}^{n} X_i \beta_i = 40\% \times 2.5 + 20\% \times 1.5 + 10\% \times 0.5 = 1.35$$

(2)计算证券组合的风险收益率：
$$R_p = \beta_p (K_m - R_F) = 1.35 \times (14\% - 8\%) = 8.10\%$$

(3)计算必要收益率：
$$K_i = R_F + R_p = 8\% + 8.10\% = 16.10\%$$

【例 6-10】 例 6-9 中的公司为降低风险，售出部分 A 股票，买进部分 C 股票，使 A、B、C 三种股票在证券组合中所占的比重分别变为 10%、20% 和 40%。试计算此时该证券组合的风险收益率。

【解】 (1)确定证券组合的 β 系数：
$$\beta_p = \sum_{i=1}^{n} X_i \beta_i = 10\% \times 2.5 + 20\% \times 1.5 + 40\% \times 0.5 = 0.75$$

(2)计算该证券组合的风险收益率：
$$R_p = \beta_p (K_m - R_F) = 0.75 \times (14\% - 8\%) = 4.5\%$$

从以上计算可以看出，调整各种证券在证券组合中的比重可改变证券组合的风险、风险收益率和风险收益额。

本章小结

本章主要介绍了建筑企业证券投资管理的相关内容，包括证券投资的概念、目的、类型、程序、风险；债券投资的目的、债券要素、债券投资价值的确定、债券投资收益率、债券投资的优缺点；股票投资的目的、股票投资价值的确定、股票投资收益率的计算、股票投资的优缺点；证券投资组合的目的和风险收益率的优缺点。通过本章的学习，可以对证券投资管理有较为清晰的认识，为日后的工作打下基础。

思考与练习

一、填空题

1. _____ 是指投资者将资金用于购买公开发行的有价证券，从而获取收益的一种投资行为。

2. _____ 是指投资者将资金用于购买国债、公司债券和短期融资券等各种形式的债务的投资行为。

3. _____ 是指将资金同时用于购买国债、企业债券、企业股票等多种证券，以分散投资风险，获取收益的投资行为。

4. _____ 是指证券投资收益的不确定性，即证券投资无法达到预期收益或遭受损失的可能性。

5. 证券投资组合的风险可分为 _____ 和 _____ 两种类型。

6. 投资基金的运作方式可以采用_____或_____。

7. _____是指某一投资者所拥有的基金净资产的增值与其期初基金净资产值的比值。

二、选择题

1. 下列不属于债券投资收益率的是( )。
   A. 债券票面收益率　　　　　　　　　B. 债券直接收益率
   C. 债券收益率　　　　　　　　　　　D. 债券持有期收益率

2. 持续通货膨胀期间,投资人把资本投向实体性资产,减持证券资产。这种行为所体现的证券投资风险类别是( )。
   A. 经营风险　　　B. 变现风险　　　C. 再投资风险　　　D. 购买力风险

三、简答题

1. 简述证券投资的目的。
2. 简述证券投资的一般程序。
3. 简述债券投资的优缺点。
4. 简述股票投资的优缺点。
5. 简述基金投资的特点。

四、计算题

1. 某公司股票的 β 系数为 1.5,目前无风险收益率为 8%,市场上所有股票的平均报酬率为 12%,若该股票为固定成长股,成长率为 8%,预计一年后的股利为 1.5 元。要求:

   (1)测算该股票的风险收益率。

   (2)测算该股票的必要投资收益率。

   (3)确定该股票的价格为多少时可购买。

2. 某公司于 2017 年 8 月 8 日考虑购买一张面值为 1 000 元的债券,其票面利率为 5%,每年 8 月 8 日付息一次,5 年后到期一次还本。若购买股票当时的市场利率为 4%,该债券市价为 1 010 元。要求:

   (1)计算该债券价值,并做出是否应该购买该债券的决策。

   (2)若该公司以 1 010 元购入该债券并持有到期,计算购买债券的到期收益率。

3. 某公司持有由甲、乙、丙三种股票组成的证券组合,三种股票在证券组合中的比重分别为 50%、60%、15%,β 系数分别为 1.5、1.0、2.5。市场上所有股票的平均收益率为 20%,无风险收益率为 9%。试计算该证券组合的风险收益率和必要收益率。

第七章 流动资产管理

学习目标

了解流动资产的概念、特点、分类，现金管理的目的，应收账款发生的原因及作用，存货管理的意义、作用；掌握流动资产的管理要求，企业持有现金的动机及现金成本的组成，建筑企业现金管理的方法，应收账款的信用政策和日常管理方法，存货经济批量的控制方法和日常管理方法。

能力目标

能够结合企业个案，采取相应措施确定企业最佳现金持有量；能够根据实际制定合理的应收账款政策，并加强收款工作，以提高资金使用效率；能够根据市场需要合理确定存货水平，完成存货的日常管理。

第一节 流动资产概述

一、流动资产的概念及特点

流动资产是指可以在一年或者超过一年的一个营业周期内变现或者耗用的资产，包括现金、短期投资、应收及预付款项和存货等。

流动资产具有如下特点：

(1)流动资产投资周转速度快，回收期短。投资于流动资产的资金一般在一年或超过一年的一个营业周期内收回，相对于固定资产来说，其周转速度较快，回收期短。

(2)流动资产变现能力较强。企业流动资产一般具有较强的变现能力，原因之一在于流动资产很容易变卖或转让，原因之二在于流动资产在变卖或转让的过程中，其价值一般不会遭受较大的损失。当企业遇到意外情况而出现资金周转不灵、现金短缺的情况时，便可迅速变卖这些资产以获取现金，这对财务上应付临时性资金短缺具有重要意义。

(3)流动资产占用资金的数量具有波动性。流动资产占用的资金并非一个常数，随着供、产、销和其他因素的变化，其数量时高时低，起伏不定，季节性生产企业表现得尤为突出。因此，企业在筹集和分配资金时要有一定的机动性和灵活性。

(4)流动资产具有并存性。流动资产在周转过程中要经历企业的全部生产经营循环，将同时以货币资金、储备资金、生产资金和成品资金等不同形态并存于企业中。

二、流动资产的分类

1. 按流动资产在周转过程中所处的领域划分

(1)生产性流动资产。生产性流动资产是指占用在企业生产领域中的各项流动资产，主要包括原材料、在产品、半成品等。

(2)流通性流动资产。流通性流动资产是指占用在流通领域的流动资产，包括产成品、应收账款、货币资金、短期证券等。

2. 按流动资产的属性划分

(1)货币性资产。货币性资产是指企业以货币形态存在的那部分资产，包括现金、银行存款和其他货币资金。

(2)短期证券。短期证券是指企业准备随时变现且持有时间不超过一年的有价证券，以及不超过一年的其他投资。

(3)短期债权。短期债权是指企业在结算过程中形成的应收及预付款项。

(4)存货资产。存货资产是指企业在生产经营过程中为销售或耗用而储备的资产。

三、流动资产的管理要求

企业财务管理中，对流动资产管理的要求如下：

(1)根据企业产销情况，合理确定各阶段的流动资产需用数额。

(2)建立企业内部流动资产分级管理责任制，加速流动资产周转，提高资产使用效率。

(3)合理安排不同的资金需求，保证企业正常的生产周转需要，使企业拥有足够的短期支付能力。

第二节　现金管理

一、现金管理的目的

现金是指在生产过程中暂时停留在货币形态的资金，包括库存现金、银行存款、银行本票和银行汇票等。现金是立即可以投入流通的交换媒介。

现金可用来满足生产经营开支的各种需要，也是还本付息和履行纳税义务的保证。拥有足够的现金对降低企业风险以及增强企业资金的流动性具有重要意义，但由于现金是非收益性的资产，持有量过多，企业持有现金的机会成本就会增加，资产的获利能力就会降低。因此，现金管理的目的是在保证满足企业生产经营活动现金需求的基础上，尽量节约资金使用，降低资金成本，提高资金使用效率，在流动性与盈利性之间做出最佳选择。

二、企业持有现金的动机

企业持有一定数量现金的动机主要有交易动机、预防动机和投机动机三种：

(1)交易动机。交易动机是指企业为了应付日常经营的交易活动需要而持有现金。这些交易包括购买原材料、支付工资、缴纳税款、偿还债务、派发现金股利等。在日常交易活动中，企业现金支出频繁、金额也较大，这是企业持有现金的主要动机。

(2)预防动机。预防动机是指企业持有货币资金，以应付意外事件对货币资金的需求。企业预计的货币资金需要量，一般是指正常情况下的需要量，但有许多意外事件会影响企业货币资金的收入与支出，如地震、水灾、火灾等自然灾害，工人罢工、主要客户未能及时付款等都会打破企业的货币资金收支计划，使货币资金收支出现不平衡。持有较多的货币资金可使企业更好地应付这些意外事件的发生。

(3)投机动机。企业为了抓住各种瞬息即逝的市场机会并获取较大的利益，也会准备一定余额的现金。例如，利用证券市价大幅度跌落购入有价证券，以期在价格反弹时卖出证券，从而获取高额资本得利等。投机动机只是企业确定现金余额时所需考虑的次要因素之一，其持有量的大小往往与企业在金融市场中的投资机会和企业对待风险的态度有关。

三、现金的成本组成

企业持有现金的成本通常由以下四部分组成：

(1)机会成本。机会成本是指企业因保留一定的现金余额而丧失的再投资收益。丧失的再投资收益是企业不能同时用该现金进行有价证券投资所产生的机会成本。这种成本在数额上等同于资金成本。放弃的再投资收益即机会成本属于变动成本，与现金持有量呈正比例关系。

(2)转换成本。转换成本是指企业用现金购入有价证券及转让有价证券换取现金时付出的交易费用，即现金与有价证券之间相互转换的成本，如委托买卖佣金、委托手续费、证券过户费、交割手续费等。严格地讲，转换成本并不都是固定费用，有的拥有变动成本的性质，如委托买卖佣金或手续费。这些费用通常是按照委托成交金额计算的。因此，在证券总额既定的条件下，无论变现次数怎样变动，企业所需支付的委托成交金额都是相同的。那些依据委托成交额计算的转换成本与证券变现次数关系不大，属于决策无关成本。这样，与证券变现次数密切相关的转换成本便只包括其中的固定性交易费用。固定性转换成本与现金持有量呈反比例关系。

(3)管理成本。管理成本是指企业持有货币资金所发生的管理费用。管理成本是一种相对固定的费用，与货币资金持有量之间无明显的相关关系。

(4)短缺成本。短缺成本是指在现金持有量不足而又无法及时通过有价证券变现加以补充而给企业造成的损失，包括直接损失和间接损失。直接损失是指由于现金的短缺而使企业的生产经营及投资受到影响而造成的损失；间接损失是指由于现金的短缺而给企业带来的无形损失，如由于现金短缺而不能按期支付贷款或不能按期归还货款，将给企业的信用和企业形象造成损害。现金的短缺成本随现金持有量的增加而下降，随着现金持有量的减少而上升，即与现金持有量呈反方向变动关系。

四、建筑企业现金管理的方法

(一)现金收支计划的编制方法

现金收支计划是预计一定时期企业现金的收支状况,并进行现金平衡的计划,是企业财务管理的一个重要工具。

现金收支计划的编制方法很多,如现金收支法、调整净损益法等。下面主要以现金收支法为例说明现金收支计划的编制。现金收支法是以未来一定时期内各项经济业务所实际发生的现金收付为依据来编制的现金计划方法。现金收支计划表见表7-1。

表7-1 现金收支计划表

现金收支项目	上月实际数	本月计划数
1. 现金收入		
(1)营业现金收入		
现销和当月应收账款的收回		
前期赊销本期回收额		
提供劳务的现金收入		
合计		
(2)其他现金流入		
固定资产变价收入		
利息收入		
租金收入		
股利收入		
其他收入		
合计		
(3)现金流入量合计(3)=(1)+(2)		
2. 现金支出		
(4)营业现金支出		
材料采购支出		
支付当月材料购货款		
支付前期材料购货款		
工资支出		
管理费用支出		
销售费用支出		
财务费用支出		
合计		
(5)其他现金支出		
厂房、设备投资支出		
税款支出		
利息支出归还债务		
股利支出		
证券投资		
其他现金支出		
(6)现金支出合计(6)=(4)+(5)		
3. 净现金流量(7)=(3)-(6)		

续表

现金收支项目	上月实际数	本月计划数
4. 现金余缺		
（8）期初现金余缺		
（9）净现金流量		
（10）期末现金余额(10)＝(8)＋(3)－(6)		
（11）最佳现金持有量		
（12）现金余缺		
5. 融通资金合计		

1. 现金收入

现金收入主要指产品销售收入和应收账款的收回。财务人员编制现金预算时，应注意以下两点：

（1）必须将现销和赊销分开，并单独分析赊销的收款时间和金额。

（2）必须考虑企业收款中可能出现的有关因素，如现金折扣、销售退回、坏账损失等。

$$营业现金收入＝当期现销收入＋赊销收现额$$

$$赊销收现额＝前期赊销本期收现额＋当期赊销额－本期赊销次期收现额$$

其他现金收入通常有设备租赁收入、证券投资利息收入、股利收入等。

2. 现金支出

营业现金支出主要有材料采购支出、工资支出和其他现金支出。

（1）采购支出。

1）要确定材料采购付款的金额和时间与销售收入的关系。材料采购的现金支出与销售量存在一定的关系，但在不同企业、不同条件下，这种关系并不相同。必须认真分析两者关系的规律性，以合理确定采购资金支出的数量和时间。

2）要分析现购和赊购，并单独分析赊购的付款时间和金额。

3）设法预测外界的影响，如价格变动、材料供应紧张程度等。

4）估计采购商品物资中可能发生的退货、可能享受的折扣等，以合理确定现金的支出数额。

（2）工资支出。直接工人工资有可能随销售和生产量的增长而增长。在计时工资制下，工资的变动相对稳定，但生产稍有上升时，可能并不马上增加人员。只有当产销量大幅度变动或工资调整时，才会引起工资数额的大幅度变化。若采用计件工资制，则工资的数量将随生产同比例变化。

（3）其他现金支出。主要包括固定资产投资支出、偿还债务的本金和利息支出、所得税支出、股利支出或上缴利润等。固定资产投资支出一般都要事先规划，可从有关规划中获得这方面数据；债务的本金和利息的支出情况可以从有关计划中获得；所得税的数量应以当年的利润为基础进行估算；股利支出或上缴利润数额可根据企业利润分配政策进行测算。

3. 净现金流量

净现金流量是指现金收入与现金支出之间的差额，其计算公式为

$$净现金流量＝现金收入－现金支出$$

$$＝（营业现金收入＋其他现金收入）－（营业现金支出＋其他现金支出）$$

4. 现金余缺

现金余缺是指预算现金期末余额与最佳现金持有量之间的差额。若期末现金余额大于

最佳持有量,则说明现金有多余量,应设法进行投资或归还债务;若期末现金余额小于最佳现金持有量,则说明现金短缺,应进行筹资予以补足。

5. 融通资金

融通资金是根据企业现金余缺状况进行的资金调配活动。在预算期内,企业的现金若出现短缺,应通过银行贷款或其他办法筹措资金,以满足企业现金支出的需要;若现金出现剩余,应通过归还贷款、偿付利息或短期投资等措施,使企业的资金得以充分、有效的利用。

(二)最佳现金持有量的确定方法

最佳现金持有量是指持有某一数量的现金对企业最为有利,能最好地处理各种利害关系。它的确定方法主要有存货模式、成本分析模式、现金周转模式、随机模式。

1. 存货模式

存货模式是由美国经济学家威廉·鲍莫首先提出的,因此,该模式又称鲍莫模式。鲍莫认为,最佳现金持有量与存货的经济批量问题在许多方面都很相似,因此,可用存货的经济批量模型来确定最佳现金持有量。存货模式的着眼点是现金相关总成本最低。在这些成本中,因管理成本相对固定,同现金持有量的多少关系不大,因此,将其视为决策无关成本而不予考虑。由于现金是否会发生短缺、短缺多少、概率多大以及可能的损失如何,都存在很大的不确定性和无法计量性。因此,在存货模式中对管理成本和短缺成本不予考虑,只考虑机会成本和转换成本。

现金持有量越大,现金的机会成本越高,转换成本则越低;相反,转换成本则越高。换言之,机会成本和转换成本随着现金持有量的变动而呈现相反的变动趋向,这就要求企业必须对现金与有价证券的分割比例进行合理安排,从而使机会成本与转换成本保持最佳组合,也就是使现金机会成本与转换成本之和为最低,此时的现金持有量即为最佳现金持有量。

在存货模式中,假设收入是每隔一段时间发生的,而支出则是在一个时期内均匀发生的。在此期间,企业通过销售有价证券以获得现金,其现金持有量的存货模式如图7-1所示。

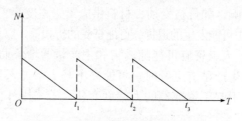

图 7-1 现金持有量的存货模式

图7-1表明,企业的现金需求在某个期间(如1个月内)是很稳定的。现假设企业原有的现金余额为N元,将在t_1时用完后,出售有价证券加以补充,然后这笔现金又逐渐使用,到t_2时再出售有价证券补充,如此反复。

存货模式就是要计算出使总成本最小的N值,为此,假设TC代表总成本,b代表每次转换的成本,T代表给定的时间内的现金需求总额,$\overline{N}$代表最佳现金持有量,N代表现金持有量,i代表持有现金的机会成本即有价证券的利率,则有

$$TC = \frac{N}{2} \times i + \frac{T}{N} \times b$$

这样，现金总成本、持有现金的机会成本和转换成本可用图 7-2 表示。

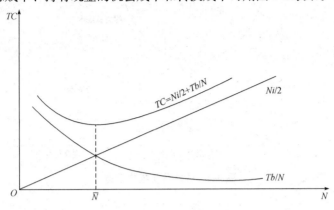

图 7-2 现金总成本、持有现金的机会成本和转换成本

从图 7-2 中可看出，总成本线 TC 是一条凹形曲线。其最低点所代表的现金持有量即为最佳现金持有量。其具体数值可用数学方法计算出来。

对总成本表达式求导，并令其导数为零，则

$$TC' = \frac{i}{2} - \frac{Tb}{N^2} = 0$$

此时，现金持有量 N 就是最佳现金持有量 $\overline{N}$，即

$$最佳现金持有量\ \overline{N} = \sqrt{\frac{2Tb}{i}}$$

【例 7-1】 若某企业年现金需求量为 12 650 000 元，平均每次资产转化费用为 150 元，年利息率为 10%，根据存货模型，最佳现金持有量为

$$\sqrt{\frac{2 \times 12\ 650\ 000 \times 150}{0.10}} = 194\ 807(元)$$

即该企业的最佳现金持有量约为 20 万元。

2. 成本分析模式

成本分析模式是根据现金的有关成本，分析预测其总成本最低时现金持有量的一种方法。在成本分析模式下，只考虑机会成本和短缺成本，而不考虑管理费用和转换成本。用计算公式可表示为

总成本＝机会成本＋短缺成本

机会成本＝现金持有量×有价证券利率（或报酬率）

机会成本与现金持有量呈正比例变动关系，而短缺成本与现金持有量呈反方向变动关系。成本分析模式示意如图 7-3 表示。

从图 7-3 中可以看出，总成本曲线呈抛物线形，抛物线的最低点即为总成本的最低点，该点所对应的现金持有量便是最佳现金持有量，此时总成本最低。

在实际工作中，运用该模式确定最佳现金持有量的具体步骤如下：

(1)根据不同现金持有量测算并确定有关成本数值。

(2)按照不同现金持有量及其有关成本资料编制最佳现金持有量测算表。

(3)在测算表中找出相关总成本最低时的现金持有量，即最佳现金持有量。

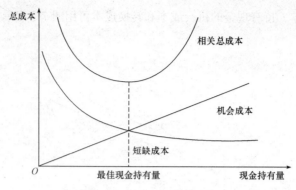

图 7-3　成本分析模式示意

【例 7-2】　某企业有甲、乙、丙、丁四种现金持有方案，见表 7-2。

表 7-2　某企业的四种现金持有方案

方案项目	甲	乙	丙	丁
现金持有量/元	40 000	50 000	60 000	70 000
机会成本率	10%	10%	10%	10%
管理成本/元	2 000	2 000	2 000	2 000
短缺成本/元	5 500	2 300	800	0

根据表 7-2 可计算出某企业甲、乙、丙、丁四种现金持有方案的总成本，见表 7-3。

表 7-3　某企业四种现金持有方案的总成本　　　　　　　　　　　　　　　元

方案项目	甲	乙	丙	丁
机会成本	4 000	5 000	6 000	7 000
管理成本	2 000	2 000	2 000	2 000
短缺成本	5 500	2 300	800	0
总成本	11 500	9 300	8 800	9 000

通过比较表 7-3 中各方案的总成本可知，丙方案的总成本最低，因此，该企业的最佳现金持有量应为 60 000 元。

3. 现金周转模式

现金周转模式是从现金周转的角度出发，根据现金的周转速度来确定最佳现金持有量。现金的周转速度一般以现金周转期或现金周转率来衡量。因此，利用该模式确定最佳现金持有量应包括以下三个步骤：

(1) 计算现金周转期。现金周转期是指企业从购买原材料支付现金起到销售商品收回现金所需的时间。其计算公式为

现金周转期＝存货周转期＋应收账款周转期－应付账款周转期

存货周转期是指将原材料转化为产成品并出售所需要的时间；应收账款周转期是指将应收账款转换为现金所需要的时间，即从产品销售到收回现金的时间；应付账款周转期是指从收到尚未付款的材料开始到现金支出之间所用的时间。现金周转期示意如图 7-4 所示。

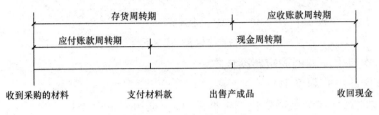

图 7-4 现金周转期示意

(2) 计算现金周转率。现金周转率是指一年中现金的周转次数。其计算公式为

$$现金周转率(次数) = \frac{日历天数(360)}{现金周转期}$$

现金周转次数越多,企业的现金需求就越少。

(3) 计算最佳现金持有量。最佳现金持有量计算公式为

$$最佳现金持有量 = \frac{预测期全年现金需求额}{现金周转率}$$

【例 7-3】 某企业预计全年需要现金 880 万元,预计存货周转期为 80 天,应收账款周转期为 50 天,应付账款周转期为 40 天,求最佳现金持有量。

$$现金周转期 = 80 + 50 - 40 = 90(天)$$
$$现金周转率 = 360 \div 90 = 4(次)$$
$$最佳现金持有量 = 880 \div 4 = 220(万元)$$

所以,如果年初企业持有 220 万元,那么,该笔现金就能满足企业日常交易的资金需要。

4. 随机模式

实际工作中,企业的现金需求量是很难准确预知的,但企业可以根据历史经验和现实需要测算出一个现金持有量的控制范围,即制定出现金持有量的上限和下限,将现金持有量控制在上下限之内。这种对现金持有量加以控制的方法称为随机模式,如图 7-5 所示。

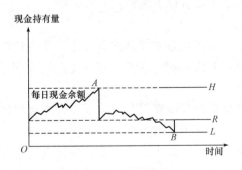

图 7-5 随机模式

若现金持有量在控制的上下限之内,则不必进行现金与有价证券的转换,保持它们各自的现有存量即可。当现金持有量达到上限或下限时,可将其与有价证券进行转换,使现金持有量回到返回线。以上关系中的上限 H、现金返回线 R,可按下列公式计算:

$$R = \sqrt[3]{\frac{3 \times b \times \delta^2}{4 \times i}} + L$$

$$H = 3 \times R - 2 \times L$$

式中　b——每次有价证券的固定转换成本；

　　　i——有价证券的利息率；

　　　δ——预期每日现金余额变化的标准差（可根据历史资料测算）。

现金存量的下限 L 受到企业每日的最低现金需要、管理人员的风险承受倾向等因素的影响。

五、现金的日常管理

为加速企业现金的周转速度，提高现金的利用效率，必须做好现金的日常管理工作。现金的日常管理主要包括以下几方面内容：

(一)现金回收管理

为了提高现金的利用效率，加速现金周转，企业应加快收账速度，尽量缩短账款的回收时间。一般来说，企业账款的收回需要经过四个时点，即客户开出付款票据、企业收到票据、票据交存银行和企业收到现金。

企业账款回收的时间包括票据邮寄时间、票据在企业停留时间及票据结算时间。这个过程如图 7-6 所示。

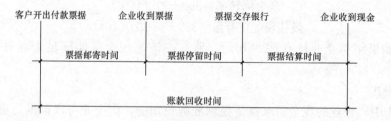

图 7-6　企业账款回收时间示意

企业账款回收常用的方法主要有以下两种：

1. 邮政信箱法

邮政信箱法又称锁箱法，是指在各主要客户所在地承租专门的邮政信箱，并开立分行存款账户，授权当地银行每日开启信箱，在取得客户支票后立即予以结算，并通过电汇再将货款拨给企业所在地银行。

锁箱法的具体做法是公司根据开出账单的方式来选择各地区的代理银行，然后在这些地区的邮局租用加锁信箱，公司应预先通知客户把支付款项的支票投寄到某号信箱，并由当地代理银行每天定时开箱，将顾客邮寄来的支票兑现转存入企业的账户。代理行应定期将存款单、付款单及其他单据交送公司审核，节约了企业对支票进行内部处理及将支票提交银行的时间。

锁箱法的主要优点是它能够使支票较快地存入银行，并较快地成为企业可动用的银行存款。但是锁箱法也有明显的缺点：由于代理银行除承担一般的支票清算业务以外，还为公司提供其他额外服务，所以，企业要向代理银行支付相应的报酬。这就需要对锁箱法的成本效益进行分析。

2. 银行业务集中法

银行业务集中法是指企业分别在许多点建立收款中心来加速资金的收取过程，其目的在于缩短从顾客邮寄付款支票到公司利用资金的时间。

银行业务集中法的具体做法是通过设立多个收款中心来加速现金收回。使用这种方法时，企业指定一个主要开户银行（通常是总部所在地）为集中银行，并在收款额较集中的地区设立收款中心。企业预先通知该地区客户将货款直接寄往该中心，中心在收到票据后立即存入当地银行，当地银行通过票据交换后，将款项转给企业总部所在地的集中银行。

银行业务集中法的优点是缩短了账单和货款的邮寄时间，同时，也缩短了支票兑现的时间，但也有其不足之处：一是每个收款中心的地方银行都要求有一定的补偿余额，而补偿余额是一种闲置的、不能使用的货币资金。开设的中心越多，补偿余额越多，闲置的货币资金也越多。二是设立收款中心需要一定的人力和物力，花费较多。因此，企业应在权衡利弊的基础上做出是否采用银行业务集中法的决策。

(二) 现金支出管理

现金支出管理包括金额上和时间上的控制，目的是提高现金的利用效果。企业常用的方法有以下几种：

1. 合理利用现金浮游量

现金浮游量是指企业账户上的存款余额与银行账户上的存款余额之间的差额。有时，企业账户上的存款余额已为零或负数，而该企业银行账户上的存款余额却还有不少，这是因为有些支票企业虽已开出，但客户还没有到银行兑现，银行尚未付款出账。

例如，某企业每天平均开出支票1万元，而受票人与银行总共需花费4天时间才能办完支票交换手续，并从该企业的银行账户中划转这笔钱，这样，企业本身的银行存款账户余额就比银行账簿中所记录的本企业存款余额少4万元。同样，如果企业支票账簿上记入的支票收入额比银行账簿中所记录的本企业的存款余额多3万元，则该企业可使用的净货币资金浮游量就等于4万元的正浮游量与3万元的负浮游量之差，即1万元。当使用现金浮游量时，企业可适当减少现金的数量，达到节约现金的目的。注意，使用现金浮游量时，企业一定要控制使用时间，否则会发生开空头支票违反结算纪律的情况。

2. 推迟应付款的支付时间

企业在不影响自己信誉的前提下，应尽可能地推迟应付款的支付期，充分运用供应商所提供的信用优惠。例如，企业在采购材料时，其付款条件为开票后等10天付款可享受现金折扣2%，30天内按发票金额付款，则企业应安排在开票后的第10天付款，这样既可最大限度利用现金，又可享受现金折扣。如果企业确实急需资金，或短期调度资金花费代价较大，则也可以放弃折扣优惠，推迟到信用期的最后一天支付。

3. 采用承兑汇票延迟付款

与普通支票不同的是，承兑汇票不是"见票即付"的票据。当受票人将汇票提交给开票方开户银行时，银行还必须将它交给签发者（付款人）以获取承兑，然后，付款人将一笔相当于汇票金额的资金存入银行，这时，银行才会付款给受票人。这样就推迟了企业调入现金支付汇票实际所需要的时间，合法地延长了付款期限。该方法也有其不足之处，如对方可能更喜欢用支票付款，同时，由于需要更多手续处理汇票，银行会收取更高额的手续费。

(三)银行存款管理

企业超过库存现金限额的现金,应存入银行,由银行统一管理。企业应定期对银行存款进行清查,保证银行存款的安全完整;当存款结余过多,一定时期内不准备使用时,企业可将部分款项转入定期存款,以获取较多的利息收入;企业应与银行保持良好的关系,以使借款、还款、存款、转账结算能顺利进行。

(四)闲置现金的投资管理

在实际的生产经营活动中,企业每天都有现金的流入,也有现金的流出,二者不可能同步同量。当现金流入量大于现金流出量时,企业现金余额就会增加。这些现金在用于投资或其他业务活动之前会闲置在企业中。这时,可将这些暂时闲置的现金用于短期有价证券投资,以获取利息收入或资本利得,如果管理得当,则可为企业增加较为可观的投资收益。

第三节 应收账款管理

一、应收账款发生的原因及作用

应收账款是指企业对外销售产品、材料或供应劳务及其他原因,应向购货单位或接受劳务的单位及其他单位收取的款项,主要包括应收销售款和应收票据等。

1. 应收账款发生的原因

应收账款发生的原因主要有以下两种:

(1)商业竞争。在市场经济条件下,企业之间存在着激烈的商业竞争。出于扩大销售的竞争需要,企业不得不以赊销或其他优惠方式招揽客户,于是就产生了应收账款。由竞争引起的应收账款是一种商业信用。

(2)销售与收款的时间差距。产品成交的时间和收到货款的时间常常不一致,这也是导致应收账款的重要原因。虽然在现实生活中现金销售极为普通,但对于批发企业而言,发货时间和收到货款的时间往往不同,这主要是因为货款的结算需要时间。结算的手段越落后,结算所需时间就越长,销售企业只能接受这种现实并承担由此而引起的资金垫支。需要指出的是,由此造成的应收账款不属于商业信用,也不是应收账款的主要内容。本节重点讨论属于商业信用的应收账款的管理。

2. 应收账款的作用

应收账款在企业生产经营中的作用主要体现在以下两方面:

(1)促进销售。企业销售产品可以采用现销方式与赊销方式。现销方式既能避免呆坏账损失,又能及时收回货款,因此是企业期望的一种销售结算方式,但由于处于激烈的商业竞争中,企业完全采用现销方式往往是不现实的。实行赊销方式的产品销售额将大于企业采用现销方式的产品销售额,这是因为客户会从赊销中得到好处。因此,赊销对于企业扩大销售、开拓并占领市场具有重要意义。

(2)减少存货。由于赊销具有促销功能,可以加速产品的销售,从而可以降低存货中产成品的数额,这有利于缩短产成品的库存时间,降低产成品存货的管理费用、仓储费用和保险费用等。因此,无论是季节性生产企业还是非季节性生产企业,当产成品较多时,一般应采用较优惠的信用条件进行赊销,把存货转化为应收账款,减少产成品存货,节约各种开支。

二、应收账款的成本

应收账款在起到促进销售、减少存货作用的同时,也要发生相应的成本,这主要表现为以下几方面:

(1)机会成本。应收账款是销货企业向购货企业提供的一种商业信用,实际上是让购货企业占用销货企业的资金,从而使销货企业无法利用这笔资金从事其他生产经营和投资活动。这种资金利用机会的损失构成了应收账款的机会成本。应收账款的机会成本取决于两个因素:维持赊销业务所需资金(即应收账款投资额)和资金成本率(一般可按有价证券利息率计算)。赊销额越大,应收账款的机会成本越高。应收账款机会成本一般以有价证券的利息率为资金成本率来计算。其计算公式为

$$应收账款机会成本 = 应收账款平均资金占用额 \times 变动成本率 \times 资金成本率$$
$$应收账款平均资金占用额 = 赊销收入净额 \div 应收账款周转率$$

(2)管理成本。建立应收账款就要对它进行管理,要制定和实施应收账款政策,所有这些活动(如进行客户信用调查,进行账龄分析,采取催款行动等)都要付出一定的人力、物力和财力,这些构成了应收账款的管理成本。管理成本中主要考虑收账费用,赊销额越大,应收账款越多,收账费用越高。

(3)坏账成本。由于客户的信用程度不同,支付能力各异,企业的部分应收账款会因少数客户无力支付而最终不能收回,成为坏账。这种坏账损失是应收账款产生的成本之一。一般来说,赊销期越长,发生坏账的可能性就越大;赊销数量越大,应收账款越多,坏账成本越高。

三、应收账款的信用政策

应收账款的信用政策是企业对应收账款进行规划和控制的基本原则与行为规范。制定合理的信用政策是加强应收账款管理,提高应收账款效益的重要前提。信用政策主要包括信用标准、信用条件和收账政策。

(一)信用标准

信用标准是客户获得企业商业信用所应具备的最低条件。如果客户达不到信用标准,便不能享受企业的信用优惠或只能享受较低的信用优惠。信用标准反映了应收账款的质量水平,它为可接受的风险提供了一个基本的判别标准。信用标准通常用坏账损失率表示,可允许的坏账损失率越低,表明企业的信用标准越高。

1. 信用标准质的分析

企业在设定某个客户的信用标准时,通常要先评估其赖账的可能性,即其信用品质,通常通过"5C"系统来进行。所谓"5C"系统,是指评估客户信用品质的五个方面:

(1)品质(Character):指客户的信誉,即履行偿债义务的可能性。可以查看客户的付款记录,看其是否一直按期如数付款,如果能做到这一点,说明该客户信用好。品质是客户信用的首要因素。

(2)能力(Capacity)：指客户的偿债能力，具体指流动资产的数量和质量及流动负债的比例。

(3)资本(Capital)：指客户的财务实力，可以说明其偿还债务的背景。

(4)抵押(Collateral)：指客户拒付款项或无力支付款项时能被用作抵押的资产。这对于不知道底细或信用状况有争议的顾客尤其重要，一旦收不到这些客户的款项，便可以用抵押品抵补。因此，只要这些客户提供足够价值的抵押品，企业就可以向他们提供相应的信用。

(5)条件(Conditions)：指可能影响客户付款能力的经济环境。当社会经济环境发生变化时，客户的经营状况和偿还能力可能受到影响。对此，应了解客户以往在困难时期的付款情况。

2. 信用标准的衡量

信用标准的量化可以通过设定具体的信用标准来完成。设定信用标准是指根据客户的具体信用资料，以若干个具有代表性、能说明公司偿付能力和财务状况的指标作为信用标准确定的指标，以此来衡量和比较客户的信用。此办法设定的信用标准可列表反映，见表7-4。

表7-4 信用标准

指标	信用标准		
	信用好	信用一般	信用差
流动比率	2以上	1.5～2	1.5以下
速动比率	1以上	0.7～1	0.7以下
净流动资产/万元	120以上	40～120	40以下
负债比率(负债/总资产)	0.3以下	0.3～0.7	0.7以上
负债权益率(负债/权益)	1以下	1～2	2以上
总资产/万元	750以上	120～750	120以下
应收账款周转率/次	13以上	9～13	9以下
存货周转率/次	5以上	3.5～5	3.5以下
赚取利息倍数	5以上	1～5	1以下
赊购偿付情况	及时偿付	偶有短期拖欠	经常拖欠

根据特定客户的财务数据，应先计算出以上选定指标的指标值，并与本企业制定的标准值相比较，然后确定各指标相对应的拒付风险系数(或称坏账损失率)；最后，计算总的拒付风险系数，见表7-5。

表7-5 客户信用状况评价表

指标	指标值	拒付风险系数/%
流动比率	2.5	0
速动比率	1.1	0
现金比率	0.3	5
产权比率	1.7	0
已获利息倍数	2.5	2.5
应收账款周转率	14次	0

续表

指标	指标值	拒付风险系数/%
存货周转率	5次	2.5
总资产报酬率	30%	0
赊购付款履约情况	及时	0
累计拒付风险系数	—	10

根据上述风险系数的分析数据,按照客户累计风险系数由小到大进行排序。然后结合企业承受违约风险的能力及市场竞争的需要,具体划分客户的信用等级。对于不同信用等级的客户,分别采取不同的信用对策,包括拒绝或接受客户信用订单,以及给予不同的信用优惠条件或附加某些限制条款等。

(二)信用条件

信用标准是企业评价客户信用等级、决定给予或拒绝给予客户信用的依据。一旦企业决定给予客户信用优惠时,就需要考虑具体的信用条件。所谓信用条件,是指企业要求客户支付赊销款项的条件,主要包括信用期限、折扣期限和现金折扣率等。

1. 信用期限

信用期限是企业给予客户从购货到付款之间的时间,或者说是企业给予顾客的付款期限。信用期限太短,不利于吸引客户,企业在销售中可能处于不利的地位;信用期限太长,对增加企业的销售额固然有利,但势必会增加应收账款的成本。因此,企业必须慎重研究,规定出恰当的信用期限。

信用期限的确定,主要是研究分析不同信用期限对收入和成本的影响。只有不同信用期限的增量收入超过其相应的增量成本,该信用期限才可行。关键的问题在于如何确定由应收账款引起的资本成本数额。其计算公式为

应收账款引起的资本成本=企业月销售额×应收账款平均收款期×销售成本率×资本成本率

2. 折扣期限和现金折扣率

现金折扣是企业给予客户规定时期内提前付款能按销售额的一定比率享受折扣的优惠政策,具体包括现金折扣期限和现金折扣率两个要素。现金折扣期限通常用 5/10、3/20、$n/30$ 等来表示。其含义如下:5/10 表示 10 天内付款,可享受 5% 的价格优惠;3/20 表示 20 天之内付款,可享受 3% 的价格优惠;$n/30$ 表示付款的最后期限为 30 天,此时付款不能享受优惠。

给予客户现金折扣虽能增加销售额、缩短平均应收账款占用期、减少资金成本,但也会使企业丧失折扣本身的利益。因此,企业应确定一个最适合的现金折扣金额,在这一折扣量上,增加的利益与折扣成本正好相等,也就是理论上的最优折扣率。是否要向客户提供现金折扣,关键是要比较提供现金折扣后,减少的资金占用的好处是否比运用现金折扣所放弃的好处更大。

3. 信用条件的分析评价

不同信用条件的各个方案给企业带来的收益也是不同的,企业必须对不同信用条件的各备选方案进行评价,选择收益最大的方案。

【例 7-4】 某企业预测的年度赊销收入为 3 000 万元,信用条件为"$n/30$",变动成本率为 70%,资金成本率为 12%。该企业为扩大销售,拟订了两个信用条件备选方案:

方案甲:将信用条件放宽到"$n/60$",预计坏账损失率为 3%,收账费用为 70.20 万元。

方案乙:将信用条件改为"$2/10,1/20,n/60$",估计 60% 的客户(按赊销额计算)会利用 2% 的现金折扣,15% 的客户会利用 1% 的现金折扣,坏账损失率为 2%,收账费用为 58.78 万元。

以上两种方案均使销售收入增长了 10%。要求对选用哪种方案做出决策。

【解】 根据上述资料可计算如下指标:

方案甲:

年赊销额 = $3\,000 \times (1+10\%) = 3\,300$(万元)

变动成本 = $3\,300 \times 70\% = 2\,310$(万元)

信用成本前的收益 = $3\,300 - 2\,310 = 990$(万元)

应收账款的平均余额 = $3\,300 \div \dfrac{360}{60} = 550$(万元)

应收账款的机会成本 = $550 \times 70\% \times 12\% = 46.20$(万元)

坏账损失 = $3\,300 \times 3\% = 99$(万元)

信用成本 = 应收账款的机会成本 + 坏账损失 + 收账费用
 = $46.20 + 99 + 70.20 = 215.40$(万元)

方案甲信用成本后的收益 = 信用成本前的收益 − 信用成本
 = $990 - 215.40 = 774.60$(万元)

方案乙:

年赊销额 = $3\,000 \times (1+10\%) = 3\,300$(万元)

现金折扣 = $(60\% \times 2\% + 15\% \times 1\%) \times 3\,300 = 44.55$(万元)

年赊销净额 = $3\,300 - 44.55 = 3\,255.45$(万元)

变动成本 = $3\,300 \times 70\% = 2\,310$(万元)

信用成本前的收益 = $3\,255.45 - 2\,310 = 945.45$(万元)

平均收账期 = $10 \times 60\% + 20 \times 15\% + 60 \times (1-60\%-15\%) = 24$(天)

应收账款的平均余额 = $3\,300 \div \dfrac{360}{24} = 220$(万元)

应收账款的机会成本 = $220 \times 70\% \times 12\% = 18.48$(万元)

坏账损失 = $3\,300 \times 2\% = 66$(万元)

信用成本 = $18.48 + 66 + 58.78 = 143.26$(万元)

则方案乙信用成本后的收益 = $945.45 - 143.26 = 802.19$(万元)

通过上面的计算可以看出,方案乙的信用成本后收益为 802.19 万元,大于方案甲的信用成本后收益 774.60 万元,因此应选择方案乙。

(三)收账政策

收账政策是指信用条件被违反时,企业采取的收账策略,包括企业对不同时期账款的收款方式及企业准备为此付出的代价等。比如,对过期较短的客户,不予过多的打扰,以免将来失去这一市场;对过期稍长的客户,可措辞委婉地写信催款;对过期较长的客户,以频繁的信件催款并电话催款；对过期很长的客户，可在催款时措辞严厉，必要时提请有关部门仲裁或提起诉讼等。

在企业向客户提供商业信用时，必须考虑的三个问题：其一，客户是否会拖欠或拒付账款，程度如何；其二，怎样最大限度地防止客户拖欠账款；其三，一旦账款遭到拖欠甚至拒付，企业应采取怎样的对策。对于前两个问题，主要可依靠信用调查和严格的信用审批制度进行控制；而对于第三个问题，则必须通过制定完善的收账方针，采取有效的收账措施予以解决。可见，企业向客户提供信用之前或当时，就应当对发生账款拖欠或拒付的各种可能情形进行合理的预计并制定相应的收账方针，防患于未然，而不能在账款实际已遭到拖欠或拒付时才消极被动地进行催款。可见，收账政策是企业整个信用政策在实施过程中的一个有机组成部分。

企业对拖欠的应收账款，无论采用何种方式进行催收，都需要付出一定的代价，即收账费用。如果企业采用较积极的收账政策，可能会减少坏账损失和应收账款的机会成本，但会增加收账成本。如果企业采用较消极的收账政策，则可能会增加坏账损失和应收账款的机会成本，但会减少收账费用。因此，企业在制定收账政策时，要在增加的收账费用与减少的坏账损失和应收账款机会成本之间做出权衡，以免得不偿失。

四、应收账款的日常管理

应收账款发生后，企业应加强日常管理，采取各种措施，尽量争取按期收回款项，否则会因时间拖延太久而发生坏账损失。

应收账款日常管理工作主要包括应收账款追踪分析、应收账款账龄分析、应收账款收现保证率分析等内容。

1. 应收账款追踪分析

应收账款一旦发生，企业就必须考虑如何按期足额将其收回。若要达到这一目的，企业就有必要对应收账款的运行过程进行追踪分析，分析的重点可放在客户的信用品质、现金持有量及现金的可调剂程度等影响客户付款的基本因素上。一般来说，客户能否严格履行信用条件取决于两个因素：一是客户的信用品质；二是客户的现金持有量与调剂程度。如果客户的信用品质良好，持有一定的现金余额，且现金支出的约束性较小，可调剂程度较高，多数客户是不愿意以损失市场信誉为代价而拖欠账款的。如果客户信用品质不佳，或者现金匮乏，或者现金的可调剂程度较低，企业的应收账款遭受拖欠也就在所难免了。因此，一旦发现客户信誉不佳或现金匮乏，企业应立即采取相应的措施，将账款尽快回收。

2. 应收账款账龄分析

企业已发生的应收账款时间有长有短，有的尚未超过信用期，有的则已逾期拖欠。一般来讲，逾期拖欠时间越长，账款催收的难度越大，成为坏账的可能性也就越大。因此，企业在进行账龄分析时，密切注意应收账款的回收情况，是提高应收账款收现率、加强应收账款日常管理的重要环节。

应收账款账龄分析就是考察研究应收账款的账龄结构。所谓应收账款的账龄结构，是指各账龄应收账款的余额占应收账款总计余额的比重。通常，企业通过编制应收账款账龄分析表对应收账款回收情况进行监督（表7-6）。

表 7-6 应收账款账龄分析表

应收账款账龄	账户数量/个	金额/万元	百分比/%
信用期内	90	300	60
超过信用期 1~30 天	30	100	20
超过信用期 31~60 天	20	45	9
超过信用期 61~90 天	8	25	5
超过信用期 90 天以上	15	30	6
应收账款总额	—	500	100

3. 应收账款收现保证率分析

由于企业当期现金支付需要量与当期应收账款收现额之间存在着非对称性矛盾,并呈现出预付性与滞后性的差异特征。因此,企业必须对应收账款收现水平制定一个必要的控制标准,即应收账款收现保证率。

应收账款收现保证率是为适应企业现金收支匹配关系的需要所确定出的有效收现的账款应占全部应收账款的百分比,是二者应当保持的最低比例。其计算公式为

$$\text{应收账款收现保证率} = \left(\text{当期必要现金支付总额} - \text{当期其他稳定可靠的现金流入总额} \right) \div \text{当期应收账款总计金额}$$

式中,其他稳定可靠的现金流入总额是指从应收账款收现以外的途径可以取得的各种稳定可靠的现金流入数额,包括短期有价证券变现净额、可随时取得的银行贷款额等。

企业应定期计算应收账款实际收现率,看其是否达到了既定的控制标准,如果发现实际收现率低于应收账款收现保证率,应查明原因,采取相应措施,确保企业有足够的现金满足同期必需的现金支付要求。

第四节 存货管理

一、存货的意义

存货是指企业在生产经营过程中为销售或者耗用而储备的物资,包括材料、燃料、低值易耗品、在产品、半成品、产成品、协作件及库存产品等。

企业增加存货可以节省采购时间和采购费用,避免生产和销售的中断,使企业在供产销方面都有一定的机动性。但增加存货势必会增加存货的保管费用,增加存货资金的占用,从而提高存货的机会成本。另外,由于销售市场变化万千,因此存货越多,造成积压的风险也就越大。因此,企业应加强存货的计划与控制管理。

二、存货的作用

存货在企业生产经营过程中所具有的作用主要表现在以下几个方面:

(1)可有效地防止停工待料。储备适量的原材料和在制品、半成品存货是工程建设正常进行的前提和保障。供货方因某些原因而暂停或推迟供应材料,往往会影响企业材料的及时采购、入库和投产。另外,工程中有适量的半成品储备,能使各生产环节的生产调度更加合理,各生产工序步调更为协调,联系更为紧密,不至于因等待半成品而影响生产。可见,适量的存货能有效防止停工待料事件的发生,从而维持生产的连续性。

(2)可很好地适应市场变化。存货储备能增强企业在生产和销售方面的机动性以及适应市场变化的能力。企业有了适量的库存产品,就能有效地供应市场,满足客户的需要;相反,若某种畅销产品库存不足,企业将会错失当前或未来的推销良机,并有可能因此而失去客户。在通货膨胀时期,适当地储存原材料存货,能使企业获得因市场物价上涨带来的好处。

(3)可降低进货成本。企业进行货物采购时,为了鼓励客户购买其产品,往往给购货方提供较优厚的商业折扣,即当客户的采购量达到一定数量时,便可以在价格上给予相应的价格折扣。因此,企业采取大批量的集中进货,就可以降低单位物资的买价。与此同时,由于采购总量一定,采购批量较大时,采购次数就会减少,从而可以降低采购费用的支出。

三、存货的成本

持有一定数量的存货,必定会有一定的成本支出。与存货有关的成本包括以下三种:

(1)进货成本。进货成本是指为取得某种存货而支出的成本,包括订货成本和购置成本两部分。订货成本是指取得某种存货订单的成本,其中一部分属于固定成本,与订货次数无关,如常设采购机构的经费等;另一部分属于变动成本,与订货次数呈正比关系,如差旅费、邮资等。购置成本是指存货本身的价值,包括买价、运杂费等。购置成本一般与采购数量呈正比关系。进货成本的计算公式表示为

$$TC_a = F_1 + \frac{D}{Q} \times K + D \times U$$

式中 TC_a——取得成本;

F_1——固定订货成本;

D——年需要量;

Q——每次进货量;

K——每次的变动订货成本;

U——进货单价。

(2)储存成本。企业持有存货而发生的费用即为存货的储存成本,主要包括存货占用资金的利息或机会成本、仓储费用、保险费用、存货残损霉变损失等。一般而言,大部分储存成本随存货储存量的增减而呈正比例变化,即储存量越大,储存成本也越大。因此,大部分储存成本属于存货经济批量决策的相关成本,企业若想降低储存成本,则需要小批量采购,减少储存数量。储存成本的计算公式为

$$TC_c = F_2 + K_c \times \frac{Q}{2}$$

式中 TC_c——储存成本;

F_2——固定储存成本;

K_c——单位变动储存成本;

Q——每次进货量;

(3)缺货成本。缺货成本是一种机会损失,通常以存货短缺所支付的代价来衡量。缺货成本主要包括由于停工待料而发生的损失、为补足拖欠订货所发生的额外成本支出、延迟交货而被处以的罚金以及由于丧失销售机会而蒙受的收入损失和信誉损失等,通常用 TC_s 表示。

总之,存货成本的各项构成项目是相互影响的,存货管理的最优化就是使存货的总成本最小。

四、存货管理中的风险

存货管理中的风险主要包括经营风险、财务风险与合规风险。

1. 经营风险

存货管理中的经营风险主要包括以下几方面:
(1)存货储量不足,影响生产;存货储量过高,造成存货成本过大。
(2)对市场的形式把握不当,导致存货跌价损失。
(3)保管不善发生被盗、毁损、事故等,造成资产流失。
(4)存货处置不规范,造成资产流失。
(5)长期呆滞造成存货挥发、失效、锈蚀等,导致资产损失。
(6)未及时完整办理保险,给建筑施工企业带来巨大损失。

2. 财务风险

存货管理中的财务风险主要包括以下几方面:
(1)财务账目记录有误,造成存货数据失真,管理失控。
(2)存货计价错误,导致成本不准、效益不实。
(3)账实不符给建筑施工企业带来潜亏(盈)。

3. 合规风险

存货管理中的合规风险主要包括以下几方面:
(1)违反国家有关安全、消防、环保等规定,遭受经济处罚。
(2)存货交易合同不符合国家法律、法规和企业内部规章制度,造成损失。

五、存货经济批量的控制

(一)存货经济批量的含义

存货经济批量即经济进货批量,是指能够使一定时期存货的相关总成本达到最低点的进货数量。通过上述对存货成本的分析可知,决定存货经济进货批量的成本因素主要包括变动性进货费用(简称进货费用)、变动性储存成本(简称储存成本)及允许缺货时的缺货成本。不同的成本项目与进货批量呈现着不同的变动关系。当进货批量增加时,储存的存货就多,储存成本就要提高,但同时进货次数减少,从而进货费用与缺货成本降低;反之,当进货批量减少时,储存的存货就少,储存成本降低,但同时进货次数增加,进货费与缺货成本提高。

(二)存货经济批量模型

运用存货经济批量模型时,应在下列假设前提下进行:

(1)企业能够及时补充存货,即需要存货时便可立即取得存货。
(2)能集中到货,而不是陆续入库。
(3)不允许缺货,即缺货成本为零。
(4)年需求量能够确定,即它是一个已知的常量。
(5)存货的单价不变,不考虑现金折扣,即价格是一个已知的常量。
(6)企业资金充足,不会因资金短缺而影响进货。
(7)所需存货市场供应充足,不会因买不到需要的存货而影响其他。

在满足以上假设的前提下,存货的进价成本和短缺成本都不是决策的相关成本,此时与存货订购批量、批次直接相关的就只有进货费用和储存成本两项,则

存货相关总成本＝相关进货费用＋相关存储成本

$$= \frac{\text{全年计划进货总量}}{\text{每次进货批量}} \times \text{每次进货费用} + \frac{\text{每次进货批量}}{2} \times \text{单位存货年储存成本}$$

当相关进货费用与相关储存成本相等时,存货相关总成本最低,此时企业的进货批量就是经济进货批量。

假设 Q 为经济进货批量;A 为某种存货年度计划进货总量;B 为平均每次进货费用;C 为单位存货年度单位储存成本;P 为进货单价,则

经济进货批量$(Q) = \sqrt{2AB/C}$

经济进货批量的存货相关总成本$(TC) = \sqrt{2ABC}$

经济进货批量平均占用资金$(W) = PQ/2 = P\sqrt{AB/2C}$

年度最佳进货批次$(N) = A/Q = \sqrt{AC/2B}$

为了更清楚地显示经济批量法的模型,可绘制图7-7所示的存货经济批量模型。

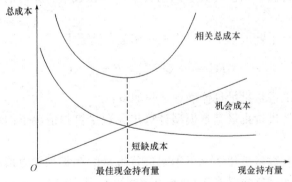

图 7-7　存货经济批量模型

图 7-7 标出了存货的进货费用、保管费用及总费用(两者之和)之间的关系。当进货批量很小时,较高的进货费用掩盖了较低的储存费用,总费用较高。随着进货批量的逐渐加大,由于固定的进货费用分摊到逐步增高的存货上,所以,总费用曲线逐步下降。但当订货批量继续增大时,增加的储存保管费用超过了减少的单位采购费用,从而引起总费用曲线的重新上升。Q点正好是储存费用与进货费用相交的点,表示存货总成本最低的经济订购批量。

【例 7-5】 某企业全年需耗用甲材料 3 600 kg，该材料的进货单价为 200 元，单位材料的年储存成本为 8 元，平均每次进货费用为 400 元，则

$$Q=\sqrt{\frac{2AB}{C}}=\sqrt{\frac{2\times 3\ 600\times 400}{8}}=600(\text{kg})$$

$$TC=\sqrt{2ABC}=\sqrt{2\times 3\ 600\times 400\times 8}=4\ 800(\text{元})$$

$$W=PQ/2=200\times 600/2=60\ 000(\text{元})$$

$$N=A/Q=3\ 600/600=6(\text{次})$$

经济进货批量及其最低总成本也可以通过绘制坐标图的方法求出。经济进货批量的模型如图 7-7 所示。从图中可看出，储存成本与进货批量呈正比关系，而进货成本与进货批量呈反比关系，经济进货批量应该是储存成本与进货成本的相交点所对应的进货数量。此时，储存成本与进货成本相等，存货总成本最低。

值得注意的是，经济进货批量基本模型是在前述各项假设条件下建立的，但现实生活中很少有能够满足这些假设条件的情况。在实际工作中，为使模型更接近于实际情况，企业需要对经济进货批量基本模型进行改进，以实现结合实际情况进行具体分析，灵活运用经济批量模型的目的。

(三) 有数量折扣的经济进货批量模型

在基本经济进货批量模型中，"存货单价不变"的假设与现实明显不符。在市场经济条件下，为了鼓励客户购买更多的商品，销售企业通常会给予不同程度的价格优惠，即实行商业折扣或称价格折扣。购买越多，所获得的价格优惠越大。此时，进货企业对经济进货批量的确定，除需考虑进货费用与储存成本外，还应考虑存货的进价成本，因为此时的存货进价成本已经与进货数量的大小有了直接的联系，属于决策的相关成本，即在经济进货批量基本模型其他各种假设条件均具备的前提下，存在数量折扣时的存货相关总成本可按下式计算。

存货相关总成本＝采购成本＋订货成本＋相关存储成本

即

$$TC=P\times Q+\frac{A}{Q}\times B+\frac{Q}{2}\times C$$

有数量折扣的经济进货批量具体确定步骤如下：

第一步，按照经济进货批量基本模型计算出无数量折扣情况下的经济进货批量及存货相关总成本。

第二步，计算出有数量折扣情况下不同进货批量的存货相关总成本。在给予数量折扣的进货批量范围内，如进货质量在 1 000～2 000 kg，可享受 2% 的价格优惠，应按给予数量折扣的最低进货批量，即按 1 000 kg 计算存货的相关成本。这是因为，在给予数量折扣的进货批量范围内，无论进货量多少，存货进价成本总额都是相同的，而相关总成本的变动规律是进货批量越小，相关总成本就越低。

第三步，比较不同进货批量的存货相关总成本，存货相关总成本最低的进货批量，就是有数量折扣的最佳经济进货批量。

(四) 允许缺货时的经济进货批量模型

在允许缺货的情况下，企业对经济进货批量的确定，不仅要考虑进货费用与储存费用，

而且必须对可能的缺货成本加以考虑，即能够使三项成本总和最低的批量便是经济进货批量。

设缺货量为 S，单位缺货成本为 R，则有：

允许缺货时的经济进货批量 $Q=\sqrt{\dfrac{2AB}{C}\times\dfrac{C+R}{R}}$

平均缺货量 $S=Q\times\dfrac{C}{C+R}$

六、存货的日常管理

为了保证企业在生产经营正常进行的前提下尽量减少库存，防止产品积压，需要加强存货的日常管理工作。实际工作中常用的存货日常管理方法主要有存货储存期控制法和存货 ABC 分类管理法。

1. 存货储存期控制法

为了加快存货的流转，企业应该尽量缩短存货的储存期，尤其是应该缩短产品或商品的储存期。因为储存存货会占用资金并增加仓储管理费，在市场变化很快的情况下，储存期过长有可能导致产品或商品滞销而给企业带来巨大的损失。因此，尽量缩短存货储存期并加速存货周转是提高企业经济效益、降低企业经营风险的重要手段。

存货储存期控制，应首先分析影响存货储存成本的相关因素。若将企业存货投资所发生的费用支出按照与储存时间的关系分类，可以分为与储存时间长短无直接关系的固定费用和与储存时间呈正比例关系变动的变动费用两大类，再按照本量利分析原理，将成本、存储天数、利润三者之间的关系式确定下来，进而求出存货保本储存天数和存货保利储存天数等重要指标，将这些指标与存货实际储存天数相对比，即可知有多少存货尚未超过保利期、保本期，有多少存货已过保本期或保利期、金额多大、比重多大，以便针对不同情况，采取相应的管理措施。

有关指标的计算公式为

$$存货保本储存天数=\dfrac{毛利-一次性费用-销售税金及附加}{日增长费用}$$

$$存货保利储存天数=\dfrac{毛利-一次性费用-销售税金及附加-目标利润}{日增长费用}$$

式中，一次性费用是指与存货储存期长短无直接关系的费用支出，如各项进货费用、管理费用等；日增长费用是随着存货储存期的延长或缩短呈正比例增减变动的费用，如存货资金占用费、存货仓储管理费、仓储损耗等。

【例7-6】 某企业购进乙商品 1 000 件，单位进价为 100 元（不含增值税），单位售价为 120 元（不含增值税），经销该批商品的固定储存费为 10 000 元，销售税金及附加为 800 元，该批存货的月保管费用率为 4.5‰，若货款均来自银行贷款，年利率为 8.28%，要求：

(1) 计算该批商品的保本储存期。
(2) 若企业对该批商品的目标利润定为 3 200 元，计算该批商品的保利储存期。
(3) 若该批商品实际储存天数为 180 天，求该批商品的实际获利额。

【解】 根据题意，计算如下：

(1)每日变动储存费＝购进批量×购进单价×日变动储存费率
　　　　　　　　＝1 000×100×(8.28%/360＋4.5‰/30)
　　　　　　　　＝38(元)
该批商品的保本储存天数＝[(120－100)×1 000－10 000－800]/38
　　　　　　　　　　　＝242(天)

(2)该批商品的保利储存天数＝[(120－100)×1 000－10 000－800－3 200]/38
　　　　　　　　　　　　　＝158(天)

(3)该批商品的实际获利额＝38×(242－180)＝2 356(元)

通过对存货储存期的分析与控制，企业可以及时地将存货的信息传输给经营决策部门。这样，决策者就可以针对不同的情况采取相应的措施。

2. 存货 ABC 分类管理法

企业存货品种繁多，大中型企业的存货甚至有上万种。实际上，不同的存货对企业财务目标的实现具有不同的作用。有些存货项目尽管品种数量很少，但金额巨大，如果管理不善，将给企业造成极大的损失；相反，有的存货虽然品种数量繁多，但金额很小，即使在管理中出现一些问题，也不致对企业产生较大的影响。因此，无论是从能力还是从经济的角度，企业均不可能也没有必要对所有存货不分巨细地严加管理。存货 ABC 分类管理正是基于这一考虑而提出的，其目的在于使企业分清主次，突出重点，以提高存货资金管理的整体效果。

存货 ABC 分类管理法是将存货各项目按其品种、数量和金额大小进行分类，区别重点和一般，实施不同的管理策略方法。存货 ABC 分类管理法分以下几个步骤：

(1)计算存货在一定时期内的耗用总额。主要的存货按品种计算，一般的存货可按类别计算。

(2)计算每一种存货资金占用额占全部资金占用额的比重，并按顺序排列，编成表格。

(3)根据事先测定好的标准，将存货分为 A、B、C 三类，A 类为重点存货，B 类为一般存货，C 类为不重要存货。

(4)存货管理的原则是，对 A 类存货进行重点规划和控制，对 B 类进行重点管理，对 C 类只进行一般管理。

【例 7-7】 某企业消耗材料共 20 种，其分类情况见表 7-7。

表 7-7　某企业消耗材料的分类情况

材料名称	年耗用量/t	单价/元	年耗用金额/元	资金占用比率/%	分类
1 号	5 000	70	350 000	35.7	A
2 号	3 400	60	204 000	20.8	A
3 号	987	154	152 000	15.5	A
3 种材料小计			706 000	72	A
4 号	1 139.5	43	49 000	5	B
5 号	1 451.9	27	39 200	4	B
(略)					
5 种材料小计			196 000	20	B

续表

材料名称	年耗用量/t	单价/元	年耗用金额/元	资金占用比率/%	分类
其余12种材料			78 000	8	C
合　计			980 000	100	

以上各种材料按消耗金额大小的分类标准：

A类：耗用金额在15万元以上；

B类：耗用金额为2万～15万元；

C类：耗用金额在2万元以下。

根据上述资料可绘出存货项目分布，如图7-8所示。

从图中可知，A类存货虽少（15%），但占用的资金多（72%），应集中主要力量管理，对其经济批量认真规划，对收入、发出进行严格控制；C类存货种类繁多（60%），但占用资金不多（8%），并且这类存货的经济批量可凭经验确定，不必花费大量时间和精力去规划和控制；B类存货介于A类存货和C类存货之间，也应给予相当的重视，但不必像A类存货那样进行严格控制。

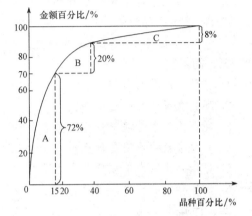

图7-8　存货项目分布

本章小结

本章主要介绍了流动资产的概念、分类、管理要求；现金管理的目的、企业持有现金的动机、现金持有量的确定方法及现金日常管理；应收账款发生的原因及作用、应收账款的信用政策、应收账款的日常管理；存货管理的意义、存货的作用、存货经济批量的控制、存货的日常管理。通过本章的学习，应掌握流动资产管理的相关知识，为日后的工作打下基础。

思考与练习

一、填空题

1．流通性流动资产是指占用在流通领域的流动资产，包括_____、_____、_____、_____等。

2．企业账款回收常用的方法主要有_____、_____。

3．应收账款在企业生产经营中的作用主要体现在_____、_____。

4．持有一定数量的存货，必定会有一定的成本支出，与存货有关的成本包括_____、_____、_____。

二、选择题

1. 下列不属于企业持有一定数量的现金的动机的是( )。
   A. 交易动机　　B. 预防动机　　C. 营利动机　　D. 投机动机
2. 应收账款在起到促进销售、减少存货作用的同时，也要发生相应的成本，下列不属于应收账款的成本的是( )。
   A. 机会成本　　B. 管理成本　　C. 坏账成本　　D. 短缺成本
3. 下列各项中，不属于存货储存成本的是( )。
   A. 存货仓储费用　　　　　　　　B. 存货破损和变质损失
   C. 存货储备不足而造成的损失　　D. 存货占用资金的应计利息

三、简答题

1. 流动资产具有哪些特点？
2. 现金管理的目的是什么？
3. 现金的日常管理包括哪几个方面？
4. 应收账款的作用是什么？
5. 存货的作用表现在哪几个方面？
6. 简述存货管理中的风险。

四、计算题

1. 某公司预计全年(按360天计算)现金需要量为80万元，有价证券的年利率为10%，该公司现金管理相关总成本目标为2 000元，要求：
   (1)计算有价证券的转换成本的限额。
   (2)计算最低现金余额。
   (3)计算最佳有价证券的交易间隔期。

2. 某公司经销甲商品。该商品的售价为每件15元，进价为每件8元。据分析，如果该公司提供的销售信用期为25天，年销量为25万件；若将信用期拓展至30天，年销量可达30万件。不论信用期限多长，由此发生的固定性费用均为5 000元。试计算该公司在不同信用期限下的应收账款资金占用(设平均收款期与信用期天数相同)。

3. 某公司全年需要耗用A材料8 000 kg，该材料的单位采购成本为150元，平均每次进货的变动进货费用为300元，每千克该材料的年均变动储存成本为20元。假设该材料不存在短缺情况，要求：
   (1)计算该材料的经济进货批量。
   (2)计算该材料经济进货批量下的相关总成本。
   (3)计算该材料经济进货批量下的平均占用资金。
   (4)计算该材料年度最佳进货批次及采购间隔期。
   (5)计算该材料经济进货批量下的变动进货费用和变动储存成本。

第八章 固定资产管理

学习目标

了解固定资产的概念、确认条件,固定资产投资的特点,固定资产折旧的概念;掌握固定资产管理制度,固定资产计价方法,固定资产投资决策程序,核定固定资产需要量的方法,影响固定资产折旧的因素,固定资产计提折旧的范围、方法。

能力目标

能够制定固定资产管理制度;能够选择适宜方法进行固定资产计价;能够核定固定资产需要量;能够进行固定资产计提折旧。

第一节 固定资产管理概述

一、固定资产的概念

固定资产是指企业为生产产品、提供劳务、出租或者经营管理而持有的、使用时间超过 12 个月的,价值达到一定标准的非货币性资产,包括房屋、建筑物、机器、机械、运输工具及其他与生产经营活动有关的设备、器具、工具等。

从会计的角度划分,固定资产一般可分为生产用固定资产、非生产用固定资产、出租固定资产、未使用固定资产、不需要固定资产、融资租赁固定资产、接受捐赠固定资产等。

二、固定资产的确认条件

一项资产如要作为固定资产加以确认,首先需要符合固定资产的定义,其次还要符合固定资产的确认条件,即与该固定资产有关的经济利益很可能流入企业,同时,该固定资产的成本能够可靠地计量。

1. 与该固定资产有关的经济利益很可能流入企业

企业在确认固定资产时,需要判断与该项固定资产有关的经济利益是否流入企业。

实务中,主要通过判断与该固定资产所有权相关的风险和报酬是否转移到了企业来确定。

通常情况下,取得固定资产所有权是判断与固定资产所有权有关的风险和报酬是否转移到企业的一个重要标志。凡是所有权已属于企业,无论企业是否收到或拥有该固定资产,均可作为企业的固定资产;反之,如果没有取得所有权,即使存放在企业中,也不能作为企业的固定资产。所有权是否转移不是判断的唯一标准。在有些情况下,某项固定资产的所有权虽然不属于企业,但是,企业能够控制与该项固定资产有关的经济利益流入企业。在这种情况下,企业应将该固定资产予以确认。例如,融资租赁方式下租入的固定资产,企业(承租人)虽然不拥有该项固定资产的所有权,但企业能够控制与该固定资产有关的经济利益流入企业,与该固定资产所有权相关的风险和报酬实质上已转移到了企业中。因此,符合固定资产确认的第一个条件。

2. 该固定资产的成本能够可靠地计量

成本能够可靠地计量是资产确认的一项基本条件,因此,要确认固定资产,企业取得该固定资产所发生的支出必须能够可靠地计量。企业在确定固定资产成本时,有时需要根据所获得的最新资料,对固定资产的成本进行合理的估计。如果企业能够合理地估计出固定资产的成本,则视同固定资产的成本能够可靠地计量。

固定资产的各组成部分具有不同使用寿命或者以不同方式为企业提供经济利益,适用不同折旧率或折旧方法的,应当分别将各组成部分确认为单项固定资产。

三、固定资产管理制度

建筑施工企业固定资产的管理制度包括购建制度,保管、使用制度,处置制度。

1. 购建制度

建筑施工企业固定资产购建制度主要包括以下内容:

(1)购建固定资产,需由使用部门根据需要和投资计划提出申请。

(2)设备管理部门根据购置申请,会同财务、综合计划部门核实资产需要量,在综合平衡基础上确定支出限额,并作为财务预算的投资支出,决定现金需要量。

(3)设备管理部门下达采购通知单,采购部门办理采购事项,设备管理部门验收、安装并调试固定资产。

(4)财务部门按财务预算和采购计划,审核验收单、发货票等,确认无误后,按规定付款并进行财务处理。

2. 保管、使用制度

建筑施工企业固定资产的保管、使用制度包括以下内容:

(1)规定保管、使用、维护的方法、程序和责任,维护固定资产的安全、完整,实现固定资产的有效使用。

(2)实行固定资产定号、保管定人、使用定户、建立保管卡的管理方法,并按照"谁用、谁管、谁负责维护保养"的原则,将固定资产的保管、使用责任落实到使用人,把固定资产管理纳入岗位责任制。

3. 处置制度

建筑施工企业固定资产的处置制度包括以下内容:

(1)采取封存、报废、出售、出租、投资等措施,对固定资产退出生产经营过程的行为进行规范。

(2)遵循提出申请、经济和技术鉴定、财务审核、上报审批、退出清理、登记入账等程序,并明确有关当事人的责任。

第二节 固定资产计价

固定资产计价是指以货币形式,采用一定的价值标准,计算并反映固定资产价值的过程。固定资产计价的正确与否,不仅关系到固定资产的管理和核算,而且关系到企业的收入与费用是否配比,经营成果的核算是否真实。固定资产的计价主要有以下三种方法。

一、原始价值计价

原始价值也称历史成本、原始成本,它是指企业为取得某项固定资产所支付的全部价款以及使固定资产达到预期工作状态前所发生的一切合理、必要的支出。采用原始价值计价的主要优点在于原始价值具有客观性和可验证性;同时,原始价值可以如实反映企业的固定资产投资规模,是企业计提折旧的依据。因此,原始价值是固定资产的基本计价标准,我国对固定资产进行计价采用的就是这种计价方法。

这种计价方法的缺点是在经济环境和社会物价水平发生变化时,由于货币时间价值的作用和物价水平变动的影响,使原始价值与现时价值之间会产生差异,原始价值不能反映固定资产的真实价值。为了弥补这种计价方法的缺陷,企业可以在年度会计报表附注中公布固定资产的现时重置成本。

在固定资产的原始价值登记入账后,除发生下列情况外,企业不得任意变动、调整固定资产的账面价值:

(1)根据国家规定对固定资产价值重新估价,如产权变动、股份制改造时对固定资产价值进行重估。

(2)增加补充设备或改良装置。

(3)将固定资产的一部分拆除。

(4)根据实际价值调整原来的暂估价。

(5)发现原固定资产价值有误。

二、重置完全价值计价

重置完全价值也称现时重置成本,是指在当前的生产技术条件下重新购建同样的固定资产所需要的全部支出。按重置完全价值计价可以比较真实地反映固定资产的现时价值。但是这种方法缺乏可验证性,具体操作也比较复杂,一般在无法取得固定资产原始价值或需要对报表进行补充说明时采用。当发现盘盈固定资产时,可以用重置完全价值入账。在这种情况下,重置完全价值一经入账,即成为该固定资产的原始价值。

三、净值计价

净值也称折余价值，是指固定资产的原始价值或重置完全价值减去已提折旧额以后的余额。固定资产净值可以反映企业一定时期固定资产尚未磨损的现有价值和固定资产实际占用的资金数额。将净值与原始价值相比，可反映企业当前固定资产的新旧程度。

第三节 固定资产投资管理

一、固定资产投资的特点

(1)固定资产的回收时间较长。固定资产投资决策一经做出，便会在较长时间内影响企业，一般的固定资产投资都需要几年甚至十几年才能收回。

(2)固定资产投资的变现能力较差。固定资产投资的实物形态主要是厂房和机器设备等固定资产，这些资产不易改变用途，出售困难，变现能力较差。

(3)固定资产投资的资金占用数量相对稳定。固定资产投资一经完成，在资金占用数量上便保持相对稳定，而不像流动资产投资那样经常变动。

(4)固定资产投资的实物形态与价值形态可以分离。固定资产投资完成，投入使用以后，随着固定资产的磨损，固定资产价值便有一部分脱离其实物形态，转化为货币准备金，而其余部分仍存在于实物形态中。在使用年限内，保留在固定资产实物形态上的价值逐年减少，而脱离实物形态转化为货币准备金的价值却逐年增加。直到固定资产报废，其价值才会得到全部补偿，实物也会得到更新。

(5)固定资产投资的次数相对较少。与流动资产相比，固定资产投资一般较少发生，特别是大规模的固定资产投资，一般要几年甚至十几年才发生一次。

二、固定资产投资决策程序

固定资产投资风险较大，一旦决策失误，就会严重影响企业的财务状况和现金流量，甚至会使企业走向破产。因此，固定资产投资不能在缺乏调查研究的情况下轻率拍板，而必须按特定的程序，运用科学的方法进行可行性分析，以保证决策正确有效。固定资产投资决策的程序一般包括以下几个步骤：

1. 投资项目的提出

企业的各级领导都可提出新的投资项目。

2. 投资项目的评价

投资项目的评价主要涉及以下几项工作：

(1)将提出的投资项目进行分类，为分析评价做好准备。

(2)计算有关项目的预计收入和成本，预测投资项目的现金流量。

(3)运用各种投资评价指标,将各项投资按可行性的顺序进行排列。
(4)写出评价报告,报请上级批准。

3. 投资项目的决策

投资项目评价后,企业负责人要做最后决策。最后决策一般可分成以下三种:
(1)接受这个项目,可以进行投资。
(2)拒绝这个项目,不能进行投资。
(3)发还给项目的提出部门,待重新调查后再做处理。

4. 投资项目的执行

决定对某项目进行投资后,要积极筹措资金,实施投资。在投资项目的执行过程中,要对工程进度、工程质量、施工成本进行控制,以便使投资按预算规定保质如期完成。

5. 投资项目的再评价

(1)通过评价项目的生产、财务、管理方面的问题和原因,项目建设成本、生产能力等与预测数据的差异与原因,项目投产后的社会、政治、经济影响及前景展望等,对项目进行总结评价。
(2)按照已经实现的投资收益,分析投资项目是否能按期收回投资,如果不能收回投资,应提出解决方法。

三、核定固定资产需要量的方法

核定固定资产需要量主要有以下三种方法:

1. 产值计算法

产值计算法是利用价值形式,根据企业承担的预期工程规模或生产能力,综合测算施工企业应拥有全部固定资产价值的方法。一般根据企业目标产值固定资金率的标准计算确定。

$$计划年度固定资产需求量 = 计划年度施工产值 \times 产值固定资金率$$

$$产值固定资金率 = \frac{全年固定资产平均总值}{全年计划完成施工产值} \times 100\%$$

2. 分类定额法

分类定额法是根据目标装备定额(职工人均占有机械设备价值),确定机械设备需要量的方法。

$$固定资产需要量(机械设备) = 企业实有职工人数 \times 本企业的目标装备定额$$

企业可根据行业平均水平或平均先进标准来确定本企业的目标装备定额。

3. 直接计算法

直接计算法是根据企业每年度预期工程规模(实物工程量)和各种类型机械设备的产量定额来确定各种类型机械设备的需要量的方法。

$$某种机械设备需要量 = \frac{年度预期工程规模(实物工程量)}{单位设备工作时间 \times 单位时间定额产量}$$

$$= \frac{年度预期工程规模(实物工程量)}{单位设备年产量定额}$$

第四节 固定资产折旧

一、固定资产折旧的概念

固定资产在使用过程中会不断发生磨损,产生价值损耗,这种损耗的价值随着工程项目的营运而逐渐转移到成本中,并通过产品销售,以货币资金的形式加以回收,从而达到对固定资产损耗的补偿和更新的目的。固定资产这种因损耗而转移到产品成本中的价值就叫作折旧。将折旧费用计入成本费用是企业回收固定资产投资的一种手段。按照国家规定的折旧制度,企业将已发生的资本性支出转移到产品成本费用中,然后通过产品的销售,逐步回收初始的投资费用。

二、影响固定资产折旧的因素

企业计算各期折旧额的依据或者说影响折旧的因素主要有以下三个方面:

(1)折旧的基数。计算固定资产折旧的基数一般为取得固定资产的原始成本,即固定资产的账面原值。企业已经入账的固定资产,除发生下列情况外,不得任意变动:根据国家规定对固定资产进行重新估价;增加补充设备或改良设备;将固定资产的一部分拆除;根据实际价值调整原来的暂估价值;发现原记固定资产价值有错误。

(2)固定资产的净残值。固定资产的净残值是指预计的固定资产报废时可以收回的残余价值扣除预计清理费用后的数额。由于在计算折旧时,对固定资产的残余价值和清理费只能人为估计,这样就不可避免地存在主观性。为避免人为调整净残值的数额及人为调整计提折旧额,国家有关所得税暂行条例及其细则规定:净残值比例在原价为5%以内,由企业自行确定;如果遇到情况特殊,需调整残值比例的,应报主管税务机关备案。固定资产的净残值计算公式为

$$固定资产的净残值 = 估价残值 - 估价清理费用$$

(3)固定资产估计使用年限。固定资产使用年限的长短直接影响其各期应提的折旧额,在确定固定资产使用年限时,不仅要考虑固定资产的有形损耗,还要考虑固定资产的无形损耗。由于固定资产的有形损耗和无形损耗也很难估计准确,因此,固定资产的使用年限也只能预计,同样具有主观随意性。企业应根据国家的有关规定,结合本企业的具体情况,合理地确定固定资产的折旧年限。现行财务制度将企业的固定资产分为三大部分22类,对各类固定资产折旧年限均规定了最高限和最低限。

三、固定资产计提折旧的范围

企业在用的固定资产(包括经营用固定资产、非经营用固定资产、出租固定资产等)一般均应计提折旧。具体范围包括房屋和建筑物;在用的机器设备、仪器仪表、运输工具;季节性停用、大修理停用的设备;融资租入和以经营租赁方式出租的固定资产。已达到预

定可使用状态，尚未办理竣工决算的固定资产也应计提折旧。对已达到预定可使用状态的固定资产，如果尚未办理竣工决算的应当按照估计价值暂估入账并计提折旧；待办理了竣工决算手续后，再按照实际成本调整原来的暂估价值，同时调整原已计提的折旧额。

不提折旧的固定资产包括未使用、不需用的机械设备；以经营租赁方式租入的固定资产；租赁租出的固定资产；已提足折旧继续使用的固定资产；未提足折旧提前报废的固定资产；国家规定不提折旧的其他固定资产（如土地等）。

四、固定资产计提折旧的方法

会计上计算折旧的方法很多，其包括直线法、工作量法、加速折旧法等。由于固定资产折旧方法的选用直接影响到企业成本、费用的计算，也影响到企业的收入和纳税，从而影响到国家的财政收入，因此，对固定资产折旧方法的选用，国家历来都有比较严格的规定，原则上应该根据固定资产所含经济利益预期实现方式选择折旧方法。随着经济的发展，为了鼓励企业采用新技术，加快科学技术向生产力的转化，增强企业的后劲，现在允许某些行业的企业经国家批准后采用加速折旧的方法。折旧方法一经选定，不得随意变更。如需变更，企业应当按照一定的程序审批，经批准后报送有关各方备案，并在会计报表中说明。

在进行工程项目的经济分析时，可分类计算折旧，也可综合计算折旧，要视项目的具体情况而定。我国现行的固定资产折旧方法包括平均年限法、工作量法、加速折旧法等。

1. 平均年限法

平均年限法又称直线法，其是将固定资产的折旧均衡地分摊到各期的一种方法。采用这种方法计算的每期折旧额均是等额的。其计算公式为（净残值率一般取 3%～5%）

$$年折旧率 = \frac{1 - 预计残值率}{规定的折旧年限} \times 100\%$$

$$月折旧率 = 年折旧率 / 12$$

$$年折旧额 = 年折旧率 \times 固定资产原值$$

【例 8-1】 某企业有一设备，原值为 500 000 元，预计可使用 20 年，按照有关规定，该设备报废时净残值率为 2%，求该设备的月折旧率和月折旧额。

【解】 $$年折旧率 = \frac{1 - 预计残值率}{规定的折旧年限} \times 100\% = \frac{1 - 2\%}{20} \times 100\% = 4\%$$

$$月折旧率 = 4\% / 12 = 0.33\%$$

$$月折旧额 = 500\,000 \times 0.33\% = 1\,650（元）$$

2. 工作量法

工作量法是按照固定资产预计可完成的工作量计提折旧额的一种方法。若不考虑减值准备，则工作量法折旧的基本计算公式为

$$固定资产年折旧额 = \frac{固定资产应计折旧额}{固定资产预计使用年限}$$

某项固定资产月折旧额 = 该项固定资产当月工作量 × 单位工作量折旧额

施工企业常用的工作量法有以下两种方法：

（1）行驶里程法。行驶里程法是按照行驶里程平均计算折旧的方法。它适用于车辆、船舶等运输设备的计提折旧。其计算公式为

$$单位里程折旧额=\frac{应计折旧额}{总行驶里程}$$

某项固定资产月折旧额＝该项固定资产当月行驶里程×单位里程折旧额

(2)工作台班法。工作台班法是按照工作台班数平均计算折旧的方法。它适用于机器、设备等计提折旧。其计算公式为

$$每工作台班折旧额=\frac{应计折旧额}{总工作台班}$$

某项固定资产月折旧额＝该项固定资产当月工作台班×每工作台班折旧额

3. 加速折旧法

加速折旧法又称递减折旧法，是指在固定资产使用年限前期多提折旧，在后期少提折旧，从而相对加快折旧的速度，以使固定资产价值在使用年限内尽早得到补偿的折旧计算方法。它是一种国家鼓励投资的措施，即国家先让利给企业，加速回收投资，增强企业还贷能力，促进科技的进步，因此，只对某些有特殊原因的工程项目，才准许采用加速折旧法计提折旧。加速折旧的方法很多，主要有双倍余额递减法与年数总和法。

(1)双倍余额递减法是在不考虑固定资产残值的情况下，根据每期期初固定资产账面余额和双倍的直线折旧率计算固定资产折旧的一种方法。其计算公式为

$$年折旧率=\frac{2}{预期的折旧年限}\times 100\%$$

年折旧额＝年初固定资产账面净值×年折旧率

由于双倍余额递减法不考虑固定资产的残值收入，因此，在应用这种方法时应当在其规定一个资产折旧年限到期以前两年内，将固定资产净值扣除预计残值后的余额平均摊销，即最后两年内改为直线折旧法计算折旧。

(2)年数总和法又称合计年限法是以固定资产原值扣除预计净残值后的余额乘以一个逐年递减的折旧率计提折旧的一种方法。采用年数总和法的关键是每年都要确定一个不同的折旧率。其计算公式为

$$年折旧率=\frac{尚可使用年限}{预期使用年限的年数总和}\times 100\%$$

或

$$年折旧率=\frac{预计使用年限-已使用年限}{[预期使用年限\times(预期使用年限+1)]/2}\times 100\%$$

年折旧额＝(固定资产原值－预计净残值)×年折旧率

【例8-2】 某项固定资产原价为10 000元，预计净残值为400元，使用年限为5年。分别采用双倍余额递减法和年数总和法计算各年折旧额。

【解】 第一，双倍余额递减法。

年折旧率＝2/5＝40％

则

第一年折旧额 10 000×40％＝4 000(元)

第二年折旧额＝(10 000－4 000)×40％＝2 400(元)

第三年折旧额＝(10 000－6 400)×40％＝1 440(元)

第四年折旧额＝(10 000－7 840－400)/2＝880(元)

第五年折旧额＝(10 000－7 840－400)/2＝880(元)

第二，年数总和法。

计算折旧的基数 10 000－400＝9 600(元)

年数总和＝1＋2＋3＋4＋5＝15(年)

则

第一年折旧额＝9 600×(5－0)/15＝3 200(元)

第二年折旧额＝9 600×(5－1)/15＝2 560(元)

第三年折旧额＝9 600×(5－2)/15＝1 920(元)

第四年折旧额＝9 600×(5－3)/15＝1 280(元)

第五年折旧额＝9 600×(5－4)/15＝640(元)

加速折旧法具有以下几个优点：

(1)随着固定资产使用年限的推移，它的服务潜力下降了，它所能提供的收益也随之降低，所以根据配比的原则，在固定资产的使用早期多提折旧，而在晚期少提折旧。

(2)固定资产所能提供的未来收益是难以预计的，早期收益要比晚期收益有把握一些，从谨慎原则出发，早期多提、后期少提折旧的方法是合理的。

(3)随着固定资产的使用，后期修理维护费要比前期多，采用加速折旧法，早期折旧费比后期多，可以使固定资产的成本费用在整个使用期内比较平均。

(4)企业采用加速折旧并没有改变固定资产的有效使用年限和折旧总额，变化的只是投入使用的前期提的折旧多，后期提的折旧少。这一变化的结果推迟了企业所得税的缴纳，实际上等于企业从政府获得了一笔长期无息贷款。

固定资产的折旧方法一经确定，不得随意变更。企业至少应当于每年年度终了，对固定资产的折旧方法进行复核。与固定资产有关的经济利益预期实现方式有重大改变的，应当改变固定资产折旧方法。

企业应当对所有固定资产计提折旧，但是，已提折旧仍继续使用的固定资产和单独计价入账的土地除外。

本章小结

本章主要介绍了固定资产的概念、确认条件、管理制度，固定资产原始价值计价、重置完全价值计价、净值计价，固定资产投资的特点、决策程序、核定固定资产需要量的方法，固定资产折旧等内容。

思考与练习

一、填空题

1. 从会计的角度划分，固定资产一般被分为 ＿＿＿＿、＿＿＿＿、＿＿＿＿、＿＿＿＿、＿＿＿＿、＿＿＿＿、＿＿＿＿ 等。

2. 建筑施工企业固定资产的管理制度包括_____、_____、_____等内容。
3. 固定资产的计价主要有_____、_____、_____三种方法。
4. 核定固定资产需要量主要有_____、_____、_____三种方法。
5. 我国现行的固定资产折旧方法包括_____、_____、_____等。

二、简答题

1. 什么是固定资产？
2. 简述固定资产购建制度的主要内容。
3. 什么是重置完全价值计价？
4. 简述固定资产投资的特点。
5. 影响固定资产折旧的因素有哪些？

三、计算题

1. 某建筑公司年底计算施工产值为50 000万元，目标产值固定资金率为48%，计算该公司资产需要量。

2. 某建筑施工企业本年计划完成施工产值为18 000万元。根据历史资料测算，每10万元施工产值中的土方工程量为110 m^3。其中，挖土工程量为80 m^3，回填土工程量为30 m^3。土方平均运距2.5 km，土容量1.5 t/m^3。假设挖土机斗容量在1 m^3以下，单斗挖土机年产量定额为32 000 m^3/台，1 t自卸翻斗车年定额货运量为9 000 t·km/台，则完成上述工程量所需机械设备和运输设备为多少？

3. 某企业有一台设备，原值为180 000元，预计可使用10年，按照有关规定，该设备报废时净残值率为3%。求该设备的月折旧额。

4. 某建筑施工企业有一台蒸汽打桩机，原值为30 000元，规定的折旧年限为5年，预计净残值为800元。试分别按双倍余额递减法和年数总和法计算各年折旧额。

第九章 营业收入及利润管理

了解营业收入的概念、分类,营业收入的日常管理,企业利润的概念、建筑企业利润的构成,利润分配的概念、原则,利润分配的程序,股票分割的概念、意义;掌握工程价款结算的方式和方法,建筑企业利润分析的方法,建筑企业工程计算目标利润的分层管理,股利分配政策中股份制企业股利支付的程序和方式,股票回购的方式。

能够综合分析利润分配政策对企业的影响;具备根据企业不同时期的情况制定相应的利润分配政策等能力和技巧。

第一节 营业收入管理

一、营业收入的概念

营业收入是指企业在销售商品、提供劳务及让渡资产使用权等日常活动中所形成的经济利益的总流入。企业的营业收入可以是获取现金,也可以形成企业债权的增加,还可以形成某种负债的减少,以及以上几种形式的组合。建筑企业的营业收入包括工程价款收入、劳务与作业收入、产品销售收入、材料销售收入、多种经营收入、设备租赁收入及其他业务收入。

二、营业收入的分类

根据营业业务对企业经营成果的影响程度的不同,可以将企业营业收入划分为主营业务收入和其他业务收入两部分。

(1)主营业务收入。主营业务收入是指企业通过基本生产经营活动而创造并实现的收入。建筑企业的主营业务收入主要是指所承包工程的工程价款结算收入,它在建筑企业的营业收入中占有极大的比重,对企业经营效益有较大的影响。

(2)其他业务收入。其他业务收入是指基本生产经营活动以外的其他营业收入，主要包括销售产品、材料及提供机械作业和运输作业、出租固定资产、出租包装物等形成的收入。其他业务收入是对工程价款收入的补充，一般每笔业务金额较小，收入不太稳定，服务对象也不十分固定。这些收入在企业总收入中所占比重不大，对企业经济效益的影响也较小。

三、营业收入的确认

(一)工程价款收入的确认

企业应当根据收入的性质，按照收入确认的原则，合理地确认和计量各项收入。对于建筑施工企业，其工程施工和提供劳务、作业，以出具的"工程价款结算账单"经发包单位签证后确认为营业收入的实现。建筑施工企业与发包单位在办理工程价款结算时，往往采用多种不同的结算方式。建筑施工企业与发包单位办理工程价款结算时，无论采用竣工后一次结算还是按月结算或分段结算，都应填制"工程价款结算账单"，经发包单位审核签证后，送交开户银行办理结算。

1. 工程价款结算的方式

工程价款的结算一般有以下几种方式：

(1)按月结算。实行旬末或月中预支、月终结算、竣工后清算的办法。跨年度竣工的工程，在年终进行工程盘点，办理年度结算。

(2)竣工后一次结算。建设项目或单位工程全部建筑安装工程建设期在 12 个月以内，或者工程承包合同价值在 100 万元以下的，可实行工程价款每月月中预支、竣工后一次结算。

(3)分段结算。当年开工，当年不能竣工的单项工程或单位工程按照工程形象进度划分不同阶段进行结算。采用分段结算时，可以按月预支工程款。

(4)结算双方约定并经开户建设银行同意的其他结算方式。实行竣工后一次结算和分段结算的工程，当年结算的工程款应与年度完成工作量一致，年终不另清算。

2. 工程价款结算的方法

(1)承包单位办理工程价款结算时，应填制统一规定的"工程价款结算账单"(表 9-1)，经发包单位审查签证后，通过开户银行办理结算。发包单位审查签证期一般不超过 5 天。

表 9-1 工程价款结算账单

建设单位名称： 年 月 日 元

单项工程项目名称	合同预算		本期应收工程款	应抵扣款项					本期实收款	备料款余额	本期止已收工程价款累计	备注
	价值	其中：计划利润		合计	预支工程款	备料款	建设单位供给材料价款	各种往来款				

承包单位： (签章) 财务负责人： (签章)

说明：1. 本账单由承包单位在月终和竣工结算工程价款时填列，送建设单位和经办银行各一份。
2. 第 4 栏 "本期应收工程款"应根据已完工程月报数填列。

(2)工程价款可以使用期票结算。发包单位按发包工程投资总额将资金一次或分次存入开户银行,在存款总额内开出一定期限的商业汇票,经开户行承兑后,交承包单位,承包单位到期持票到开户建设银行申请付款。

(3)承包单位对所承包的工程,应根据施工图、施工组织设计和现行定额、费用标准、价格等编制施工图预算,经发包单位同意,送开户建设银行审定后,作为结算工程价款的依据。对于编有施工图修正概算或中标价格的,经工程承发包双方和开户建设银行同意,可据以结算工程价款,不再编制施工图预算。开工后没有编制施工图预算的,可以暂按批准的设计概算办理工程款结算,开户建设银行应要求承包单位限期编送。

(4)承包单位将承包的工程分包给其他分包单位的,其工程款由总包单位统一向发包单位办理结算。

(5)承包单位预支工程款时,应根据工程进度填列"工程价款预支账单"(表9-2),送发包单位和建设银行办理付款手续,预支的款项,应在月终和竣工结算时抵充应收的工程款。

表9-2 工程价款预支账单

建设单位名称: 　　　　　　年　月　日　　　　　　　　　　　　元

单项工程项目名称	合同预算价值	本旬(或半月)完成数	本旬(或半月)预支工程款	本月预支工程款	应扣预收款	实支款项	备注

施工企业: 　　　　　(签章)　　　　　　　　　　财务负责人: 　　　　　　(签章)

说明:1. 本账单由承包单位在预支工程款时编制,送建设单位和经办银行各一份。
　　　2. 承包单位在旬末或月中预支款项时,应将预支数额填入第4栏内;所属按月预支,竣工后一次结算的,应将每次预支款项填入第5栏内。
　　　3. 第6栏"应扣预收款"包括备料款等。

(6)实行预付款结算,每月终了,建筑企业应根据当月实际完成的工程量及施工图预算所列工程单价和取费标准,计算已完工程价值,编制"工程价款结算账单"和"已完工程月报表"(表9-3),送建设单位和银行办理结算。

表 9-3　已完工程月报表

建设单位名称：　　　　　　　　　　　　　　年　　月　　日

单项工程项目名称	施工图预算(或计划投资额)/元	建筑面积/m²	开竣工日期		实际完成数/元		备注
			开工日期	竣工日期	至上月止已完工程累计	本月份已完工程	
施工企业：　　　　　　　　(签章)					编制日期：　　　年　　月　　日		
说明：本表作为本月结算工程价款的依据，送建设单位和经办银行各一份。							

(7)施工期间，无论工期长短，其结算价款一般不得超过承包工程合同价款的 95%，结算双方可以在 5% 的幅度内协商确认尾款比例，并在工程承包合同中证明，尾款应专户存入建设银行，等到工程竣工验收后清算。

(8)承包单位收取备料款和工程款时，可以按规定采用汇兑、委托收款、汇票、本票、支票等各种结算手段。

(9)工程承发包双方必须遵守结算纪律，不准虚报冒领，不准相互拖欠。对无故拖欠工程款的单位，建设银行应督促拖欠单位及时清偿。对于承包单位冒领、多领的工程款，按多领款额每日万分之五处以罚款；发包单位违约拖延结算期的，按延付款额每日万分之五处以罚款。

(10)工程承发包双方应严格履行工程承包合同。工程价款结算中的经济纠纷应协商解决。若协商不成，则可向双方主管部门或国家仲裁机关申请裁决或向法院起诉。对产生纠纷的结算款额，在有关方面仲裁或判决以前，建设银行不办理结算手续。

(二)产品、作业销售收入的确认

一般产品、作业销售的完成是指货物已经发出，劳务已经提供，价款及相应的成本和销售退回条件已基本确定，即可视为营业收入已经实现。建筑企业产品、作业销售收入主要有以下几种结算形式：

(1)采用预收货款销售产品的，在产品发出时即作为销售收入的实现。

(2)采用委托银行收款方式销售商品或劳务时，应在发出商品或提供劳务后，将有关票据、账单提交银行办妥委托收款手续后，即作为销售收入的实现。

(3)在采用分期收款方式销售的情况下，应按本期所收价款或合同约定收款日期作为销售收入的实现，同时，按全部销售成本与全部销售收入的比例计算本期应结转的销售成本。

(4)在采用委托其他单位代销的方式下，应在代销产品已经由代销单位发出，并已收到代销单位的代销清单后，按代销清单所列收入金额作为销售收入的实现。

(5)在采用直接交款提货的方式下，应以货款已经收到、发票账单和提货单已交购货方作为销售收入的实现。

四、营业收入的日常管理

1. 工程价款收入的管理

建筑企业在编制工程价款结算收入计划后,应加强日常管理工作,认真执行规定的计划。其具体内容包括:

(1)严格按施工生产计划和工程承包合同组织生产,为保证施工生产、完成工程承包合同任务、及时取得工程结算收入创造条件。

(2)及时组织工程价款结算,加强已完待结算工程和未完施工的管理。

(3)及时办理工程款的结算,加速资金周转。

2. 产品、作业销售收入的管理

(1)做好市场预测。企业要在市场竞争中取胜,必须认真做好市场预测,及时了解市场需求,掌握市场动态,并应搞好产品的宣传和售后服务工作,以赢得使用单位和消费者的信任,提高产品在国内外市场上的占有率。

(2)加强销售收入计划管理。为了使企业的供、产、销活动都能有计划地进行,企业首先要根据预测的销售量,正确编制销售收入计划,在计划执行过程中,加强控制管理,以保证销售收入计划的顺利实现。

(3)提供优质产品,及时完成作业任务。企业应根据市场预测结果和计划安排,确定企业产品的销售数量,并按计划生产出质优价廉的产品。如果企业的生产计划未能及时完成,或生产的产品质次价高,产品就难以销售出去,会导致企业的销货合同不能及时完成,销售收入的取得也就失去了保证。

(4)合理制定产品销售价格,尽快收回货款。企业销售收入的增加,应当主要依靠增加产品数量、提高产品质量和扩大销售来实现。因此,企业在销售产品时,必须严格执行国家的价格政策,合理确定产品的销售价格。销售部门在成品发运和提供劳务后,财会部门应立即按合同规定的结算方式与客户进行结算,并及时收回货款。

第二节 利润管理

一、企业利润的概念

企业利润是企业在一定时期内的经营成果的综合体现,是劳动者创造的剩余产品价值的一部分,是企业最终财务成果的货币表现。它集中反映了企业在生产经营活动各方面的经济效益,是一项相当重要的综合性经济指标。

二、建筑企业利润的组成

建筑企业利润主要由营业利润、投资净收益和营业外收支净额三部分组成。

1. 营业利润

建筑企业的营业利润为营业收入减去营业成本、税金,再减去期间费用后的余额。其内容主要包括以下几方面:

(1)工程结算利润:是指企业及其内部独立核算的施工单位已向工程发包单位办理工程价款结算而形成的利润。

(2)产品销售利润:是指企业内部独立核算的工业企业销售产品所实现的利润。

(3)劳务作业利润:是指企业内部独立核算的机械站和运输队对外提供机械、运输等劳务作业所实现的利润。

(4)材料销售利润:是指企业及其内部独立核算的材料供应部门销售材料所实现的利润。

(5)其他销售利润:是指除上述各种销售利润以外的其他销售利润。如为企业内部非独立核算的辅助生产部门,对外单位或企业内部其他独立核算单位提供产品和劳务所实现的利润。

(6)多种经营利润:是指建筑企业为了拓宽业务,增加效益,举办一些与工程施工无直接联系的其他行业的经营业务,如餐饮服务、服装加工、商品贸易等。

(7)固定资产出租利润:是指企业对外单位或企业内部其他独立核算单位出租施工机具、生产设备等的租金收入减租赁成本、增值税金后形成的利润。

(8)其他业务利润。

2. 投资净收益

投资净收益是指建筑企业对外投资取得的投资收益扣除投资损失之后的数额。

(1)投资收益。

1)对外投资分得的利润、股利和债券利息。

2)到期收回投资或中途转让投资取得的款项超过原投资账面数额的差额。

3)股权投资按权益法核算时,在被投资企业增加的净资产中所拥有的数额。

(2)投资损失。

1)到期收回投资或中途转让投资取得的款项低于原投资账面数额的差额。

2)股权投资按权益法核算时,在被投资企业减少的净资产中所拥有的数额。

3. 营业外收支净额

营业外收支净额是指营业外收入与营业外支出的差额。

(1)营业外收入。营业外收入是指与企业施工生产经营活动没有直接关系的各项收入。建筑施工企业的营业外收入主要包括固定资产盘盈、外置固定资产净收益、外置无形资产净收益、罚款收入、非货币性交易收益等。

(2)营业外支出。营业外支出是指不属于企业生产经营费用,与企业施工生产经营活动没有直接关系,但应从企业实现的利润总额中扣除的支出。建筑施工企业的营业外支出主要包括固定资产盘亏、处置固定资产净损失、处置无形资产净损失、计提的固定资产减值准备、计提的无形资产减值准备、非常损失、罚款支出、债务重组损失、捐赠支出等。

三、建筑企业利润分析

企业利润分析是从企业的实际情况出发,在认真分析研究未来时期企业内外主客观情况变化的基础上，运用一定的科学方法，预计企业计划年度可能达到的利润数额。通过利润分析，进而编制企业利润计划，分解落实企业利润指标，以保证目标利润的实现。

建筑企业利润分析主要是对工程结算利润的预测。下面介绍几种常用的利润分析方法。

1. 量本利分析法

量本利分析法是利用企业在一定时期内成本与业务量（产量或销售量）和利润之间的依存关系预测产品销售利润。其计算公式为

$$工程结算利润＝预计工程数量\times（单位结算价格－单位税金－单位变动成本）－固定成本总额$$

式中，单位结算价格－单位税金－单位变动成本＝单位边际贡献（单位贡献毛益）。

【例 9-1】 某企业销售应税消费品甲产品 10 000 件，单位售价为 140 元，消费税税率为 30％，单位产品制造成本为 65 元，产品销售费用、管理费用和财务费用总额为 180 000 元，则

$$销售利润＝10\,000\times（140－65－140\times30\%）－180\,000＝150\,000（元）$$

2. 因素测算法

因素测算法是以上年主营业务利润水平为基础，充分考虑计划期影响主营业务利润变动的各因素后，测算出企业计划年度主营业务利润的数额。其具体测算步骤如下：

(1) 确定上年成本利润率。

$$上年成本利润率＝\frac{上年主营业务利润总额}{上年销售成本总额}\times100\%$$

(2) 测算计划年度由于销售量变动对主营业务利润的影响。

$$销售量变动影响主营业务利润增减额＝\left(\begin{array}{l}按上年成本计算的计划\\年度产品销售成本总额\end{array}－\begin{array}{l}上年预计销售\\成本总额\end{array}\right)\times上年成本利润率$$

(3) 测算计划年度由于产品品种结构变化对主营业务利润的影响。

产品品种结构变动影响主营业务利润增减额＝按上年成本计算的计划年度产品销售成本总额×

$$\left(\begin{array}{l}计划年度主营业\\务平均利润率\end{array}－\begin{array}{l}上年主营业务\\平均利润率\end{array}\right)$$

$$计划年度主营业务平均利润率＝\sum\left(\begin{array}{l}某产品上年主\\营业务利润率\end{array}\times\begin{array}{l}该产品计划年\\度销售比重\end{array}\right)$$

(4) 测算由于制造成本变动对主营业务利润的影响。

制造成本变动影响主营业务利润增减额＝按上年成本计算的计划年度产品销售总额×产品成本变动率

(5) 测算计划年度由于期间费用变动而对主营业务利润的影响。

$$期间费用变动影响主营业务利润增减额＝上年期间费用总额\times\frac{按上年成本计算的计划年度产品销售成本总额}{上年销售成本总额}-计划年度预计期间费用总额$$

(6) 测算由于计划年度销售价格变动对主营业务利润的影响。

$$\begin{matrix}\text{销售价格变动}\\ \text{影响主营业务}\\ \text{利润增减额}\end{matrix} = \sum \begin{bmatrix}\text{价格变动的某}\\ \text{种产品销售量}\end{bmatrix} \times \begin{pmatrix}\text{计划年度变动}\\ \text{的单位售价}\end{pmatrix} \times \begin{pmatrix}\text{上年度产}\\ \text{品单位售价}\end{pmatrix} \times \begin{pmatrix}1 - \begin{matrix}\text{上年度消}\\ \text{费税税金}\end{matrix}\end{pmatrix}$$

(7) 测算由于计划年度产品消费税税率的变动对主营业务利润的影响额。

$$\text{消费税税率变动影响利润增减额} = \sum \begin{bmatrix}\text{消费税税率变动的产品按计划}\\ \text{年度单价计算的销售收入}\end{bmatrix} \times \begin{pmatrix}\text{该产品上年}\\ \text{消费税税率} - \text{该产品计划}\\ \text{年度消费税税率}\end{pmatrix}$$

(8) 测算计划期主营业务利润总额。

计划期主营业务利润＝上年主营业务利润总额±
　　　　计划期由于各种因素变动而影响主营业务利润的增减额

四、建筑企业工程结算目标利润的分层管理

(一) 建筑企业工程结算目标利润分层管理的作用

(1) 通过制定企业各环节利润管理点，有利于制定企业目标利润，也有利于企业利润管理政策的落实。

(2) 明确利润管理点，使企业各环节利润管理责任更清晰，便于管理考核。

(3) 通过制定经营层利润管理点，能够清晰地反映一定时期企业新承揽工程的利润水平，避免了牺牲企业利润而承揽大量工程的虚假繁荣现象发生。

(4) 通过制定企业管理层利润管理点，有利于制定企业目标费用额，便于企业控制管理层费用发生的规模。

(5) 通过制定施工作业层利润管理点，有利于施工作业层制定该工程的目标利润，以便进行利润规划。

(二) 建筑企业工程结算目标利润的三个分层管理点

1. 经营层利润管理点

经营层利润是指施工企业中标价格与其所在省规定的清单报价规范价格以及企业所能承受的负标指数所确定的企业内定中标价格的差额。其计算公式为

经营层利润＝企业中标价格－标准清单价格×(1－企业负标指数)

标准清单价格＝中标价格÷(1±中标指数)

2. 管理层利润管理点

管理层利润是指企业对中标工程向施工层发包后的收益水平和企业管理层费用水平进行对比的利润水平与中标价格计算出的数额，必须是正值。其计算公式为

管理层利润＝{[(中标价格－发包价格)÷中标价格]×100％－
　　　　(企业管理层年度费用额÷年度计划施工产值)}×中标合同额

3. 施工作业层利润管理点

施工作业层利润是指施工管理层在企业管理层的承包价格基础上，通过施工管理实现的利润。此利润是基于工程定额直接成本与实际直接成本的差额计算出来的，主要是通过人工、材料、机械消耗量的节约实现。这种节约量在理论上应该是正值。

第三节 利润分配管理

一、利润分配的概念

利润分配是指企业按照国家财经法规和企业章程对所实现的净利润在企业与投资者之间、利润分配各项目之间和投资者之间进行分配。

企业利润分配必须遵守国家财经法规，兼顾国家、投资者和企业各方面的利益，尊重企业的自主权，加强企业的经济责任，使利润分配机制发挥利益激励与约束功能以及对再生产的调节功能，充分调动各方面的积极性，处理好企业长远利益与近期利益、整体利益与局部利益的关系，促使经济效益不断提高并使企业得到长期发展。

二、利润分配的原则

建筑企业在进行利润分配时应遵循以下原则：

(1)依法分配原则。为规范企业的收益分配行为，国家制定和颁布了若干法规，这些法规规定了企业收益分配的基本要求、一般程序和重大比例。企业的收益分配必须依法进行，这是正确处理企业各项关系的关键。

(2)兼顾各方面利益原则。利润分配是利用价值形式对社会产品的分配，直接关系到有关各方的切身利益，因此，要坚持全局观念，兼顾各方利益，既要满足国家集中财力的需要，又要考虑建筑企业自身发展的要求；既要维护投资者的合法权益，又要考虑员工的长远利益。

(3)分配与积累并重原则。企业获得的净利润一部分分配给投资者，一部分留存在企业形成积累。这部分留存收益(盈余公积金和未分配利润之和)仍归投资者所有，能为企业扩大再生产提供资金，并增强企业抵抗风险的能力，有利于投资者的长远利益。因此，企业在进行利润分配原则时，应兼顾短期利益和长远利益，处理好积累和分配的比例关系。

(4)投资与收益对等原则。企业在进行利润分配时，应体现"谁投资谁受益"、收益大小与投资比例相适应(即投资与收益对等)原则。投资者在企业中只以其股权比例享有合法权益，不得在企业中谋取私利，这样，才能从根本上保护投资者的利益，鼓励投资者绝地继续投资。

三、利润分配的程序

根据我国《公司法》等有关规定，非股份制企业当年实现的利润总额应按国家有关税法的规定做相应的调整，然后依法交纳所得税。交纳所得税后的净利润按下列顺序进行分配。

1. 弥补以前年度的亏损

企业的营业收入减去成本、费用、税金，再减去财务费用、管理费用，加上投资净收益，加上(或减去)营业外收支净额以后，如果计算的结果小于零，即利润总额为负数，表明企业亏损。企业发生的年度亏损可以用下一年度的税前利润来弥补。下一年度税前利润尚不足以弥补的，可以由以后年度的利润继续弥补，但用税前利润弥补以前年度亏损的连续期限不得超过5年。5年内弥补不足的,用本年税后利润弥补。"本年净利润"加"年初未分配利润"为企业可供分配的利润,只有可供分配的利润大于零时,企业才能进行后续分配。

2. 提取法定盈余公积金

盈余公积金是企业从税后利润中提取的公积金,是企业用于防范和抵御风险、补充资本的重要资金来源。建筑企业的盈余公积金包括法定盈余公积金和任意盈余公积金两部分,可用于弥补亏损、扩大企业生产经营或转增资本。

法定盈余公积金按净利润(弥补亏损后)的10%计提。之所以为"法定",是因为它是由我国公司法及有关财务会计制度明确规定了的,所有企业均必须计提,只有当企业计提的法定盈余公积金累计达到企业注册资本的50%以后,才可以不再计提。法定盈余公积金用于弥补企业亏损、扩大企业生产经营或者转为增加企业资本结构,但转增资本金后,企业的法定盈余公积金不得低于企业注册资本的25%。

3. 提取任意盈余公积金

建筑企业从净利润中提取法定盈余公积金后,经股东会或者股东大会决议,还可以提取任意盈余公积金。

4. 向投资者分配利润

建筑企业弥补亏损和提取盈余公积金后所剩余净利润,可以向投资者分配股利。有限责任公司股东按照实缴的出资比例分取红利,全体股东约定不按照出资比例分取红利的除外;股份有限公司按照股东持有的股份比例分配,股份有限公司章程规定不按持股比例分配的除外。

四、股利分配政策

股利分配政策是指股份制企业确定股利及与之有关的事项所采取的方针和策略,其核心是正确处理公司与投资者之间、当前利益与长远利益之间的关系。建筑企业要从实际情况出发,确定股利分配政策。

(一)股利分配政策的类型

一般而言,股份制企业常用的股利分配政策主要有以下几种:

(1)剩余股利政策。剩余股利政策就是在企业确定的最佳资金结构下,税后净利润首先要满足投资的需求,若有剩余才用于分配股利。如果没有剩余,则不分配股利。这是一种投资优先的股利政策。采用剩余股利政策的先决条件是企业必须有良好的投资机会,并且该投资机会的预计报酬率要高于股东要求的必要报酬率,这样才能为股东所接受。

(2)固定或持续增长的股利政策。这一股利政策是将每年发放的股利固定在某一水平上并在较长的时期内保持不变,只有当公司认为未来盈余将会显著地、不可逆转地增长时,才能提高年度的股利发放额。在通货膨胀的情况下,大多数企业的盈余会随之提高,且大多数投资者也希望企业能提供足以抵消通货膨胀不利影响的股利。因此,在长期通货膨胀的年代里也应提高股利发放额。

(3)固定股利支付率政策。这一政策要求支付给股东的股利不随盈利的增减变动而变动,也就是说,不管企业的盈利是多少,股利总是维持在某一特定水平上的,即使在某些情况下有所调整,调整幅度也会很小。

(4)低正常股利加额外股利政策。这是一种介于前两种股利政策之间的折中的股利政策,企业事先设定一个较低的经常性股利额，一般情况下，企业每期都按此金额支付正常股利，在企业盈利较多、资金较为充裕的年度再发放额外股利。这一股利政策具有较大的灵活性，既能够保持股利的稳定性又能实现股利与盈利的较好结合，因而被很多企业所采用。

(二)影响股利分配的因素

1. 法律因素

为了保证债权人、投资者和国家的利益，有关法规对建筑企业的股利分配有如下限制：

(1)资本保全限制。资本保全限制规定，企业不能用资本发放股利。如我国法律规定：各种资本公积准备不能转增股本，已实现的资本公积只能转增股本，不能分派现金股利；盈余公积主要用于弥补亏损和转增股本，一般情况下，不得用于向投资者分配利润或现金股利。

(2)资本积累限制。企业积累限制规定，企业必须按税后利润的一定比例和基数，提取法定盈余公积金。企业当年出现亏损时，一般不得给投资者分配利润。

(3)偿债能力限制。偿债能力限制是指企业按时足额偿付各种到期债务的能力。如果企业已经无力偿付到期债务或因支付股利将使其失去偿还能力，则企业不能支付现金股利。

2. 企业因素

资金的灵活周转是企业生产经营得以正常进行的必要条件。因此，企业长期发展和短期经营活动对现金的需求便成为对股利的最重要的限制因素。其相关因素主要有以下几点：

(1)资产的流动性。企业现金股利的分配，应以一定资产流动性为前提。企业的资产流动性越好，说明其变现能力越强，股利支付能力也就越强。高速成长的营利性企业，其资产可能缺乏流动性，因为其大部分资金投资在固定资产和永久性流动资产上，这类企业当期利润虽然很多，但资产变现能力差，企业的股利支付能力就会削弱。

(2)投资机会。有着良好投资机会的企业需要强大的资金支持，因此往往少发现金股利，将大部分盈余留存下来进行再投资；缺乏良好投资机会的企业，保留大量盈余的结果必然是大量资金闲置，于是倾向于支付较高的现金股利。因此，处于成长中的企业，因一般具有较多的良好投资机会而多采取低股利政策；处于经营收缩期的企业，则因缺少良好的投资机会而多采取高股利政策。

(3)筹资能力。与增加普通股相比，保留盈余不需要花费筹资费用，其资本成本较低，是一种比较经济的筹资渠道。

(4)盈利的稳定性。企业的现金股利来源于税后利润。盈利相对稳定的企业，有可能支付较高股利，而盈利不稳定的企业，一般采用低股利政策。这是因为，对于盈利不稳定的企业，低股利政策除可以减少因盈利下降而造成的股利无法支付、企业形象受损、股价急剧下降的风险外，还可以将更多的盈利用于再投资，以提高企业的权益资本比重，减少财务风险。

(5)资本成本。留用利润是企业内部筹资的一种重要方式，同发行新股或举借债务相比，其不但筹资成本较低，而且具有很强的隐蔽性。企业如果一方面大量发放股利，而另一方面又以支付高额资本成本为代价筹集其他资本，那么，这种舍近求远的做法无论如何都是不恰当的，甚至有损于股东利益。因此，从资本成本考虑，当企业扩大规模，需要增加权益资本时，不妨采取低股利政策。

3. 股东因素

股东出于对自身利益的考虑，可能对公司的利润分配提出限制、稳定或提高股利发放率等不同意见。企业的股利政策不可能使每个股东财富最大化。企业制定股利政策的目的在于对绝大多数股东的财富产生有利影响。股东因素对企业的股利政策产生以下几方面的影响：

(1)控制权考虑。如果企业支付较高的股利，就会导致留存收益减少，企业将来依靠发行新股筹集资金的可能性加大，而发行新股意味着公司控制权有旁落他人或其他公司的可能。因此，在原股东追加投资较少时，可考虑多留少分，采用较紧的股利政策。

(2)避税考虑。在我国，由于股东现金股利所得的税率是20％，而股票交易尚未征收资本利得税，因此，高收入股东限制股利的支付，而愿意企业保留较多盈余，以便从股价上涨中获利。这种低股利支付政策可以帮助股东达到避税的目的。

(3)稳定收入考虑。如果一个企业拥有很大比例的富有股东，这些股东多半不会依赖企业发放的现金股利维持生活，他们对定期支付现金股利的要求不会显得十分迫切。相反，如果一个企业绝大部分股东属于低收入阶层以及养老基金等机构投资者，他们需要企业发放的现金股利来维持生活或用于发放养老金等，因此，这部分股东特别关注现金股利，尤其是稳定的现金股利发放。

(4)规避风险考虑。一些股东认为，通过增加留存收益引起股价上涨而获得资本利得是有风险的，因此，要求企业较多地支付股利。

4. 其他因素

影响股利政策的其他因素主要包括不属于法规规范的债务合同约束、政府对机构投资者的投资限制及因通货膨胀带来的企业对重置实物资产的特殊考虑等。

(1)债务合同约束。企业的债务合同特别是长期债务合同，往往有限制企业现金股利支付的条款，这使得企业只能采用低股利政策。

(2)机构投资者的投资限制。机构投资者包括养老基金、储蓄银行、信托基金、保险企业和其他一些机构。机构投资者对投资股票种类的选择，往往与股利特别是稳定股利的支付有关。如果某只股票连续几年不支付股利或所支付的股利金额起伏较大，则该股票一般不能成为机构投资者的投资对象。因此，如果某企业想更多地吸引机构投资者，则应采用较高而且稳定的股利政策。

(3)通货膨胀的影响。通货膨胀会使货币购买力降低，固定资产重置资金来源不足。因此，企业为留用一定利润以弥补不足，往往会采取偏紧的利润分配政策。

(三)股份制企业股利支付的程序和方式

1. 股利支付的程序

股份制企业向股东支付股利，前后要经历一个过程，依次为股利宣告日、股权登记日、除息日和股利支付日。

(1)股利宣告日：是指公司董事会将股利支付情况予以公告的日期。公告中将宣布每股股利，股权登记日、除息日和股利支付日等事项。我国的股份公司通常一年派发一次股利，也有在年中派发中期股利的。

(2)股权登记日：是指有权领取股利的股东资格登记截止日期。凡在登记日之前(含登记日当天)列于公司股东名册上的股东，都将获得本次发放的股利，而未按时登记的股东，则无权领取本次股利，证券交易所的中央清算系统一般在营业结算的当天即可打印出股东名册。

(3)除息日：是指领取股利的权利与股票相互分离的日期，也叫作无股息日或除息基准日。在除息日前，股利权从属于股票，持有股票者享有领取股利的权利；除息日开始，股利权与股票分离，新购入的股票不能分享股利。在我国上海、深圳两证券交易所，目前采用T+1交割方式或成交当天即能完成过户手续，所以，股权登记日的下一个营业日为除息日。

(4)股利支付日：是指向股东发放股利的日期，也称发放日和派息日。

2. 股利支付的方式

常见的股利支付方式主要有以下几种。

(1)现金股利。现金股利是最常见的股利发放方式。由于现金股利的多少可直接影响股票的市场价格，公司必须依据实际情况对其进行全面权衡，并制定出合理的现金股利政策。从财务角度考虑，发放现金股利应具备这样一些条件：有足够的留存收益，以保证再投资资金的需求；有足够的现金，以保证生产经营需要和股利支付需要；有利于改善公司的财务状况。现金股利的发放必须纳入公司的现金预算，综合分析投资机会、筹资能力等各方面因素，确定适当的现金股利支付率。现金股利的发放会对股票价格产生直接影响，在股票除息日之后，一般来说股票价格会下跌。

(2)财产股利。财产股利是以现金以外的资产支付的股利，通常是以公司所拥有的其他企业的有价证券，如债权、股票，作为股利支付给股东。

(3)股票股利。股票股利即以公司增发的股票作为股利予以支付。具体做法是在公司注册资本尚未足额时，以股东认购的股票作为股利支付，也可以发行新股支付股利。实际操作过程中，有的公司增发新股时，预先扣除当年应分配股利，减价配售给老股东；也有的公司发行新股时进行无偿增资配股，即股东不需缴纳任何现金和实物即可取得公司发行的股票，由于股票股利既不改变所有者权益数量，也不使股东获得现金，一般不需缴纳个人所得税，但是，股票股利会对公司的资本结构、财务风险、每股收益和每股价格等产生影响。因此，研究股票股利具有重要的现实意义。

(4)债权股利。债权股利即公司以负债支付的股利，通常以公司的应付票据支付给股东，在不得已的情况下也有以发行公司债券抵付股利的。财产股利和债权股利实际上是现金股利的替代方式。这两种方式目前虽然在我国公司事务中很少使用，但是可以采用。

五、股票分割和股票回购

(一)股票分割

1. 股票分割的概念

股票分割是指将一面额较高的股票交换成数股面额较低的股票的行为。例如，将原来的一股股票交换成两股股票。股票分割虽然并不属于发放股利，但其产生的效果与发放股票股利近似。股票分割时，发行在外的股数增加，每股面额降低，每股盈余下降，但发行公司的价值不变，股东权益总额与股东权益之间的相互比例关系也不会变化。这就与发放股票股利时的情况既有相同之处，又有不同之处。

2. 股票分割的意义

(1)降低股票市价，提高企业股票的市场流动性。通常认为，股票价格太高，会降低股票的吸引力，不利于股票交易。通过股票分割可以大幅度降低股票市价，促进股票的流通和交易。

(2)增加股东的现金股利。股票分割在某些情况下也会增加股东的现金股利。尽管股票分割后各股东持有的股数增加，但持股比例不变，持股总价值不变。不过，只要股票分割后每股现金股利的下降幅度小于股票分割幅度,股东仍能多获现金股利。

(3)为发行新股做准备。股票价格的高低往往是影响新股发行顺利与否的关键性因素,当市场股票价格太高时,会使许多潜在的投资者不敢轻易投资公司的新发行股票。在新股发行前,适时进行股票分割,有利于促进股票市场交易的活跃,更广泛地吸引各个层次投资者的注意力,促进新股的发行。

(4)传递远期良好信号。一般而言,股票分割往往是成长中的公司所为,因此,企业进行股票分割往往被视为一种好消息而影响其股票价格。这样,公司股东就能从股份数量和股票价格中获得相对收益。

(二)股票回购

1. 股票回购的概念

股票回购是指上市公司出资将其发行流通在外的股票以一定价格购回予以注销或作为库存股的一种资本运作方式。

股票回购必须遵守国家有关法律法规。《中华人民共和国公司法》规定,公司不得收购本公司股份,但有下列情形之一的除外:

(1)减少公司注册资本。

(2)与持有本公司股份的其他公司合并。

(3)将股份用于员工持股计划或者股权激励。

(4)股东因对股东大会作出的公司合并、分立决议持异议,要求公司收购其股份。

(5)将股份用于转换上市公司发行的可转换为股票的公司债券。

(6)上市公司为维护公司价值及股东权益所必需。

2. 股票回购的方式

股票回购的方式主要有以下三种。

(1)公开市场回购:即公司在股票的公开交易市场上回购股票,这种方法的缺点是在公开市场购买时会推高股价,从而增加回购成本。另外,交易税和交易佣金也是不可忽视的成本。

(2)要约回购:公司以一事先确定的价格向市场要约回购股票,为吸引卖亏,要约价格一般会定得略高于市价。如果愿意售回的股票多于要约数量,公司则按一定的配购比例向股东配购。

(3)协议回购:当公司想要从一个或几个主要股东手中回购股票时,一般会采用这种方式。但这种交易需要制定合理的回购价格,防止大股东借此高价收回股票,损害未收回股份的股东利益。

3. 股票回购的意义

(1)提高财务杠杆比例,改善企业资本结构。若认为权益资本在资本结构中所占比重过大,则可通过举借外债回购股票。虽造成公司负债规模增加,但权益资本比重下降,公司财务杠杆水平会明显提高。

(2)满足公司兼并与收购的需要。利用库存股票交换被兼并企业的股票,可降低或消除因公司兼并而带来的每股收益的稀释效应。

(3)稳定公司股价。过低的股价无疑会对公司经营造成严重影响,使人们对公司的信心下降,使消费者对公司产品产生怀疑,削弱公司出售产品、开拓市场的能力。在这种情况下，回购本公司股票以支撑公司股价，有利于改善公司形象，股价在上升过程中，投资者又重新关注公司的运营情况，消费者对公司产品的信任增加，公司也有了进一步配股融资的可能。

(4)替代现金股利。支付现金股利会对公司产生未来的派现压力，而股票回购属于非正常股利政策，不会对公司产生未来的派现压力。需要现金的股东可以选择出售股票，不需要现金的股东可以选择继续持有股票。因此，当公司有富余资金，但又不希望通过支付现金股利的方式进行分配时，股票回购可以作为现金股利的一种替代。

(5)在公司的股票价值被低估时，提高其市场价值。若认为公司的股价被低估，则可以通过股票回购向市场和投资者传递公司真实的投资价值，稳定或提高公司的股价。一般情况下，投资者会认为股票回购是公司认为其股票价值被低估而采取的应对措施。

4. 股票回购的负面效应

在正确认识股票回购的积极意义的基础上，必须对由于股票回购而可能带来的负效应保持清醒的头脑。

(1)财务风险效应。一般来说，股票回购会减少总股本，在利润预期不变的情况下，可以增加每股利润，从而使股价上升。但具体到某一公司，若利用债务资金回购股票，则会使资产负债率提高，企业债务负担增加，财务风险加大。尤其是当企业总资本报酬率小于借款利率时，企业净资产收益率会低于总资本报酬率。随着资产负债率的提高，企业净资产收益率将会加速降低，企业将为此承担巨大的财务风险。因此，在一般情况下，上市公司不应仅为了追求财务杠杆效应而进行股票回购而对于高资产负债率的企业应该特别注意。

(2)支付风险效应。由于股票回购需要大量的现金支出，因此，不可避免地会对上市公司形成很大的支付压力。

(3)容易导致内幕操纵股价。股份公司拥有本公司最准确、最及时的信息，上市公司回购本公司股票，易利用内幕消息进行炒作，使大批普通投资者蒙受损失，甚至有可能出现借回购之名，行炒作本公司股票的违规之实。

本章小结

本章主要介绍了营业收入的确认、日常管理；建筑企业利润的构成、分析及利润分配；股份制企业股利支付的程序、方式及股票分割和股票回购。通过本章的学习，应对营业收入及利润管理的有关知识形成一定的认识，为日后的工作打下基础。

思考与练习

一、填空题

1. 建筑企业的营业收入包括_____、_____、_____、_____、_____、_____以及其他业务收入。

2. 根据营业业务对企业经营成果的影响程度的不同，可以将企业营业收入划分为_____和_____两部分。

3. 工程价款的结算一般有_____、_____、_____、结算双方约定并经开户建设银行同意的其他结算方式。

4. 建筑企业的利润主要由_____、_____、_____三部分组成。

5. _____是指企业按照国家财经法规和企业章程，对所实现的净利润在企业与投资者之间、利润分配各项目之间和投资者之间进行分配。

6. _____是指上市公司出资将其发行流通在外的股票以一定价格购回予以注销或作为库存股的一种资本运作方式。

二、简答题

1. 建筑企业产品、作业销售收入主要的结算形式有哪些？
2. 简述营业外收支净额。
3. 简述建筑企业工程结算目标利润分层管理的作用。
4. 简述利润分配的原则。
5. 简述股份制企业股利支付的程序。
6. 什么是股票回购的负面效应？

三、计算题

1. 某公司将一工程项目分包给另一建筑企业。合同规定，年度承包工程总价值为5 400万元，主要材料的比重为60%，预付备料款的额度为25%。截至7月，累计已完工程价值为2 500万元，8月已完工程价值为200万元，9月已完工程价值为230万元。试求：

（1）该公司预付备料款的数额。

（2）该公司预付备料款的扣回。

2. 某公司2016年税后净利润为600万元，每股股利为0.2元。2017年税后净利润降为486万元，2016年至今公司发行在外的普通股始终为1 000万股。该公司现决定投资450万元开发新项目，其中，60%的资金来自举债，40%的资金来自股东权益。试求：

（1）若该公司采用剩余股利政策，则2017年应支付的每股股利为多少元？

（2）若该公司继续采用2016年所采用的固定股利支付率政策，则2017年应支付的每股股利为多少元？

3. 某公司采用剩余股利政策，2016年实现税后净利25 000万元，目前资本结构为债务资本占54%，权益资本占46%，且这一资本结构为目标资本结构，公司有未弥补但按制度规定可用税后利润弥补的亏损3 000万元。2016年，该公司有一投资项目，需求资金总额为30 000万元。试计算该公司2017年度可以发放的普通股股利。

第十章 财务预算

学习目标

了解财务预算的概念、作用、特征;掌握财务预算的编制方法,财务预算的执行与考核。

能力目标

能够运用财务预算管理的原理与方法,并结合企业实际经营活动的特点,选用合适的编制方法。

第一节 财务预算概述

一、财务预算的概念

财务预算是一系列专门反映企业未来一定预算期内预计财务状况和经营成果以及现金收支等价值指标的各种预算的总称,具体包括现金预算、预计利润表、预计资产负债表等内容。

财务预算是实现建筑企业经营目标的最直接有效的管理手段。其最终目的是全面实现经营管理的目标,其具体体现一般包括维持建筑企业生存的经营指标以及企业扩张、发展的资本支出预算,通过预算的切实有效的实施,确保预期财务目标的实现。

二、财务预算的作用

财务预算在企业全面预算中起着相当重要的作用,具体表现在以下几方面:

(1)强化企业目标管理。每一个企业都是一个有机的整体,预算作为企业的计划,规定了企业在一定时期内总的经营目标和企业各部门的具体财务目标,使各个部门都能从价值上了解本企业的经济活动与整个企业经营目标的关系,从而明确了各自的职责。

(2)协调企业财务关系。企业的财务预算是根据经营预算编制的,从经营目标出发,将本部门的工作目标具体化,并和其他部门取得协调一致。编制财务预算可以促使企业内部各级各部门的预算相互协调、统筹兼顾并搞好综合平衡。

(3)控制财务收支。财务预算的编制和执行,应当贯彻开源节流和量入为出的原则,平衡财务收支,做到有效控制。财务预算的控制包括计划制定前的预测和预控、过程的控制和事后反馈控制,应尤其重视日常财务收支的监督和控制。

(4)做好业绩考评。财务预算所规定的目标是考核建筑企业各部门工作业绩的标准。企业在评价各部门的工作业绩时,应根据财务预算的完成状况,定期进行考核评比并给予必要的奖惩,从而激发和鼓励企业员工努力工作。

三、财务预算的特征

与企业其他预算相比,财务预算具有以下特征:

(1)以经济效益最优为目标。利润是衡量企业经济效益的指标,具有较高的综合性。它综合反映了企业内部各部门各环节的生产经营业绩。企业利润强势增长是经济效益最优的集中反映。企业所能掌握的资源是有限的,而企业财务预算的目标为投入的人、财、物最少,产出的工程(产品)更多、更好,获取最优的经济效益。

(2)以创造最佳生产经营业绩为宗旨。企业财务预算涉及生产技术、经营管理、固定资产投资及债务偿付等各个方面,必须在资金筹集、资金投向和资金使用等方面做出全面的统筹和规划,以创造生产经营的最佳业绩为宗旨,不断改善企业的财务状况。

(3)以预算的有效执行为实施目的。企业财务预算的实施目的是预算的有效贯彻和执行。一方面,财务预算涉及企业各级各部门、生产经营的各个环节,因此,必须使人人参与计划的制定和管理,努力完成共同的财务目标;另一方面,还要使各项经济活动都能按照计划的要求,并在计划严密的监督和控制下有效地运行。

第二节　财务预算编制方法

企业财务预算有多种编制方法,按预算业务量基础的数量特征的不同,可分为固定预算和弹性预算;按预算出发点的特征的不同,可分为增量预算和零基预算;按预算期的时间特征不同,可分为定期预算和滚动预算。

一、固定预算与弹性预算

(一)固定预算

固定预算又称静态预算,是指根据预算期内正常的、可实现的某一业务量(如生产量、销售量)水平作为唯一基础来编制预算的方法。运用这种方法时,无论预算期内业务量水平可能发生哪些变动,都只按事先确定的某一个业务量水平作为编制预算的基础,会显得过于机械和呆板。当实际的业务量与编制预算所根据的业务量发生较大差异时,有关预算指标的实际数与预算数就会因业务量基础不同而失去可比性,不利于正确地控制、考核和评价企业预算的执行情况。因此,固定预算一般只适用于经营活动水平较为稳定的企业,但也适用于企业固定成本(费用)的控制。

(二)弹性预算

1. 弹性预算的概念

弹性预算又称变动预算,是指在成本习性分析的基础上,以业务量、成本和利润之间的依存关系为依据,按照预算期可预见的各种业务量水平,编制能够适应多种情况预算的方法。弹性预算能够反映预算期内与一定相关范围内的可预见的多种业务量水平相对应的不同预算额,从而扩大了预算的适用范围,便于预算指标的调整。在预算期实际业务量与计划业务量不一致的情况下,弹性预算能够使预算执行情况的评价与考核建立在更加客观和可比的基础上,便于发挥预算的控制作用。弹性预算适用于编制与业务量有关的各种预算,如成本、利润等预算。

2. 弹性预算的特点

(1)弹性预算是以业务量变动水平为预算前提的。

(2)弹性预算主要用于成本预算和利润预算。

(3)弹性预算能动态地反映和掌握成本及利润规划。

(4)弹性预算只对变动费用进行调整。

3. 弹性预算的编制程序

(1)确定某一相关范围,预期在未来期间内业务活动水平将在这个相关范围内变动。

(2)选择经营活动水平的计量标准,如产量单位、直接人工小时、机器小时等。

(3)根据成本与计量标准之间的依存关系将企业的成本分为固定成本、变动成本、混合成本三大类。

(4)按成本函数($y=a+bx$)将混合成本分解为固定成本和变动成本。

(5)确定预算期内各业务活动水平。

(6)利用多栏式表格分别编制对应于不同经营活动水平的预算。

4. 弹性预算的优缺点

(1)优点:弹性预算建立在成本按成本性态分类的基础上,承认成本与各种不同业务量的数量关系,可以反映在预算执行期内实际业务量应达到的预算成本水平。因此,可以使评价、考核预算执行的情况建立在更加客观和可比的基础之上,更具有合理性及说服力。

(2)缺点:弹性预算与固定预算一样,是在历史资料的基础上,根据预期变化调整以后确定预算期的相应数据,因而容易导致预算人员的惰性,造成不合理的费用可能继续存在,未来期间需要而过去不存在的费用可能不被纳入预算,这些显然不利于企业的发展。

二、增量预算与零基预算

(一)增量预算

1. 增量预算的概念

增量预算是指在基期成本费用水平的基础上,综合预算期业务量水平及有关降低成本的措施,通过调整有关原有费用项目而编制预算的方法。

2. 增量预算的假定前提

(1)现有的业务活动是企业必需的。

(2)原有的各项开支都是合理的。

(3)未来预算期的费用变动是在现有费用基础上调整的结果。

3. 增量预算的特点

按这种方法编制预算，往往不加分析地保留或接受原有的成本项目，可能使原来不合理的费用开支继续存在下去，使不必要的开支合理化，造成预算上的浪费；容易鼓励预算编制人凭主观臆断按成本项目平均削减预算或只增不减，不利于调动各部门降低费用的积极性；对于那些未来实际需要开支的项目，可能因没有考虑未来情况的变化而造成预算的不足。

(二)零基预算

1. 零基预算的概念

零基预算是指在编制成本费用预算时，不考虑以往会计期间所发生的费用项目或费用数额，而是以所有的预算支出均为零为出发点，一切从实际需要与可能出发，逐项审议预算期内各项费用的内容及开支标准是否合理，在综合平衡的基础上编制费用预算的一种方法。零基预算特别适用于产出较难辨认的服务性部门费用预算的编制。

2. 零基预算的编制步骤

(1)划分和确定基层预算单位。企业各基层业务单位通常被视为能独立编制预算的基层单位。

(2)编制本单位的费用预算方案。由企业提出总体目标，然后各基层预算单位从企业的总目标和自身的责任目标出发，编制本单位为实现上述目标而需要编制的费用预算方案，在方案中必须详细说明提出项目的目的、性质、作用及需要开支的费用数额。

(3)进行成本—效益分析。基层预算单位按下达的"预算年度业务活动计划"，确认预算期内需要进行的业务项目及其费用开支后，管理层对每一个项目的所需费用和所得收益进行比较分析，权衡轻重，区分层次，划出等级，排出先后。基层预算单位的业务项目一般分为三个层次：第一层次是必要项目，即非进行不可的项目；第二层次是需要项目，即有助于提高质量、效益的项目；第三层次是改善工作条件的项目。进行成本—效益分析的目的在于判断基层预算单位各个项目费用开支的合理程度、先后顺序以及对本单位业务活动的影响。

(4)审核分配资金。根据预算项目的层次、等级和次序，按照预算期可动用的资金及其来源，依据项目的轻重缓急分配资金，落实预算。

(5)编制并执行预算。资金分配方案确定后，就可制定零基预算正式稿，经批准后下达执行。执行中遇有偏离预算的地方要及时纠正，遇有特殊情况要及时修正，遇有预算本身的问题要找出原因，总结经验加以提高。

3. 零基预算的优缺点

(1)优点：零基预算对于每项作业活动或职能均不以其存在为依据，而是重新评估，有利于及时发现效益不佳的作业，杜绝资源浪费及缺乏效率的情况；零基预算不受现有费用项目和开支水平的限制，能够调动各方面降低费用的积极性，有助于企业的发展。

(2)缺点：一切均以零为起点，耗时巨大。

三、定期预算与滚动预算

(一)定期预算

1. 定期预算的概念

定期预算是指在编制预算时以不变的会计期间作为预算期的一种编制预算的方法。这种方法能够使预算期间与会计年度相配合，便于考核和评价预算的执行结果。

2. 定期预算的优缺点

(1)优点：能够使预算期间与会计年度相配合，便于考核和评价预算的执行结果。

(2)缺点：

1)盲目性。由于定期预算往往是在年初甚至提前两三个月编制的，对于整个预算年度的生产经营活动很难做出准确的预算，尤其是对预算后期的预算只能进行笼统的估算，数据笼统含糊，缺乏远期指导性，给预算的执行带来很多困难，不利于对生产经营活动的考核与评价。

2)滞后性。由于定期预算不能随情况的变化及时调整，当预算中所规划的各种活动在预算期内发生重大变化时(如预算期临时中途转产)，就会造成预算滞后过时，使其成为虚假预算。

3)间断性。由于受预算期间的限制，经营管理者们的决策视野局限于本期规划的经营活动，通常不考虑下期。例如，一些企业提前完成本期预算后，认为可以松一口气，其他事等来年再说，形成人为的预算间断。所以，按定期预算方法编制的预算不能适应连续不断的经营过程，不利于企业的长远发展。

为了克服定期预算的缺点，在实践中可采用滚动预算的方法编制预算。

(二)滚动预算

1. 滚动预算的概念

滚动预算又称连续预算或永续预算，是指在编制预算时，将预算期与会计年度脱离，随着预算的执行不断延伸补充预算，逐期向后滚动，使预算期永远保持为一个固定期间的一种预算编制方法。

滚动预算按预算编制和滚动的时间单位不同，可分为逐月滚动、逐季滚动和混合滚动三种方式。逐月滚动是指以月份为预算的编制和滚动单位，每个月调整一次预算，其编制的预算比较精确，但工作量太大。逐季滚动是指以季度为预算的编制和滚动单位，每个季度调整一次预算，其编制的预算比逐月滚动的工作量小，但预算精度较差。混合滚动方式是指在预算编制过程中同时使用月份和季度作为预算的编制和滚动单位的方法，它是滚动预算的一种变通方式。

2. 滚动预算的编制方法

编制滚动预算时，往往需要在基期资料的基础上，对预算期前3个月的数据按月份进行详细预算，而对后9个月则按季度做简单预算，每过1个月或1个季度等固定期间，就根据这一固定期间的预算执行情况，对下一个固定期间的预算进行修订和调整，做出这一固定期间详细的预算，逐期向后滚动，使预算始终保持在12个月的时间幅度。滚动预算如图10-1所示。

3. 滚动预算的优缺点

(1)优点：

1)透明度高。滚动预算的编制与企业日常管理紧密衔接，能使管理人员始终掌握企业近期的动态规划目标及远期的战略变化。

2)灵活性强。由于滚动预算能根据前期预算的执行情况，结合各种因素的变动影响，及时调整和修订近期预算，预算能够充分发挥指导和控制作用。

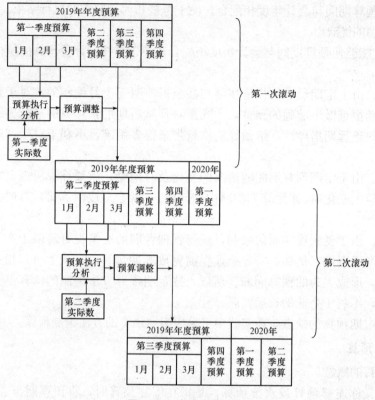

图 10-1　滚动预算示意

3)连续性突出。滚动预算在时间上不再受日历年度的限制,能够连续不断地规划未来的经营活动,不会造成预算的人为间断。

(2)缺点:预算工作量较大。

第三节　财务预算编制实务

一、销售预算

销售预算是为规划预算期内由于企业销售活动而产生的预计销售收入而编制的一种经营预算,反映预算期内各季度的销售规模。它是编制全面预算的关键和起点,其他预算均以销售预算为基础。编制销售预算主要依据销售预测等资料,分别按产品的名称、销量、单价、金额来编制,然后加以归并汇总。根据预计的销售量和销售单价可求出预计销售收入。其计算公式为

$$预计销售收入 = 预计销售量 \times 预计销售单价$$

二、生产预算

生产预算是为规划预算期内预计生产量水平而编制的一种日常业务预算。它是在销售预算的基础上分品种编制的，通常以实物量计量。由于企业的生产和销售不能做到"同步同量"，因此，预计生产量时必须考虑期初、期末产成品的存货量。各季度预计生产量的计算公式为

预计生产量＝预计销售量＋预计期末存货数量－预计期初存货数量

三、直接材料预算

直接材料预算是为规划预算期内直接材料消耗情况和材料采购活动而编制的，用于反映预算期直接材料的单位产品用量、生产需用量、期初和期末存量等信息。它是在编制完生产预算以后，以预计的产量为基础，并考虑期初、期末材料的存货水平而编制的。预计材料采购量可按下列公式计算：

预计材料采购量＝预计生产需要量＋预计期末材料库存量－预计期初材料库存量
生产需用量＝预计生产量×单位产品该材料用量

式中，预计期末材料库存量可根据下一季度生产需要量的一定比例加以确定，单位产品该材料用量可以根据标准单位耗用量或定额耗用量确定。

四、直接人工预算

直接人工预算是为规划预算期内人工工时的消耗水平和人工成本水平而编制的一种经营预算。直接人工预算也是以生产预算为基础，根据生产预算中的预计生产量及单位产品所需的直接人工小时数和每小时的工资率进行编制的。其计算公式为

预计人工总工时＝预计生产量×单位产品工时
预计人工总成本＝预计人工总工时×每小时人工成本

五、制造费用预算

制造费用是除直接材料和直接人工以外为生产产品而发生的间接费用。制造费用项目不存在易于辨认的投入/产出关系，其预算需要根据生产水平、管理层的意愿、长期生产能力、公司政策、国家的税收政策等外部因素进行编制。预计制造费用的计算公式为

预计制造费用＝预计变动性制造费用＋预计固定性制造费用

六、产品成本预算

产品成本预算是为规划预算期内每种产品的成本水平而编制的一种经营预算。它是生产预算、直接材料预算、直接人工预算、制造费用预算的汇总，主要包括单位产品成本、生产成本、期初与期末产成品存货及产成品销售成本等内容。它是编制预计利润表、预计资产负债表的主要根据之一。

七、销售及管理费用预算

销售及管理费用预算是指除制造费用以外的企业日常销售和经营管理活动所发生的各

项费用的预算。销售及管理费用属于期间费用,其编制方法与制造费用预算的编制方法基本相同,也应分项目、按成本习性分别进行列示或反映。

八、现金预算

1. 现金预算的定义

现金预算又称现金收支预算,是指以日常业务预算和特种决策预算为基础所编制的反映现金收支情况的预算,即反映企业现金流转状况的预算。现金预算取决于其他预算中现金收入和支出的安排,其他预算也要根据现金预算的可能支付条件安排本身的费用支出。现金的流入/流出与企业各项财务资源的取得和运用密切相关,是企业筹措资金、生产经营、投资活动及预测未来偿债能力的重要依据,对企业实现预期的财务目标具有重大影响。

2. 现金预算的编制原则

企业现金预算的编制应遵循以下原则:

(1)贯彻收付实现制。要求必须是当期的现收现支,而不能安排本期不能兑现的应收应支款项。

(2)处理好收支的平衡关系。要求做到量入为出,以收抵支,取得相应收支项目的内在平衡,确保收支计划的总体平衡。

(3)预算要留有余地。要求预算适当安排期末结余资金,而不能满收满付,以备处理不可预见项目的开支及下期期初资金的急需。

3. 现金预算的编制方法

现金预算由四部分组成,即现金收入、现金支出、现金多余或不足、资金的筹集和运用。现金预算的编制,以各项经营预算和资本预算为基础,以表格的形式反映各预算期的收入款项和支出款项,并作对比说明。下面着重介绍现金预算表的编制方法。

在编制现金预算表前,需要掌握现金流向关系的计算公式:

某期现金余缺＝该期现金收入－该期现金支出

期末现金余额＝现金余缺－现金的筹集和运用

【例 10-1】 设某建筑工程公司 2017 年年度各项财务收支业务资料预计如下:

(1)期初货币资金预计数(或实际数)为 206 万元。

(2)本期预计收入:

1)本年实现净利润 210 万元,转入所有者权益 134 万元(提取公积金 21 万元,未分配利润 113 万元),应付利润 76 万元。

2)已从净利润中减去的非现金支出的费用和损失。

①固定资产折旧 60 万元。

②无形资产摊销 14 万元。

③临时设施摊销 6 万元。

④固定资产变价净损失 2 万元(固定资产报废 5 万元,已提折旧 3 万元,变价净损失 2 万元)。

⑤递延税款 8 万元(应缴税金与实计税金的差额)。

3)流动资产减少数 18 万元(收回应收账款 10 万元,应收票据 8 万元)。

4)流动负债增加数 22 万元(应付账款 12 万元,应付票据 10 万元)。

5)长期负债增加数 140 万元(长期借款 90 万元,应付债券 50 万元)。

6)对外投资转出固定资产 50 万元。

(3)本期预计支出：

1)本年计划存货新增 50 万元(采购材料计划 573 万元,耗用材料计划 523 万元)。

2)本年计划新增固定资产 230 万元。

3)本年计划未完专项工程 20 万元。

4)本年计划无形资产投资 25 万元。

5)本年计划对外长期投资(现金)50 万元。

以上三项根据专项投资计划编列。

6)流动资产增加 14 万元(预付账款 10 万元,其他应收款 4 万元)。

7)职工福利费支出数增加 7 万元。

8)支付投资者利润 76 万元。

某公司 2017 年年度现金预算表见表 10-1。

表 10-1 某建筑公司 2017 年年度现金预算表

编制单位：某公司   万元

收入项目	金额	支出项目	金额
一、本年收入		二、本年支出	
(一)本年实现净利润	210	(一)存货	
加：已从净利润减去的费用		采购材料支出 573	
(1)固定资产折旧	60	减：本期耗料 523	50
(2)无形资产摊销	14	(二)固定资产投资支出	230
(3)临时设施摊销	6	(三)专项工程支出	20
(4)固定资产变价净损失	2	(四)无形资产投资	25
(5)递延税款	8	(五)长期投资	50
营业收入小计	300	(六)其他支出	
(二)其他收入		1. 预付账款增加	10
1. 收回应收账款	10	2. 其他应收款增加	4
2. 收回应收票据	8	3. 应付福利费支出	7
3. 应付账款增加	12	4. 支付投资者利润	76
4. 应付票据增加	10		
5. 长期借款增加	90	其他支出小计	97
6. 应付债券增加	50		
7. 对外投资转出固定资产	50		
8. 其他收入小计	230		
收入合计	530	支出合计	522
期初货币资金	206	期末货币资金	214
总计	736	总计	736

说明：1. 本年实现利润包括所有者权益 134 万元及应付利润 76 万元；已从净利润减去的费用 90 万元为非货币支出。

2. 对外投资转出固定资产 50 万元,为固定资产减少,长期投资增加。

九、预计利润表

预计利润表是指以货币形式综合反映预算期内施工企业经营活动成果计划水平的一种财务预算。该表既可按季编制，也可按年编制。

【例 10-2】 表 10-2 是某公司 2019 年年度预计利润表。

表 10-2　某公司 2019 年年度预计利润表

编制单位：某公司　　　　　　　　　　　　　　　　　　　　　　　　　　　　元

项　　目	金　　额
销售收入	1 080 000
减：销售税金及附加	108 000
减：本期销货成本	675 600
贡献毛益总额	296 400
减：期间成本	61 960
利润总额	234 440
减：应交所得税（33%）	77 365.2
净利润	157 074.8

十、预计资产负债表

预计资产负债表是以货币单位反映预算期末财务状况的总括性预算。该表与实际的资产负债表内容、格式相同，所不同的是其数据是预测数。预计资产负债表是利用期初的资产负债表的数据，根据企业有关结算收入、生产、资本等预算的有关数据加以调整而编制的。

【例 10-3】 表 10-3 为某公司 2019 年年度预计资产负债表。

表 10-3　某公司 2019 年年度预计资产负债表

编制单位：某公司　　　　　　　　　　　　　　　　　　　　　　　　　　　　元

资产	年末数	年初数	负债与股东权益	年末数	年初数
现金	24 958	21 000	负债		
应收账款	44 000	40 000	应付账款	60 760	52 000
材料存货	31 900	28 000	应付工资	50 000	
产成品存货	81 660	28 500	应交所得税	−2634.8	
土地	120 000	120 000	股东权益		
厂房设备	275 000	175 000	普通股	280 000	280 000
减：累计折旧	40 000	27 200	优先股	20 000	
有价证券投资	48 982		留存收益	178 374.8	53 300
资产总计	586 500	385 300	负债与股东权益总计	586 500	385 300

第四节　财务预算的执行与考核

一、财务预算的执行

企业预算在批复下达后，各预算执行单位应认真组织实施，将预算指标层层分解，从横向到纵向落实到内部各部门、各单位、各环节和各岗位，形成全方位的预算执行责任体系。

企业应当将预算作为预算期内组织、协调各项经营活动的基本依据，将年度预算细分为月份和季度预算，以分期预算控制确保年度预算目标的实现。

企业应当强化现金流量的预算管理，严格执行销售、生产和成本费用的预算，努力完成利润指标，建立预算报告制度，要求各预算执行单位定期报告预算的执行情况，利用财务报表监控预算的执行情况，及时向预算执行单位、企业财务预算委员会以至董事会或经理办公会提供财务预算的执行进度、执行差异及其对企业预算目标的影响等财务信息，促进企业完成预算目标。

对于预算编制、执行和考评过程中的风险，企业应当采取一定的防控措施来对风险进行有效管理。必要时，可以建立企业内部负责日常预算管理需求的部门，加强员工风险意识，以个人为预算风险审查对象并形成相应的奖惩机制，通过信息技术和信息管理系统控制预算流程中的风险。

企业应当严格执行销售、生产和成本费用的预算，努力完成利润指标。在日常控制中，企业应当健全凭证记录，完善各项管理规章制度，严格执行生产经营月度计划和成本费用的定额、定率标准，加强适时监控。对预算执行中出现的异常情况，企业有关部门应及时查明原因，提出解决办法。

企业应当建立预算报告制度，要求各预算执行单位定期报告预算的执行情况。对于预算执行中发现的新情况、新问题及出现偏差较大的重大项目，企业财务管理部门以至预算管理委员会应当责成有关预算执行单位查找原因，提出改进经营管理的措施和建议。

二、财务预算的分析与考核

企业应当建立预算分析制度，由预算委员会定期召开财务预算执行分析会议，全面掌握预算的执行情况，研究、解决预算执行中存在的问题，纠正预算的执行偏差。

开展预算执行分析时，企业管理部门和各预算执行单位应遵循以下要求：

（1）充分收集财务、市场、业务、技术、政策、法律等方面的信息资料，根据情况分别采用比率分析、比较分析、因素分析、平衡分析等方法。

（2）针对预算的执行偏差，充分、客观地分析发生的原因，提出相应的解决措施或建议，提交董事会或经理办公会研究决定。

（3）企业预算委员会应当定期组织预算审计，纠正预算执行中存在的问题。充分发挥内部审计的监督作用，维护预算管理的严肃性。预算审计可以采用全面审计或者抽样审计。

（4）预算年度终了，预算委员会应当向董事会或者经理办公会报告预算执行情况，并依据预算完成情况和预算审计情况对预算执行单位进行考核。企业预算应当结合年度内部经济责任制进行考核，与预算执行单位负责人的奖惩挂钩，并将其作为企业内部人力资源管理的参考。

本章小结

本章主要介绍了财务预算的相关内容，包括财务预算的概念、作用、特征，固定预算、弹性预算、增量预算、零基预算、定期预算和滚动预算的特点、编制步骤、优缺点，财务预算的执行与考核。通过本章的学习，应掌握财务预算的方法，为日后的工作打下基础。

思考与练习

一、填空题

1. 财务预算是一系列专门反映企业未来一定预算期内预计财务状况和经营成果，以及现金收支等价值指标的各种预算的总称，具体包括_____、_____、_____等内容。

2. _____是指根据预算期内正常的、可实现的某一业务量（如生产量、销售量）水平作为唯一基础来编制预算的方法。

3. _____是指在成本习性分析的基础上，以业务量、成本和利润之间的依存关系为依据，按照预算期可预见的各种业务量水平，编制能够适应多种情况预算的方法。

4. _____是指在基期成本费用水平的基础上，综合预算期业务量水平及有关降低成本的措施，通过调整有关原有费用项目而编制预算的方法。

5. _____是指在编制预算时以不变的会计期间作为预算期的一种编制预算的方法。

6. _____是指在编制预算时，将预算期与会计年度脱离，随着预算的执行不断延伸补充预算，逐期向后滚动，使预算期永远保持为一个固定期间的一种预算编制方法。

7. _____是为规划预算期内预计生产量水平而编制的一种日常业务预算。它是在销售预算的基础上分品种编制的，通常以实物量计量。

8. _____是除直接材料和直接人工以外为生产产品而发生的间接费用。

二、简答题

1. 财务预算在企业全面预算中起着相当重要的作用，其具体表现为哪几个方面？
2. 与企业其他预算相比，财务预算具有哪些特征？
3. 弹性预算的优缺点有哪些？
4. 什么是零基预算？零基预算的优缺点有哪些？
5. 什么是现金预算？企业现金预算的编制应遵循哪些原则？

三、计算题

某企业生产和销售 A 种产品，计划期 2014 年 4 个季度预计销售量分别为 1 000 件、1 200 件、1 800 件和 1 500 件；A 种产品预计单位售价为 1 000 元。假设每季度销售收入中，本季度收到现金 60%，另外 40% 要到下一季度才能收回。上年末应收账款余额为 55 000 元。要求：

(1) 编制 2014 年销售预算表。
(2) 编制 2014 年预计现金收入表。
(3) 确定 2014 年末应收账款余额。

第十一章 财务分析

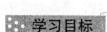

了解财务分析的概念、目的、意义和内容,财务综合分析的目标;掌握财务分析的方法,衡量偿债能力、营运能力、盈利能力、发展能力的指标,财务综合分析的方法,财务综合绩效评价。

具备熟练分析和判断公司的偿债能力、营运能力、盈利能力、发展能力,能够指出企业存在的问题并得出正确的分析结论;能够进行企业财务综合绩效评价。

第一节 财务分析概述

一、财务分析的概念

财务分析是以企业的财务报表及其他核算资料为依据,采用一系列分析方法对一定时期的财务活动的过程和结果进行研究和评价,借以认识财务活动规律,促进企业提高经济效益的财务管理活动。

二、财务分析的目的

企业财务分析的目的是了解过去、评价现在、预测未来,帮助财务信息使用者改善决策。财务分析的最基本功能,是将大量的报表数据转换成对特定决策有用的信息,减少决策的不确定性。财务分析使用的数据大部分来源于公开发布的财务报表,财务报表的使用者主要有投资者、经营者、债权人及其他相关利益主体,他们进行财务分析的目的有所不同,概括如下:

(1)投资者。作为投资者,会高度关心被投资企业资本的保值和增值状况,对投资的回报率极为关注。因此,投资者通过分析被投资企业的盈利能力、营运能力及发展趋势,以便评价投资风险和报酬，做出是否投资、是否转让股份、采用何种股利分配政策等决策。

(2)债权人。债权人最关注的是分析贷款的报酬和风险，以决定是否给予企业贷款；分析资产的流动性，以了解债务人的短期偿债能力；分析其盈利状况，以了解债务人的长期偿债能力；评价债权的价值，以决定是否出让债权。

(3)企业经营管理人员。企业经营管理人员最关注的是企业财务状况的好坏、经营业绩的大小及现金的流动情况。为此，依据企业财务会计信息，着重分析有关企业某一特定时期的资产、负债及所有者权益情况，以及某一特定经营期间经营业绩与现金流量方面的信息，并做出合理的评价，从而总结经验，找出问题，改进经营管理，提高企业的经济效益。

(4)政府。政府对国有资源进行分配和运用时，需要通过财务分析了解企业纳税情况，了解企业遵守法规和市场秩序的情况，了解企业职工的收入和就业状况。

(5)供应商。通过对企业实施财务分析，以了解其销售信用的水平，以便做出是否长期合作、是否对企业延长付款期等决策。

(6)企业职工。企业职工通过财务会计信息所反映的情况，了解自身的应有权利和所获报酬是否公平、合理。

(7)中介机构。社会中介机构通过财务分析，可以确定审计工作的重点，为各类报表使用人提供专业咨询。

三、财务分析的意义

财务分析以企业财务报告反映的财务指标为主要依据，对企业的财务状况和经营成果进行评价和剖析，以反映企业在运营过程中的利弊得失、财务状况及发展趋势，为改进企业财务管理工作和优化经营决策提供重要的财务信息。财务分析是一项科学、复杂、细致的管理工作，是对企业一定期间的财务活动的总结，可以为企业下一步的财务预测和财务决策提供依据。开展财务分析具有以下几个重要意义：

1. 有利于企业经营管理者进行经营决策和改善经营管理

社会主义市场经济为企业之间的平等竞争创造了有利条件，也给企业的生产经营带来了风险。复杂的经营环境要求企业的经营管理者不仅要广泛、准确地了解社会信息，而且要全面、客观地掌握本企业的具体情况。只有这样，企业的经营管理者才能运筹帷幄、无往而不胜。评价企业财务状况、经营成果及其变动趋势，揭示企业内部各项工作出现的差异及其产生的原因，是帮助企业经营管理者掌握本企业实际情况的重要方法。它对于开展企业经营决策和改善企业经营管理具有重要意义。

2. 有利于投资者做出投资决策和债权人制定信用政策

企业的财务状况和经营成果好坏，不仅是企业经营管理者需要掌握的，而且是企业的投资者、债权人十分关心的，它直接关系到投资者和债权人的利益。投资者为了提高投资收益，减少投资风险，就需要正确进行投资决策；债权人为了及时收回贷款或收取应收账款，减少呆账或坏账损失，就需要制定正确的信用政策。因此，投资者、债权人对有关企业的盈利能力、偿债能力、营运能力及其发展趋势，必须深入了解，这就要求对企业的财务报告进行深入的考察和分析，以利于选择最佳投资目标或制定最佳信用政策。

3. 有利于国家财税机关等政府部门加强税收征管工作和正确进行宏观调控

国家财政收入主要来自企业上缴的税收。为了保证国家财政收入，国家财税机关必须改善和加强对税收的征收管理工作，一方面要促进企业改进生产经营管理，增加企业收益；另一方面要监督企业遵纪守法，保证税收及时、足额地纳入国库。另外，为了保证社会主义市场经济的稳定发展，国家财税机关等政府部门必须制定宏观调控措施，规范企业的生产经营行为。无论是加强税收的征收管理，还是制定宏观调控措施，都有必要进行财务分析，全面、深入地掌握企业的财务状况、经营成果及其变动趋势。

四、财务分析的内容

企业财务分析的内容，可归纳为以下几方面：

（1）偿债能力分析。企业的偿债能力也称为支付能力，是企业能用于支付的资产抵补需要偿付的债务能力。企业偿债能力的强弱，直接影响其筹集资金的能力和信誉，对企业的生存和发展极为重要。

（2）营运能力分析。企业的营运能力是指企业资金的运用效率。营运能力决定着企业经营水平的高低。企业资金的多少可以表现为经营规模的大小，而资金能否有效运用，流转是否顺畅、快速，是否能使企业增加收入，则表现为企业经营理财水平的高低。

（3）盈利能力分析。企业的盈利能力是企业赖以生存和发展的基础，是兴办企业的根本目的。企业盈利能力强，自有资金的增加就有保证，资金充裕，就有利于生产经营活动的顺畅，有利于投资，也有利于如期偿还债务和筹集新的资金。

（4）发展能力分析。企业的发展能力是企业经营规模的不断扩大以及企业资本积累的能力。较强的发展能力通常体现为营业收入、资本积累、财务成果等指标的增长。对企业的发展能力进行分析可以发现问题，规划和调整企业的市场定位目标与策略，提高经营管理水平，增强市场竞争力。

第二节 财务分析方法

进行财务分析，首先必须选择恰当的方法。企业财务分析的方法主要有比率分析法、趋势分析法和因素分析法。

一、比率分析法

比率分析法是把某些彼此存在关联的项目加以对比，计算出比率，据以确定经济活动变动程度的分析方法。比率是相对的，采用这种方法，能够将某些条件下的不可比指标变为可比指标，以利于进行财务分析。比率分析法是企业财务分析中应用最广泛的一种方法。

比率指标的类型主要有以下三种：

1. 结构比率

结构比率又称构成比例，是指某项经济指标的各个组成部分与总体之间的比率，如应收款项与流动资产的比率等。它反映部分与总体的关系，可以考察总体中某个部分的形成和安排是否合理，对不同时期的结构比率进行比较还可以揭示其变化趋势。其计算公式为

$$结构比率 = \frac{个体数量}{总体数量} \times 100\%$$

计算结构比率时，选择恰当的"总体"是关键。在财务分析中，资产负债表的"总体"是资产总额或负债及所有权益总额；利用结构比率，可以考察总体中某个部分的形成与比例安排是否合理，从而达到优化资产结构、资金结构及投入产出结构的目的。

2. 效率比率

效率比率是指某项经济活动中所费与所得的比率，它反映投入与产出的关系，如成本费用利润率等。利用效率比率指标可以进行得失比较，从而分析经营成果，评价经济效益；可以从不同的角度观察、比较企业收益能力的高低及增减变化的情况。

3. 相关比率

相关比率是指以某个项目和与其相关但又不同的项目加以对比所得的比率，反映有关经济活动的相互关系，如流动比率等。利用相关比率指标可以观察有联系的相关业务安排是否合理，以保障企业营运活动顺畅进行。

二、趋势分析法

趋势分析法又称水平分析法，是对两期或连续数期财务报告中相同指标进行对比，确定其增减变动的方向、数额和幅度，揭示企业财务状况和经营成果变动趋势的一种方法。它可以分析引起变化的主要原因、变动的性质，并预测企业未来的发展前景。趋势分析法的具体运用主要有以下三种方式：

(1)重要财务指标的比较。重要财务指标的比较，是将不同时期财务报告中的相同指标或比率进行比较，直接观察其增减变动情况及变动幅度，考察其发展趋势，预测其发展前景。对于不同时期财务指标的比较，可采用定期动态比率和环比动态比率。

(2)会计报表的比较。会计报表的比较是将连续数期的会计报表的金额并列起来，比较其相同指标的增减变动金额和幅度，据以判断企业财务状况和经营成果发展变化的一种方法。会计报表的比较，具体包括资产负债表比较、利润表比较、现金流量表比较等。比较时，既要计算出表中有关项目增减变动的绝对额，又要计算出其增减变动的百分比。

(3)会计报表项目构成的比较。会计报表项目构成的比较是在会计报表比较的基础上发展而来的。它是以会计报表中的某个总体指标作为 100%，再计算出各组成项目占该总体指标的百分比，通过数期数据来判断有关财务活动的变化趋势。这种方法既可以用于同一企业不同时期财务状况的纵向比较，又可用于不同企业的横向比较；同时，还能消除不同时期、不同企业之间业务规模差异的影响，有利于分析企业的耗费水平和盈利水平。

三、因素分析法

因素分析法是依据分析指标与影响其因素的关系，从数量上确定各因素对分析指标的影响方向和影响程度的一种方法。

因素分析法具体包括以下两种：

(1)连环替代法。连环替代法是将分析指标分解为各个可以计量的因素，并根据各个因素之间的依存关系，顺次用各因素的比较值(通常即实际值)替代基准值(通常为标准值或计划值)，据以测定各因素对分析指标的影响。

(2)差额分析法。差额分析法是连环替代法的一种简化形式，是利用各个因素的比较值与基准值之间的差额，来计算各因素对分析指标的影响。

因素分析法的基本程序如下：

(1)确定分析对象。

(2)确定影响指标变动的各因素，按照各因素之间的依存关系编制成分析公式，并以基期数(计划数或前期数)为基础。

(3)按照分析公式所列因素顺序，依次运用各因素的实际数替换基期数，有几个因素就替换几次，直到把所有因素都替换成实际数为止，并计算出每次替换的结果。

(4)将每次替换所得结果与前一次计算的结果相比较，二者之差便是此因素变动对经济指标的影响程度。

(5)将各因素变动对经济指标的影响额相加，所得代数和应等于实际指标与基期指标的总差异。

第三节 财务指标分析

进行企业财务分析时，必须选择合适的财务指标，从各个角度反映和评价企业财务状况和经营成果。企业财务分析的重要指标包括偿债能力指标、营运能力指标、盈利能力指标和发展能力指标。

一、偿债能力分析

偿债能力是指企业偿还到期债务(包括本息)的能力。偿债能力分析包括短期偿债能力分析和长期偿债能力分析。

(一)短期偿债能力分析

短期偿债能力是指企业偿还流动负债的能力，是衡量企业当前财务能力，特别是流动资产变现能力的重要标志。企业短期偿债能力的衡量指标主要有流动比率、速动比率和现金流动负债比率等。

1. 流动比率

流动比率又称营运资本率，是指流动资产与流动负债之间的比例关系，是企业短期偿债能力分析中的一个重要指标。

流动比率的基本计算公式为

$$流动比率 = \frac{流动资产}{流动负债}$$

一般而言，流动比率越高，反映企业短期偿债能力越强，债权人的权益越有保证。按照西方企业的长期经验来看，一般为2:1的比例比较适宜。它表明企业财务状况稳定可靠，除可满足日常生产经营的流动资金需要外，还有足够的财力偿付到期短期债务。如果比例过低，则表示企业流动资产较少，难以如期偿还债务；但是，流动比率也不可能过高，过高则表明企业流动资产占用较多，会影响资金的使用效率和企业的筹资成本，进而影响获利能力。究竟应保持多高水平的比率，主要取决于企业对待风险与收益的态度。

【例11-1】根据表11-1中的资料，A公司2017年的流动比率为

$$年初流动比率 = \frac{7\ 100}{3\ 400} = 2.088$$

$$年末流动比率 = \frac{8\ 050}{4\ 000} = 2.013$$

计算结果表明，该公司2017年年初、年末流动比率均超过一般公认标准，反映该公司具有较强的短期偿债能力。

表 11-1　A公司资产负债表

编制单位：A公司　　　　　　　2017年12月31日　　　　　　　　　　　万元

资产	年初数	年末数	负债及所有者权益	年初数	年末数
流动资产：			流动负债：		
货币资金	800	900	短期借款	2 000	2 300
短期投资	1 000	500	应付账款	1 000	1 200
应收账款	1 200	1 300	预收账款	300	400
预付账款	40	70	其他应付款	100	100
存货	4 000	5 200	流动负债合计	3 400	4 000
待摊费用	60	80	长期负债	2 000	2 500
流动资产合计	7 100	8 050	所有者权益：		
长期投资	400	400	实收资本	12 000	12 000
固定资产净值	12 000	14 000	盈余公积	1 600	1 600
无形资产	500	550	未分配利润	1 000	2 900
			所有者权益合计	14 600	16 500
资产总计	20 000	23 000	负债及所有者权益合计	20 000	23 000

2. 速动比率

速动比率是速动资产与流动负债的比率。其计算公式为

$$速动比率 = \frac{速动资产}{流动负债}$$

速动资产是指从全部流动资产中剔除变现能力较差或无法变现的存货、预付账款、一年内到期的非流动资产和其他流动资产等之后的余额，包括货币资金、交易性金融资产、应收账款、应收票据等，即

速动资产＝货币资金＋交易性金融资产＋应收账款＋应收票据

　　　　＝流动资产－存货－预付账款－一年内到期的非流动资产－其他流动资产

速动比率越高，企业偿还流动负债的能力越强，一般保持在100%的水平比较好，表明

企业既有好的债务偿还能力，又有合理的流动资产结构。国际上公认的标准比率为100%，我国目前较好的比率约为90%。由于行业之间的关系，速动比率合理水平值的差异较大，在实际运用中应综合行业特点分析判断。

【例11-2】 根据表11-2的资料，B公司2017年的速动比率为

$$年初速动比率=\frac{2\ 400+3\ 000+3\ 600}{10\ 200}=0.88$$

$$年末速动比率=\frac{2\ 700+1\ 500+3\ 900}{12\ 000}=0.68$$

计算结果表明，该公司2017年年初的速动比率未达到公认标准，年末的速动比率比年初更低。这反映出该公司实际的短期偿债能力并不理想。

表11-2 B公司资产负债表

编制单位：A公司　　　　2017年12月31日　　　　　　　　　　万元

资产	期末余额	年初余额	负债及股东权益	期末余额	年初余额
流动资产：			流动负债：		
货币资金	2 700	2 400	短期借款	6 900	6 000
交易性金融资产	1 500	3 000	应付账款	3 600	3 000
应收账款	3 900	3 600	预收账款	1 200	900
预付账款	210	120	其他应付款	300	300
存货	15 600	12 000	流动负债合计	12 000	10 200
其他流动资产	240	180	非流动负债		
流动资产合计	24 150	21 300	长期负债	7 500	6 000
非流动资产：			非流动负债合计	7 500	6 000
持有至到期投资	1 200	1 200	负债合计	19 500	16 200
固定资产	42 000	36 000	股东权益：		
无形资产	1 650	1 500	股本	36 000	36 000
非流动资产合计	44 850	38 700	盈余公积	6 312	4 800
			未分配利润	7 188	3 000
			股东权益合计	49 500	43 800
资产总计	69 000	60 000	负债及股东权益总计	69 000	60 000

3. 现金流动负债比率

现金流动负债比率是企业一定时期的经营现金净流量同流动负债的比率，它可以从现金流量角度来反映企业当期偿付短期负债的能力。其计算公式为

$$现金流动负债比率=\frac{年经营现金净流量}{年末流动负债}\times100\%$$

式中，年经营现金净流量是指一定时期内，由企业经营活动所产生的现金及其等价物的流入量与流出量的差额。

现金流动负债比率是从现金流入和流出的动态角度对企业实际偿债能力进行修正。由于有利润的年份不一定有足够的现金来偿还债务，所以利用以收付实现制为基础的现金流动负债比率指标，能充分体现企业经营活动所产生的现金净流量可以在多大程度上保证当

期流动负债的偿还，可直观地反映出企业偿还流动负债的实际能力。该指标较大，表明企业经营活动产生的现金净流量越多，越能保障企业按时偿还到期债务，但也不是越大越好，过大则表示企业流动资金利用不充分，收益能力不强。

【例11-3】 根据表11-2的资料，同时假定该公司2016年年度和2017年年度的经营活动现金净流量分别为8 000万元和12 000万元，公式中的"流动负债"用年末数，则该公司的现金流动负债比率计算如下：

$$2016年年度的现金流动负债比率 = \frac{8\ 000}{10\ 200} \times 100\% = 78.43\%$$

$$2017年年度的现金流动负债比率 = \frac{12\ 000}{12\ 000} \times 100\% = 100\%$$

计算结果表明，该公司2017年度的现金流动负债比率比2016年度有明显的提高，反映出该公司的短期偿债能力有了增强。

(二)长期偿债能力分析

长期偿债能力是指企业偿还长期债务的能力。其分析指标主要有资产负债率、产权比率、已获利息倍数等。

1. 资产负债率

资产负债率又称负债比率，是负债总额与资产总额的比例关系，表明负债在企业总资产中所占的比重。其基本计算公式为

$$资产负债率 = \frac{负债总额}{资产总额} \times 100\%$$

式中，负债总额包括流动负债和长期负债；资产总额指企业全部资产之和，包括流动资产、固定资产、长期投资、无形和递延资产及其他资产。

资产负债率越小，表明企业的长期偿债能力越强。若此项比率较大，从企业所有者角度来说，利用较少量的自有资金进行投资，形成较多的生产经营用资产，不仅扩大了生产经营规模，而且在经营状况良好的情况下，还可以利用财务杠杆作用，得到较多的投资利润，但若这一比率过大，则表明企业的债务负担重，企业资金实力不强，不仅对债权人不利，而且企业有濒临倒闭的危险。

【例11-4】 根据表11-2的资料，该公司的资产负债率计算如下：

$$年初资产负债率 = \frac{16\ 200}{60\ 000} \times 100\% = 27\%$$

$$年末资产负债率 = \frac{19\ 500}{69\ 000} \times 100\% = 28.26\%$$

计算结果表明，该公司2017年年初和年末的资产负债率均不高，说明其长期偿债能力较强，债权人的保障程度较高，反映了该公司比较保守，利用债权人资本进行经营活动的能力较差。

2. 产权比率

产权比率是指特定时期内负债总额与所有者权益总额的比例关系，表明企业资金周转困难时，债权人的利益保障程度和所有者承担风险的大小，也是衡量企业长期偿债能力的指标之一。其计算公式为

$$负债与所有者权益比率 = \frac{负债总额}{所有者权益总额} \times 100\%$$

产权比率越低,表明企业的长期偿债能力越强,债权人权益的保障程度越高,承担的风险越小,但企业不能充分地发挥负债的财务杠杆效应。所以,企业在评价产权比率适度与否时,应从提高获利能力与增强偿债能力两个方面综合进行,即在保障债务偿还安全的前提下,应尽可能提高产权比率。

【例 11-5】 根据表 11-2 的资料,该公司的产权比率计算如下:

年初产权比率 $= \dfrac{16\ 200}{43\ 800} \times 100\% = 36.99\%$

年末产权比率 $= \dfrac{19\ 500}{49\ 500} \times 100\% = 39.39\%$

计算结果表明,该公司 2007 年年初和年末的产权比率均不高,同资产负债率的计算结果可相互印证,反映了该公司的长期偿债能力较强,债权人的保障程度较高。

3. 已获利息倍数

已获利息倍数是企业一定时期息税前利润与利息支出的比值,反映了企业偿付债务利息的能力,其计算公式为

$$已获利息倍数 = \dfrac{息税前利润}{利息支出}$$

已获利息倍数不仅反映出企业盈利能力的大小,而且反映出盈利能力对偿还到期债务的保证程度,它既是企业举债经营的前提依据,也是衡量企业长期偿债能力大小的重要标志。国际上公认的已获利息倍数为 3,一般情况下,该指标大于 1,表明企业负债经营能取得比资金成本更高的利润,但这仅表明企业能维持经营,还远远不够;该指标小于 1,则表明企业无力获取大于资金成本的利润,企业债务风险很大。所以,该指标越高,表明企业债务偿还越有保证;相反,则表明企业没有足够的资金来源偿还债务利息,企业偿债能力低下。

【例 11-6】 若某公司 2017 年实现利润(税前)60 万元,各种借款的利息费用为 20 万元,则该公司 2017 年已获利息倍数为

$$(60 + 20) \div 20 = 4$$

假如行业水平或企业历史水平为 6 倍,则说明该企业弥补利息费用的安全程度较低,债权人的投资风险较大。

二、营运能力分析

企业的营运能力是指企业的资产运用或管理效率,能够表明企业管理人员经营管理、运用资金的能力。企业营运能力分析指标主要有应收账款周转率、存货周转率、总资产周转率和流动资产周转率。

1. 应收账款周转率

应收账款周转率是指特定时期内赊销收入净额与应收账款平均余额的比例关系,反映的是企业在特定期间内收回赊销账款的能力。其计算公式为

$$应收账款周转率(次) = \dfrac{赊销收入净额}{应收账款平均余额}$$

$$应收账款周转天数 = \dfrac{计算期天数}{应收账款周转次数}$$

一般而言，应收账款周转率越高、应收账款周转天数越少，表明企业应收账款收回速度越快，这样一方面可以节约资金，同时也说明企业信用状况好，不易发生坏账损失。

【例 11-7】 某公司 2017 年年度实现主营业务收入 10 000 万元，年初应收账款余额为 200 万元，年末应收账款为 300 万元，则

$$应收账款周转率 = \frac{10\ 000}{(200+300) \div 2} = 40（次）$$

$$应收账款周转天数 = \frac{360}{40} = 9（天）$$

2. 存货周转率

存货周转率是企业一定时期销售成本与平均存货的比率。它是对流动资产周转率的补充说明。其计算公式为

$$存货周转率（次） = \frac{销售成本}{平均存货}$$

$$存货周转天数 = \frac{计算期天数}{存货周转率} = \frac{计算期天数 \times 平均存货}{销售成本}$$

$$平均存货 = \frac{存货期初数 + 存货期末数}{2}$$

存货周转率用以衡量存货周转速度的快慢，反映企业存货有无积压、不足以及企业组织销售的能力。一般而言，存货周转率高，表明企业采购合理，销售顺畅，资产流动性较强，短期偿债能力也强。但存货周转率过高，则要查明是否有采购不足、停工待料、采购次数多、采购成本高的情况。

【例 11-8】 某公司 2007 年年度主营业务成本为 6 000 万元，年初存货余额为 2 400 万元，年末存货余额为 2 000 万元，则存货周转率和周转天数为

$$存货周转率 = \frac{6\ 000}{(2\ 400+2\ 000)/2} = 2.73（次）$$

$$存货周转天数 = \frac{360}{2.73} = 132（天）$$

3. 总资产周转率

总资产周转率是指企业一定时期内营业收入与资产平均总额的比率，可以用来反映企业全部资产的利用效率。其计算公式为

$$总资产周转率（次） = \frac{营业收入}{资产平均总额}$$

$$资产平均总额 = \frac{资产期初总值 + 资产期末总值}{2}$$

$$总资产周转天数 = \frac{计算期天数}{总资产周转率}$$

总资产周转率比值越高，表明资金周期速度越快，销售能力越强，资金利用效率越高。但由于企业所处行业不同，全部资金周转速度会有很大的差异，因此，不可能有一个共同的标准值。

【例 11-9】 某公司 2017 年工程结算收入本年累计数为 150 908 500.13 元，年初总资产为 30 769 755.02 元，年末总资产为 79 127 983.38 元，则

$$总资产周转率 = \frac{150\ 908\ 500.13}{(30\ 769\ 755.02 + 79\ 127\ 983.38)/2} = 2.75(次)$$

$$总资产周转天数 = 360/2.75 = 131(天)$$

计算结果表明，该公司的资产每年周转 2.75 次，或每 131 天总资产周转一次，反映该公司资产周转情况较好。

4. 流动资产周转率

流动资产周转率是指企业一定时期销售（营业）收入净额同平均流动资产总额的比值，其计算公式为

$$流动资产周转率(次) = \frac{销售（营业）收入净额}{平均流动资产总额}$$

$$流动资产周转天数 = \frac{计算期天数}{流动资产周期率}$$

$$= \frac{计算期天数 \times 平均流动资产总额}{销售（营业）收入净额}$$

$$平均流动资产总额 = \frac{流动资产年初数 + 流动资产年末数}{2}$$

在一定时期内，流动资产周转率越高，表明以相同的流动资产完成的周转次数越多，流动资产利用效果越好。从流动资产周转天数来看，周转一次所需要的天数越少，表明流动资产在经历生产和销售各阶段时所占用的时间越短。生产经营任何一个环节上的工作改善，都会反映到周转天数的缩短上面。

【例 11-10】某公司 2017 年年度实现主营业务收入净额 20 000 万元，流动资产年初数为 3 200 万元，年末数为 3 800 万元，则其流动资产周转率和天数分别为

$$流动资产周转率 = \frac{20\ 000}{(3\ 200 + 3\ 800)/2} = 5.71(次)$$

$$流动资产周转天数 = \frac{360}{5.71} = 63(天)$$

计算结果表明，该公司的应收账款周转率、存货周转率较高，因此，流动资产周转率也较高，反映企业流动资产利用效率较高。

5. 固定资产周转率

固定资产周转率又称为固定资产利用率是指企业年产品销售收入净额与固定资产平均净值的比率。它是反映企业固定资产周转情况，从而衡量固定资产利用效率的一项指标。其计算公式为

$$固定资产周转率 = \frac{销售收入净额}{固定资产平均净值}$$

$$固定资产平均净值 = \frac{期初固定资产净值 + 期末固定资产净值}{2}$$

固定资产周转率主要用于分析对厂房、设备等固定资产的利用效率，若其比率越高，则说明利用率越高，管理水平越强。如果固定资产周转率与同行业平均水平相比较低，则说明企业对固定资产的利用率较低，可能会影响企业的获利能力。

三、盈利能力分析

企业盈利能力是指企业获取利润或资金增值的能力。企业盈利能力分析是衡量企业是

否有活力和发展前途的重要内容,反映企业盈利能力的指标主要有销售(营业)利润率、成本费用利润率、总资产报酬率、净资产收益率、资本保值增值率等。对于股份有限公司,还应分析每股收益、每股股利、市盈率等。

1. 销售(营业)利润率

销售(营业)利润率是企业一定时期营业利润与营业收入的比率。其计算公式为

$$销售(营业)利润率 = \frac{销售(营业)利润}{销售(营业)收入} \times 100\%$$

销售(营业)利润率是从企业主营业务的盈利能力和获利水平方面对资本金收益率指标的进一步补充,体现了企业主营业务利润对利润总额的贡献以及对企业全部收益的影响程度。该指标高,说明企业的定价工作科学性强,营销策略得当,主营业务市场竞争力强,发展潜力大,获利水平高。

【例 11-11】 某公司 2017 年年度利润表资料见表 11-3,根据利润表资料可计算其销售(营业)利润率,见表 11-4。

表 11-3 某公司 2017 年年度利润表 万元

项目	上年数	本年数
一、主营业务收入	18 000	20 000
减:主营业务成本	10 700	12 200
主营业务税金及附加	1 080	1 200
二、主营业务利润	6 220	6 600
加:其他业务利润	600	1 000
减:营业费用	1 620	1 900
管理费用	800	1 000
财务费用	200	300
三、营业利润	4 200	4 400
加:投资收益	300	300
营业外收入	100	150
减:营业外支出	600	650
四、利润总额	4 000	4 200
减:所得税(税率 40%)	1 600	1 680
五、净利润	2 400	2 520

表 11-4 某公司 2016 年和 2017 年销售利润率计算分析表 万元

项目	2016 年	2017 年	增(减)/%
主营业务收入	18 000	20 000	11.11
主营业务成本及税金、附加	11 780	13 400	13.75
主营业务利润	6 220	6 600	6.1
期间费用	2 620	9 500	262.6
营业利润	4 200	4 400	4.76

续表

项 目	2016 年	2017 年	增(减)/%
利润总额	4 000	4 200	5
净利润	2 400	2 520	5
主营业务利润率/%	34.56	33	−4.5
营业利润率/%	23.33	22	−5.7

从以上计算分析可以看出，该公司的主营业务利润率和营业利润率呈下降趋势。进一步分析可以看出，这种下降趋势主要是由于公司 2017 年的成本费用的增长幅度超过了主营业务收入的增长幅度，应进一步分析原因。

2. 成本费用利润率

成本费用利润率是企业一定时期的利润总额同企业成本费用总额的比率，表示企业为取得利润而付出的代价，从企业支出方面补充评价企业的收益能力。其计算公式为

$$成本费用利润率 = \frac{利润总额}{成本费用总额} \times 100\%$$

成本费用利润率越高，表明企业为取得利润总额而付出的代价越小，成本费用控制得越好，盈利能力越强。

【例 11-12】 根据表 11-3，可计算某公司成本费用利润率如下：

2016 年度成本费用利润率 $= \frac{6\ 220}{10\ 700} \times 100\% = 58.13\%$

2017 年度成本费用利润率 $= \frac{6\ 600}{12\ 200} \times 100\% = 54.10\%$

计算结果表明，该公司 2017 年成本费用利润率指标比 2016 年有所下降。公司应当深入检查导致成本费用上升的因素，改进有关工作，以便扭转效益指标下降的状况。

3. 总资产报酬率

总资产报酬率是企业一定时期内获得的报酬总额与资产平均总额的比率。它是反映企业资产综合利用效率的指标，也是衡量企业利用债权人和股东权益总额所取得盈利的重要指标。其计算公式为

$$总资产报酬率 = \frac{息税前利润总额}{资产平均总额} \times 100\%$$

总资产报酬率，一方面反映了投资者和债权人所提供的全部资金的获利能力，即投入与产出的关系；另一方面，反映了企业经营者管理资金和利用资源的效率。在我国，一般认为可以将企业的总资产报酬率与资本市场的资本利率进行比较，如果大于市场利率，则表明企业可以充分利用财务杠杆进行负债经营，获取尽可能多的效益。

【例 11-13】 根据表 11-1 和表 11-3 的有关资料，可计算某公司总资产报酬率(假定 2016 年初总资产为 19 000 万元)：

2016 年总资产报酬率 $= (4\ 000 + 200) \div [(19\ 000 + 20\ 000) \div 2] \times 100\% = 21.5\%$

2017 年总资产报酬率 $= (4\ 200 + 300) \div [(20\ 000 + 23\ 000) \div 2] \times 100\% = 20.9\%$

计算结果表明，公司 2017 年的资产综合利用效率低于 2016 年，需要对公司资产的使用情况、增产节约工作等情况做进一步的分析、考察，以便改进管理，提高效益。

4. 净资产收益率

净资产收益率也称权益净利率,是指企业一定时期内的净利润同平均净资产的比率。它体现了投资者投入企业的自有资本获取净收益的能力,反映了投资与报酬的关系,是评价企业资金运用效益的核心指标。其计算公式为

$$净资产收益率 = \frac{净利润}{平均净资产} \times 100\%$$

式中,平均净资产是企业所有者权益的期初、期末余额的平均值。

净资产收益率是评价企业自有资本及其积累获取报酬水平的最具综合性与代表性的指标,反映企业资本运营的综合效益。通过对该指标的综合对比分析,可以看出企业盈利能力在同行业中所处的地位,以及与同类企业的差异水平。一般认为,净资产收益率越高,企业自有资本获取收益的能力越强,运营效益越好,对企业投资人、债权人的保证程度越高。

【例 11-14】 根据表 11-1 和表 11-3 的资料,假设某公司 2015 年年末所有者权益合计为 13 000 万元,则该公司 2016 年和 2017 年的净资产收益率分别为

$$2016 年净资产收益率 = \frac{2\ 400}{(13\ 000 + 14\ 600)/2} \times 100\% = 17.4\%$$

$$2017 年净资产收益率 = \frac{2\ 520}{(14\ 600 + 16\ 500)/2} \times 100\% = 16.2\%$$

计算结果表明,该公司 2017 年净资产收益率比 2016 年降低了 1 个多百分点,反映出是由于该公司所有者权益的增长快于净利润的增长引起的。

5. 资本保值增值率

资本保值增值率是指企业本年末所有者权益扣除客观增减因素后同年初所有者权益的比率。资本保值增值率表示企业当年资本在企业自身努力下的实际增减变动情况,是评价企业财务效益状况的辅助指标。其计算公式为

$$资本保值增值率 = \frac{扣除客观因素后的年末所有者权益}{年初所有者权益}$$

资本保值增值率是根据"资本保全"原则设计的指标,它更加谨慎、稳健地反映出企业资本保全和增值状况,充分体现了对所有者权益的保护,通过它可以及时、有效地发现侵蚀所有者权益的现象。一般来说,该指标越高,表明企业的资本保全状况越好,所有者的权益增长越快,债权人的债务越有保障,企业发展后劲越强。

【例 11-15】 根据表 11-1 和表 11-3 计算某公司 2016 年与 2017 年的资本保值增值率分别为

2016 年资本保值增值率 = 14 600 ÷ 13 000 = 1.123

2017 年资本保值增值率 = 16 500 ÷ 14 600 = 1.130

6. 每股收益

每股收益是衡量股份公司税后利润的一个重要指标,主要是针对普通股而言的。每股收益是税后净利润扣除优先股股利后的余额除以发行在外的普通股平均股数。其计算公式为

$$每股收益 = \frac{净利润 - 优先股股利}{发行在外的普通股平均股数}$$

$$发行在外的普通股平均股数 = \sum \left(发行在外的普通股股数 \times \frac{发行在外的月份数}{12}\right)$$

7. 每股股利

每股股利也是衡量股份公司获利能力的指标,是股利总额与期末普通股股份总数的比值。该指标表现的是每一普通股获取股利的大小,指标值越高,表明股本获利能力越强。其计算公式为

$$每股股利 = \frac{股利总额}{期末普通股股份总数}$$

8. 市盈率

市盈率也称价格盈余比率或价格与收益比率,是指普通股每股市价与每股收益的比率。其计算公式为

$$市盈率 = \frac{每股市价}{每股收益}$$

市盈率反映了投资者对每一元净利润所愿支付的价格,可以用来估计股票投资风险和报酬。在市价确定的情况下,每股收益越高,市盈率越低,投资风险越小;每股收益越低,市盈率越高,投资风险越大。在每股收益确定的情况下,市价越高,市盈率越高,风险越大;反之,市价越低,市盈率越低,风险越小。仅从市盈率高低的横向比较看,高市盈率说明公司能够获得社会信赖,具有良好的前景;反之,低市盈率则说明公司无法获得社会信赖,发展前景不好。

四、发展能力分析

企业发展能力是指企业在生存的基础上,扩大规模、壮大实力的潜在能力。反映了企业发展能力的指标主要有销售(营业)增长率、资本积累率、总资产增长率等。

1. 销售(营业)增长率

销售(营业)增长率是指企业本期销售(营业)收入增长额同上期销售(营业)收入总额的比率,表示与上期相比,企业销售(营业)收入的增减变动情况,是评价企业成长状况和发展能力的重要指标。其计算公式为

$$销售(营业)增长率 = \frac{本期销售(营业)增长额}{上期销售(营业)收入总额} \times 100\%$$

式中,本期销售(营业)增长额是企业本年销售(营业)收入与上年销售(营业)收入的差额。

【例 11-16】 根据表 11-4 的资料,该公司 2017 年年度销售(营业)增长率计算如下:

$$销售(营业)增长率 = \frac{20\,000 - 18\,000}{18\,000} \times 100\% = 11.11\%$$

计算结果表明,该公司 2017 年年度的销售(营业)收入比 2016 年年度有 11.11% 的增长。

2. 资本积累率

资本积累率是企业本年度股东权益增长额与年初股东权益的比率。它反映企业当年资本的积累能力,是评价企业发展潜力的重要指标。其计算公式为

$$资本积累率 = \frac{本年度股东权益增长额}{年初股东权益} \times 100\%$$

本年度股东权益增长额＝股东权益年末数－股东权益年初数

资本积累率体现了企业资本的积累情况，是企业发展强弱的标志。它反映了投资者投入企业资本的保全性和增长性。该指标越高，表明企业的资本积累越多，企业资本保全性越强；该指标若为负值，表明企业资本受到侵蚀，所有者利益受到伤害，应予以充分重视。

【例 11-17】 根据表 11-1 的资料，该公司 2017 年年度资本积累率的计算如下：

$$2017\text{年年度资本积累率} = \frac{16\,500 - 14\,600}{14\,600} \times 100\% = 13.01\%$$

计算结果表明，该公司 2017 年年末的股东权益比年初有 13.01% 的增长。

3. 总资产增长率

总资产增长率是指企业本期总资产增长额同期初资产总额的比率，用以衡量企业本期资产规模的增长情况，评价企业经营规模总量的扩张程度。其计算公式为

$$\text{总资产增长率} = \frac{\text{本期总资产增长额}}{\text{期初资产总额}} \times 100\%$$

总资产增长率是从企业资产总量扩张方面衡量企业的发展能力，表明企业规模增长水平对企业发展后劲的影响。该指标越高，表明企业一个经营周期内资产经营规模扩张的速度越快，但实际操作时，应注意资产规模扩张的质与量的关系以及企业的后续发展能力，避免资产盲目扩张。

【例 11-18】 根据表 11-1 的资料，该公司 2017 年年度总资产增长率的计算如下：

$$2017\text{年年度总资产增长率} = \frac{23\,000 - 20\,000}{20\,000} \times 100\% = 15\%$$

计算结果表明，该公司 2017 年年末的资产总额比年初有 15% 的增长。

第四节 财务综合分析

一、财务综合分析的目的

财务综合分析是将前述各种反映企业财务状况及经营成果的各种单项财务比率指标，按其逻辑关系做系统的加工整理，使其形成一个分层次的、完整的指标体系。财务综合分析的目的在于全面、准确、客观地揭示与披露企业财务状况和经营管理的成果，并借以对企业经济效益的优劣做出系统的、合理的评价。因此，若要对企业财务状况和经营成果有一个总的评价，必须将企业的偿债能力、营运能力、盈利能力及发展能力等各项指标作为一个整体，系统、全面地对企业财务状况和经营成果进行相互关联的分析，采用适当的标准进行综合性评价，得出正确的分析结论。

二、财务综合分析的方法

财务综合分析方法很多，下面主要介绍杜邦分析法和沃尔比重评分法。

1. 杜邦分析法

杜邦分析法又称杜邦财务比率分析模型,它最初是由美国杜邦公司的经理创造的。杜邦分析法是利用各个主要财务比率之间的内在联系,综合地分析和评价企业财务状况和盈利能力的方法。它是一个以净资产收益率为起点,以总资产利润率为核心,从综合到具体的逻辑关系分解的财务指标分析体系。杜邦财务分析体系的作用是解释指标变动的原因和变动趋势,为采取措施指明方向。利用杜邦财务分析体系进行综合分析时,可将各项财务指标之间的关系制成杜邦财务分析体系模型,如图11-1所示。

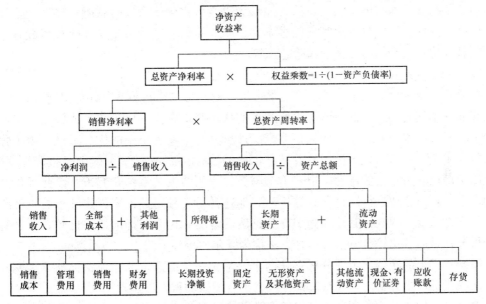

图11-1 杜邦财务分析体系模型

杜邦分析模型中,包括以下几种主要的指标关系:

(1)净资产收益率。净资产收益率是一个综合性最强的财务比率,是杜邦系统的核心。其他各项指标都是围绕这一核心,通过研究彼此间的依存制约关系,从而揭示企业的获利能力及其前因后果的。财务管理的目标是使所有者财富最大化,净资产收益率反映所有者投入资金的获利能力,反映企业筹资、投资、资产运营等活动的效率。提高净资产收益率是实现财务管理目标的基本保证。

(2)总资产净利率。总资产净利率是反映企业经营效率和盈利能力的最重要指标,体现着企业全部资产的创利能力。它实际上是由总资产周转率与以税后净利润为分子计算所得的销售净利率的乘积,因此,它的大小取决于销售净利率和总资产周转率。

(3)销售净利率。销售净利率是提高企业盈利的关键,提高该指标的主要途径是扩大销售收入、降低成本费用。

(4)总资产周转率。总资产周转率是反映企业资产实现主营业务收入的综合能力的重要指标。企业要联系主营业务收入分析企业资产的使用是否合理以及流动资产和非流动资产的比例安排是否恰当。此外,还必须对资产的内部结构以及影响总资产周转率的各具体因素进行分析。

(5)权益乘数。权益乘数表示企业的负债程度,其值越大,表明企业的负债程度越高,能给企业带来较大的杠杆利益，同时也给企业带来较大的风险。所有者权益乘数取决于企业的全部资产中负债(或股东权益)的份额，它反映了企业理财的开放程度和财务风险。当市场上的资金成本率低于企业的投资收益率的时候，企业应负债经营，利用财务杠杆原理提高企业的投资收益率，但企业也会因此承担较大的财务风险。如果市场条件一旦恶化，即当市场上的资金成本率高于企业的投资收益率的时候，企业将负担沉重的利息或面临不能按期还债的危机。

对杜邦体系自上而下地分析，不仅可以揭示出企业各项财务指标之间的结构关系，查明各项主要指标变动的影响因素，而且能够为决策者优化经营理财状况，提高企业经营效益提供思路。提高主权资本净利率的根本在于扩大销售、节约成本、优化投资配置、加速资金周转、优化资金结构、树立风险意识等。

2. 沃尔比重评分法

在企业财务分析过程中，分析者经常会遇到的一个主要问题就是计算出财务比率之后，无法判断它是偏高还是偏低。即使将所测算的比率与本企业的历史水平或计划、定额相比较，也只能看出本企业自身的变化，但难以评价其在市场竞争中的优劣地位。为了弥补这些缺陷，美国的亚历山大·沃尔教授在其出版的《信用晴雨表研究》和《财务报表比率分析》中提出了信用能力指数的概念，把若干个财务比率用线性关系结合起来，以此评价企业的信用水平。在对企业进行综合财务分析时，他选择了 7 种财务比率，按其重要程度给定一个分值，即重要性权数，其总和为 100 分；然后将实际比率与标准比率比较，评出每项指标的得分；最后求出综合分数。这种方法称为沃尔比重评分法。

原始意义上的沃尔比重评分法存在两个缺陷：一是所选定的七项指标缺乏证明力；二是当某项指标严重异常时，会对总评分产生不合逻辑的重大影响。

总之，采用沃尔比重评分法可以综合评价企业的财务状况，但应注意这一方法的有效性，它依赖于重要性权数和标准比率的正确确定。而这两项因素在确定时，往往带有一定的主观性，因此，对这两项因素应根据历史经验和现实情况合理地判断、确定，只有这样才能得出正确的结果。

三、综合绩效评价

综合绩效评价是综合分析的一种。其一般是站在企业所有者(投资人)的角度进行分析的。

(一)综合绩效评价的内容

企业综合绩效评价由财务绩效定量评价和管理绩效定性评价两部分组成。

1. 财务绩效定量评价

财务绩效定量评价是指对企业一定期间的盈利能力、资产质量、债务风险和经营增长四个方面进行定量对比分析和评判。

2. 管理绩效定性评价

管理绩效定性评价指标包括企业发展战略的确立与执行、经营决策、发展创新、风险控制、基础管理、人力资源、行业影响、社会贡献等方面。

(二)综合绩效评价指标

企业综合绩效评价指标由 22 项财务绩效定量评价指标和 8 项管理绩效定性评价指标组成。

1. 财务绩效定量评价指标

财务绩效定量评价指标由反映企业盈利能力、资产质量状况、债务风险状况和经营增长状况四方面的基本指标和修正指标构成。基本指标反映企业一定期间财务绩效的主要方面并得出企业财务绩效定量评价的基本结果。修正指标是根据财务指标的差异性和互补性，对基本指标的评价结果作进一步的补充和矫正。

(1)企业盈利能力分析与评判主要通过资本及资产报酬水平、成本费用控制水平和经营现金流量状况等方面的财务指标，综合反映企业的投入产出水平及盈利质量和现金保障状况。

(2)企业资产质量分析与评判主要通过资产周转速度、资产运行状态、资产结构以及资产有效性等方面的财务指标，综合反映企业所占用经济资源的利用效率、资产管理水平与资产的安全性。

(3)企业债务风险分析与评判主要通过债务负担水平、资产负债结构、或有负债情况、现金偿债能力等方面的财务指标，综合反映企业的债务水平、偿债能力及其面临的债务风险。

(4)企业经营增长分析与评判主要通过销售增长、资本积累、效益变化及技术投入等方面的财务指标，综合反映企业的经营增长水平及发展后劲。

2. 管理绩效定性评价指标

企业管理绩效定性评价指标包括战略管理、发展创新、经营决策、风险控制、基础管理、人力资源、行业影响、社会贡献八方面的指标，主要反映企业在一定经营期间所采取的各项管理措施及管理成效。

(三)评价标准与评价方法

企业综合绩效评价标准分为财务绩效定量评价标准和管理绩效定性评价标准。

1. 财务绩效定量评价标准

财务绩效定量评价标准包括国内行业标准和国际行业标准。

(1)国内行业标准根据国内企业年度财务和经营管理统计数据，运用数理统计方法，分年度、分行业、分规模统一测算并发布。

(2)国际行业标准根据居于行业国际领先地位的大型企业相关财务指标实际值，或者根据同类型企业组相关财务指标的先进值，在剔除会计核算差异后统一测算并发布。

财务绩效定量评价标准按照不同行业、不同规模及指标类别，分别测算出优秀值、良好值、平均值、较低值和较差值五个档次。

2. 管理绩效定性评价标准

管理绩效定性评价标准根据评价内容，结合企业经营管理的实际水平和出资人监管要求统一制定和发布，并将其划分为优、良、中、低、差五个档次。管理绩效定性评价标准不进行行业划分，仅提供给评议专家参考。

企业财务绩效定量评价有关财务指标实际值应当以经审计的企业财务会计报告为依据，并按照规定对会计政策差异、企业并购重组等客观因素进行合理剔除，以保证评价结果的可比性。

财务绩效定量评价计分以企业评价指标实际值对照企业所处行业、规模标准，运用规定的计分模型进行定量测算。管理绩效定性评价计分由专家组根据评价期间企业管理绩效相关因素的实际情况,参考管理绩效定性评价标准,确定分值。

对企业任期财务绩效定量评价计分应当依据经济责任财务审计结果,运用各年度评价标准对任期各年度的财务绩效进行分别评价,并运用算术平均法计算出企业任期财务绩效定量评价分数。

(四)企业综合绩效评价计分方法

1. 财务绩效评价计分

(1)基本指标计分。财务绩效定量评价基本指标计分是按照功效系数法计分原理,将评价指标实际值对照行业评价标准值,按照规定的计分公式计算各项基本指标得分。其计算公式为

$$基本指标总得分 = \sum 单项基本指标得分$$

$$单项基本指标得分 = 本档基础分 + 调整分$$

$$本档基础分 = 指标权数 \times 本档标准系数$$

$$调整分 = 功效系数 \times (上档基础分 - 本档基础分)$$

$$上档基础分 = 指标权数 \times 上档标准系数$$

$$功效系数 = (实际值 - 本档标准值)/(上档标准值 - 本档标准值)$$

本档标准值是指上下两档标准值居于较低等级一档。

(2)修正指标计分。财务绩效定量评价修正指标的计分是在基本指标计分结果的基础上,运用功效系数法原理,分别计算盈利能力、资产质量、债务风险和经营增长四部分的综合修正系数,再据此计算出修正后的分数。其计算公式为

$$修正后总得分 = \sum 各部分修正后得分$$

$$各部分修正后得分 = 各部分基本指标分数 \times 该部分综合修正系数$$

$$某部分综合修正系数 = \sum 该部分各修正指标加权修正系数$$

某指标加权修正系数 = (修正指标权数/该部分权数) × 该指标单项修正系数

某指标单项修正系数 = 1.0 + (本档标准系数 + 功效系数 × 0.2 - 该部分基本指标分析系数)

其中,单项修正系数控制修正幅度为 0.7~1.3。

$$某部分基本指标分析系数 = 该部分基本指标得分/该部分权数$$

在计算修正指标单项修正系数过程中,对于一些特殊情况做如下规定:

1)如果修正指标实际值达到优秀值以上,其单项修正系数的计算公式为

单项修正系数 = 1.2 + 本档标准系数 - 该部分基本指标分析系数

2)如果修正指标实际值处于较差值以下,其单项修正系数的计算公式为

单项修正系数 = 1.0 - 该部分基本指标分析系数

3)如果资产负债率≥100%,指标得 0 分;其他情况按照规定的公式计分。

4)如果盈余现金保障倍数分子为正数,分母为负数,单项修正系数确定为 1.1;如果分子为负数,分母为正数,单项修正系数确定为 0.9;如果分子分母同为负数,单项修正系数确定为 0.8。

5)如果不良资产比率≥100%或分母为负数,单项修正系数确定为 0.8。

6)对于销售(营业)利润增长率指标,如果上年主营业务利润为负数,本年为正数,单项修正系数为 1.1;如果上年主营业务利润为零本年为正数,或者上年为负数本年为零,单

项修正系数确定为1.0。

7)如果个别指标难以确定行业标准,该指标单项修正系数确定为1.0。

2. 管理绩效定性评价计分

管理绩效定性评价指标的计分一般通过专家评议打分形式完成,聘请的专家人数应不少于7位;评议专家应当在充分了解企业管理绩效状况的基础上,对照评价参考标准,采取综合分析判断法,对企业管理绩效指标做出分析评议,评判各项指标所处的水平档次,并直接给出评价分数。其计分公式为

$$管理绩效定性评价指标分数 = \sum 单项指标分数$$

$$单项指标分数 = (\sum 每位专家给定的单项指标分数)/专家人数$$

3. 任期财务绩效定量评价指标计分

任期财务绩效定量评价指标计分,应当运用任期各年度评价标准分别对各年度财务绩效定量指标进行计分,再计算任期平均分数,作为任期财务绩效定量评价分数。其计算公式为

$$任期财务绩效定量评价分数 = (\sum 任期各年度财务绩效定量评价分数)/任期年份数$$

4. 综合绩效评价计分

在得出财务绩效定量评价分数和管理绩效定性评价分数后,应当按照规定的权重,耦合形成综合绩效评价分数。其计算公式为

$$企业综合绩效评价分数 = 财务绩效定量评价分数 \times 70\% + 管理绩效定性评价分数 \times 30\%$$

在得出评价分数以后,应当计算年度之间的绩效改进度,以反映企业年度之间经营绩效的变化状况。其计算公式为

$$绩效改进度 = 本期绩效评价分数/基期绩效评价分数$$

绩效改进度大于1,说明经营绩效上升;绩效改进度小于1,说明经营绩效下滑。

(五)评价工作程序

(1)企业综合绩效评价包括财务绩效定量评价和管理绩效定性评价两个方面内容。由于任期绩效评价和年度绩效评价的工作目标不同,评价工作内容应有所区别。

1)任期绩效评价作为任期经济责任审计工作的重要组成部分,需要对企业负责人任职期间企业的绩效状况进行综合评价,工作程序包括财务绩效评价和管理绩效评价两方面内容。

2)年度绩效评价除根据监管工作需要组织财务绩效与管理绩效的综合评价外,一般作为年度财务决算管理工作的组成部分,每个年度只进行财务绩效定量评价。

(2)财务绩效定量评价工作具体包括提取评价基础数据、基础数据调整、评价计分、形成评价结果等内容。

1)提取评价基础数据。以经社会中介机构或内部审计机构审计并经评价组织机构核实确认的企业年度财务会计报表为基础提取评价基础数据。

2)基础数据调整。为客观、公正地评价企业经营绩效,根据《中央企业综合绩效评价实施细则》第五章的有关规定,对评价基础数据进行调整,其中,年度绩效评价基础数据以国资委审核确认的财务决算合并报表数据为准。

3)评价计分。根据调整后的评价基础数据,对照相关年度的行业评价标准值,利用绩效评价软件或手工评价计分。

4)形成评价结果。对任期财务绩效评价需要计算任期内平均财务绩效评价分数,并计算绩效改进度;对年度财务绩效评价除计算年度绩效改进度外,需要对定量评价得分深入分析,诊断企业经营管理存在的薄弱环节,并在财务决算批复中提示有关问题,同时,进行所监管企业的分类排序分析,在一定范围内发布评价结果。

(3)管理绩效定性评价工作具体包括收集整理管理绩效评价资料、聘请咨询专家、召开专家评议会、形成定性评价结论等内容。

1)收集整理管理绩效评价资料。为了深入了解被评价企业的管理绩效状况,应当通过问卷调查、访谈等方式,充分收集并认真整理管理绩效评价的有关资料。

2)聘请咨询专家。根据所评价企业的行业情况,聘请不少于 7 名的管理绩效评价咨询专家,组成专家咨询组,并将被评价企业的有关资料提前送达咨询专家。

3)召开专家评议会。组织咨询专家对企业的管理绩效指标进行评议打分。

4)形成定性评价结论。汇总管理绩效定性评价指标得分,形成定性评价结论。

(4)管理绩效专家评议会一般按下列程序进行:

1)阅读相关资料,了解企业管理绩效评价指标实际情况。

2)听取评价实施机构关于财务绩效定量评价情况的介绍。

3)参照管理绩效定性评价标准,分析企业管理绩效状况。

4)对企业管理绩效定性评价指标实施独立评判打分。

5)对企业管理绩效进行集体评议并提出咨询意见,形成评议咨询报告。

6)汇总评判打分结果。

(5)根据财务绩效定量评价结果和管理绩效定性评价结果,按照规定的权重和计分方法,计算企业综合绩效评价总分,并根据规定的加分和扣分因素,得出企业综合绩效评价最后得分。

(六)评价结果与评价报告

1. 企业综合绩效评价结果

企业综合绩效评价结果以评价得分、评价类型和评价级别表示。

评价类型是根据评价得分对企业综合绩效所划分的水平档次,用文字和字母表示,分为优(A)、良(B)、中(C)、低(D)、差(E)五种类型。

评价级别是对每种类型再划分级次,以体现同一评价类型的不同差异,采用在字母后标注"+、-"号的方式表示。

企业综合绩效评价结果以 85、70、50、40 分作为类型判定的分数线。

(1)评价得分达到 85 分以上(含 85 分)的评价类型为优(A),在此基础上划分为三个级别,分别为:A+≥95 分;95 分>A≥90 分;90 分>A-≥85 分。

(2)评价得分达到 70 分以上(含 70 分)不足 85 分的评价类型为良(B),在此基础上划分为三个级别,分别为:85 分>B+≥80 分;80 分>B≥75 分;75 分>B-≥85 分。

(3)评价得分达到 50 分以上(含 50 分)不足 70 分的评价类型为中(C),在此基础上划分为两个级别,分别为:70 分>C≥60 分;60 分>C-≥50 分。

(4)评价得分在 40 分以上(含 40 分)不足 50 分的评价类型为低(D)。

(5)评价得分在 40 分以下的评价类型为差(E)。

2. 企业综合绩效评价报告

企业综合绩效评价报告是根据评价结果编制、反映被评价企业综合绩效状况的文本文件，由报告正文和附件构成。

企业综合绩效评价报告正文应当包括评价目的、评价依据与评价方法、评价过程、评价结果及评价结论、重要事项说明等内容。企业综合绩效评价报告的正文应文字简洁、重点突出、层次清晰、易于理解。

企业综合绩效评价报告附件应当包括企业经营绩效分析报告、评价结果计分表、问卷调查结果分析、专家咨询报告、评价基础数据及调整情况，其中，企业经营绩效分析报告是根据综合绩效评价结果对企业经营绩效状况进行深入分析的文件，应包括评价对象概述、评价结果与主要绩效、存在的问题与不足、有关管理建议等。

本章小结

本章主要介绍了建筑企业财务分析的相关内容，重点阐述了比率分析法、趋势分析法、因素分析法、财务指标分析及财务综合分析的方法。通过本章的学习，应能够对建筑企业进行正确的财务分析并提高建筑企业的经营管理水平。

思考与练习

一、填空题

1. 企业财务分析的内容，可归纳为_____、_____、_____、_____。
2. 比率指标的类型主要有_____、_____、_____。
3. 因素分析法具体包括_____、_____两种。
4. 偿债能力分析包括_____和_____。
5. 速动比率是_____与_____的比率。
6. 资产负债率越小，表明企业的长期偿债能力_____。
7. _____是指特定时期内负债总额与所有者权益总额的比例关系。
8. 反映企业盈利能力的指标主要有_____、_____、_____、_____、_____。
9. 反映企业发展能力的指标主要有_____、_____、_____等。

二、简答题

1. 趋势分析法的具体运用方式有哪些？
2. 简述财务综合分析的目的。
3. 简述综合绩效评价的内容。

三、计算题

某建筑施工企业 2017 年 12 月 31 日的资产负债表及 2017 年年度利润表见表 11-5 和表 11-6。

表 11-5 某建筑施工企业资产负债表(2017 年 12 月 31 日)

元

资产	年初数	年末数	负债及所有者权益	年初数	年末数
流动资产:			流动负债:		
货币资金	2 189 246.40	5 197 315.20	短期借款	4 000 000.00	6 800 000.00
短期投资	250 000.00	650 000.00	应付票据		126 000.00
应收票据	875 000.00	320 000.00	应付账款	1 253 000.00	1 073 661.25
应收账款	1 904 700.00	2 154 520.00	预收账款		
减:坏账准备	20 500.00	41 220.00	其他应付款	210 000.00	105 500.00
应收账款净额	1 884 200.00	2 113 300.00	应付工资	27 745.19	99 095.17
预付账款	300 000.00	750 000.00	应付福利费		
其他应收款	413 000.00	385 470.20	未交税金	330 000.00	341 000.00
存货	4 797 528.40	7 961 329.55	未付利润		
其中:					
在建工程	3 517 549.20	5 939 746.20	其他未交款		
待摊费用	27 557.39	41 733.47	预提费用		
待处理流动资产净损失			一年内到期的长期负债		
一年内到期的长期债券投资			其他流动负债		
其他流动资产			流动负债合计	5 820 745.19	8 545 256.42
流动资产合计	10 736 532.19	17 419 148.42			
			长期负债:		
长期投资:			长期负债合计		3 000 000.00
长期投资	50 000.00	50 000.00			
			负债合计	5 820 745.19	11 545 256.42
固定资产:					
固定资产合计	1 386 963.30	1 951 566.20	所有者权益:		
			所有者权益合计	6 352 750.30	7 875 458.20
资产总计	12 173 495.49	19 420 714.62	负债及所有者权益总计	12 173 495.49	19 420 714.62

表 11-6 某建筑施工企业 2017 年年度利润表

元

项目	行次	上年数	本年累计数
一、工程结算收入	1	8 997 628.30	11 984 791.20
减:工程结算成本	2	5 104 975.55	6 212 976.55
工程结算税金及附加	4	546 194.7	2 139 191.4
二、工程结算利润	7	2 197 916.05	3 632 623.25
加:其他业务利润	9	91 275.30	138 194.70
减:管理费用	10	248 971.64	305 891.31

续表

项 目	行次	上年数	本年累计数
财务费用	11	295 773.20	394 782.54
三、营业利润	14	1 744 446.51	3 070 144.10
加：投资收益	15	57 647.60	94 137.88
营业外收入	16		
减：营业外支出	17		8 791.20
加：以前年度损益调整	20		
四、利润总额	25	1 802 094.11	3 155 490.78
减：所得税	26	594 691.06	1 041 311.96
五、净利润	30	1 207 403.05	2 114 178.82

注：上年利息为 286 500 元，本年利息为 378 200 元。

根据上述企业财务报表资料计算该企业的偿债能力、营运能力和盈利能力的各项指标，并对该企业的财务状况及经营成果进行综合分析。

附　录

附录一　复利终值系数表

期数	1%	2%	3%	4%	5%	6%	7%	8%	9%	10%
1	1.010 0	1.020 0	1.030 0	1.040 0	1.050 0	1.060 0	1.070 0	1.080 0	1.090 0	1.100 0
2	1.020 1	1.040 4	1.060 9	1.081 6	1.102 5	1.123 6	1.144 9	1.166 4	1.188 1	1.210 0
3	1.030 3	1.061 2	1.092 7	1.124 9	1.157 6	1.191 0	1.225 0	1.259 7	1.295 0	1.331 0
4	1.040 6	1.082 4	1.125 5	1.169 9	1.215 5	1.262 5	1.310 8	1.360 5	1.411 6	1.464 1
5	1.051 0	1.104 1	1.159 3	1.216 7	1.276 3	1.338 2	1.402 6	1.469 3	1.538 6	1.610 5
6	1.061 5	1.126 2	1.194 1	1.265 3	1.340 1	1.418 5	1.500 7	1.580 9	1.677 1	1.771 6
7	1.072 1	1.148 7	1.229 9	1.315 9	1.407 1	1.530 6	1.605 8	1.773 8	1.828 0	1.948 7
8	1.082 9	1.171 7	1.266 8	1.368 6	1.477 5	1.593 8	1.718 2	1.850 9	1.992 6	2.143 6
9	1.093 7	1.195 1	1.304 8	1.423 3	1.551 3	1.689 5	1.838 5	1.999 0	2.171 9	2.357 9
10	1.104 6	1.219 0	1.343 9	1.480 2	1.628 9	1.790 8	1.967 2	2.158 9	2.367 4	2.593 7
11	1.115 7	1.243 4	1.384 2	1.539 5	1.710 3	1.898 3	2.104 9	2.331 6	2.580 4	2.853 1
12	1.126 8	1.268 2	1.425 8	1.601 0	1.795 9	2.012 2	2.252 2	2.518 2	2.812 7	3.138 4
13	1.138 1	1.293 6	1.468 5	1.665 1	1.885 6	2.132 9	2.409 8	2.719 6	3.065 8	3.452 3
14	1.149 5	1.319 5	1.512 6	1.731 7	1.979 9	2.260 9	2.578 5	2.937 2	3.341 7	3.797 5
15	1.161 0	1.345 9	1.558 0	1.800 9	2.078 9	2.396 6	2.759 0	3.172 2	3.642 5	4.177 2
16	1.172 6	1.372 8	1.604 7	1.873 0	2.182 9	2.540 4	2.952 2	3.425 9	3.970 3	4.595 0
17	1.184 3	1.400 2	1.652 8	1.947 9	2.292 0	2.692 8	3.158 8	3.700 0	4.327 6	5.054 5
18	1.196 1	1.428 2	1.720 4	2.025 8	2.406 6	2.854 3	3.379 9	3.996 0	4.717 1	5.559 9
19	1.208 1	1.456 8	1.753 5	2.106 8	2.527 0	3.025 6	3.616 5	4.315 7	5.141 7	6.115 9
20	1.220 2	1.485 9	1.806 1	2.191 1	2.653 3	3.207 1	3.869 7	4.661 0	5.604 4	6.727 5
21	1.232 4	1.515 7	1.860 3	2.278 8	2.786 0	3.399 6	4.140 6	5.038 8	6.108 8	7.400 2
22	1.244 7	1.546 0	1.916 1	2.369 9	2.925 3	3.603 5	4.430 4	5.436 5	6.658 6	8.140 3
23	1.257 2	1.576 9	1.973 6	2.464 7	3.071 5	3.819 6	4.740 5	5.871 5	7.257 9	8.254 3
24	1.269 7	1.608 4	2.032 8	2.563 3	3.225 1	4.048 9	5.072 4	6.341 2	7.911 1	9.849 7
25	1.282 4	1.640 6	2.093 8	2.665 8	3.386 4	4.291 9	5.427 4	6.848 5	8.623 1	10.835
26	1.295 3	1.673 4	2.156 6	2.772 5	3.555 7	4.549 4	5.807 4	7.399 2	9.399 2	11.918
27	1.308 2	1.706 9	2.221 3	2.883 4	3.733 5	4.882 3	6.213 9	7.988 1	10.245	13.110
28	1.321 3	1.741 0	2.287 9	2.998 7	3.920 1	5.111 7	6.648 8	8.627 1	11.167	14.421
29	1.334 5	1.775 8	2.356 6	3.118 6	4.116 1	5.418 4	7.114 3	9.317 3	12.172	15.863
30	1.347 8	1.811 4	2.427 3	3.243 4	4.321 9	5.743 5	7.612 3	10.063	13.268	17.449
40	1.488 9	2.208 0	3.262 0	4.801 0	7.040 0	10.286	14.794	21.725	31.408	45.259
50	1.644 6	2.691 6	4.383 9	7.106 7	11.467	18.420	29.457	46.902	74.358	117.39
60	1.816 7	3.281 0	5.891 6	10.520	18.679	32.988	57.946	101.26	176.03	304.48

续表

期数	12%	14%	15%	16%	18%	20%	24%	28%	32%	36%
1	1.120 0	1.140 0	1.150 0	1.160 0	1.180 0	1.200 0	1.240 0	1.280 0	1.320 0	1.360 0
2	1.254 4	1.299 6	1.322 5	1.345 6	1.392 4	1.440 0	1.537 6	1.638 4	1.742 4	1.849 6
3	1.404 9	1.481 5	1.520 9	1.560 9	1.643 0	1.728 0	1.906 6	2.087 2	2.300 0	2.515 5
4	1.573 5	1.689 0	1.749 0	1.810 6	1.938 8	2.073 6	2.364 2	2.684 4	3.036 0	3.421 0
5	1.762 3	1.925 4	2.011 4	2.100 3	2.287 8	2.488 3	2.931 6	3.436 0	4.007 5	4.652 6
6	1.973 8	2.195 0	2.313 1	2.436 4	2.699 6	2.986 0	3.635 2	4.398 0	5.289 9	6.327 5
7	2.210 7	2.502 3	2.660 0	2.826 2	3.185 5	3.583 2	4.507 7	5.629 5	6.982 6	8.605 4
8	2.476 0	2.852 6	3.059 0	3.278 4	3.758 9	4.299 8	5.589 5	7.250 8	9.217 0	11.703
9	2.773 1	3.251 9	3.517 9	3.803 0	4.435 5	5.159 8	6.931 0	9.223 4	12.166	15.917
10	3.105 8	3.707 2	4.045 6	4.411 4	5.233 8	6.191 7	8.594 4	11.806	16.060	21.647
11	3.478 5	4.226 2	4.652 4	5.117 3	6.175 9	7.430 1	10.657	15.112	21.199	29.439
12	3.896 0	4.817 9	5.350 3	5.936 0	7.287 6	8.916 1	13.215	19.343	27.983	40.037
13	4.363 5	5.492 4	6.152 8	6.885 8	8.599 4	10.699	16.386	24.759	36.937	54.451
14	4.887 1	6.261 3	7.075 7	7.987 5	10.147	12.839	20.319	31.691	48.757	74.053
15	5.473 6	7.137 9	8.137 1	9.265 5	11.974	15.407	25.196	40.565	64.359	100.71
16	6.130 4	8.137 2	9.357 6	10.748	14.129	18.488	31.243	51.923	84.954	136.97
17	6.886 0	9.276 5	10.761	12.468	16.672	22.186	38.741	66.461	112.14	186.28
18	7.690 0	10.575	12.375	14.463	19.673	26.623	48.039	86.071	148.02	253.34
19	8.612 8	12.056	14.232	16.777	23.214	31.948	59.568	108.89	195.39	344.54
20	9.646 3	13.743	16.367	19.461	27.393	38.338	73.864	139.38	257.92	468.57
21	10.804	15.668	18.822	22.574	32.324	46.005	91.592	178.41	340.45	637.26
22	12.100	17.861	21.645	26.186	38.142	55.206	113.57	228.36	449.39	866.67
23	13.552	20.362	24.891	30.376	45.008	66.247	140.83	292.30	593.20	1 178.7
24	15.179	23.212	28.625	35.236	53.109	79.497	174.63	374.14	783.02	1 603.0
25	17.000	26.462	32.919	40.874	62.669	95.396	216.54	478.90	1 033.6	2 180.1
26	19.040	30.167	37.857	47.414	73.949	114.48	268.51	613.00	1 364.3	2 964.9
27	21.325	34.390	43.535	55.000	87.260	137.37	332.95	784.64	1 800.9	4 032.3
28	23.884	39.204	50.066	63.800	102.97	164.84	412.86	1 004.3	2 377.2	5 483.9
29	26.750	44.693	57.575	74.009	121.50	197.81	511.95	1 285.6	3 137.9	7 458.1
30	29.960	50.950	66.212	85.850	143.37	237.38	634.82	1 645.5	4 142.1	10 143
40	93.051	188.83	267.86	378.72	750.38	1 469.8	5 455.9	19 427	66 521	*
50	289.00	700.23	1 083.7	1 670.7	3 927.4	9 100.4	46 890	*	*	*
60	897.60	2 595.9	4 384.0	7 370.2	20 555	56 348	*	*	*	*
*	>99 999									

附录二 复利现值系数表

期数	1%	2%	3%	4%	5%	6%	7%	8%	9%	10%
1	0.990 1	0.980 4	0.970 9	0.961 5	0.952 4	0.943 4	0.934 6	0.925 9	0.917 4	0.909 1
2	0.980 3	0.971 2	0.942 6	0.924 6	0.907 0	0.890 0	0.873 4	0.857 3	0.841 7	0.826 4
3	0.970 6	0.942 3	0.915 1	0.889 0	0.863 8	0.839 6	0.816 3	0.793 8	0.772 2	0.751 3
4	0.961 0	0.923 8	0.888 5	0.854 8	0.822 7	0.792 1	0.762 9	0.735 0	0.708 4	0.683 0
5	0.951 5	0.905 7	0.862 6	0.821 9	0.783 5	0.747 3	0.713 0	0.680 6	0.649 9	0.620 9
6	0.942 0	0.888 0	0.837 5	0.790 3	0.746 2	0.705 0	0.666 3	0.630 2	0.596 3	0.564 5
7	0.932 7	0.860 6	0.813 1	0.759 9	0.710 7	0.661 5	0.622 7	0.583 5	0.547 0	0.513 2
8	0.923 5	0.853 5	0.787 4	0.730 7	0.676 8	0.627 4	0.582 0	0.540 3	0.501 9	0.466 5
9	0.914 3	0.836 8	0.766 4	0.702 6	0.644 6	0.591 9	0.543 9	0.500 2	0.460 4	0.424 1
10	0.905 3	0.820 3	0.744 1	0.675 6	0.613 9	0.558 4	0.508 3	0.463 2	0.422 4	0.385 5
11	0.896 3	0.804 3	0.722 4	0.649 6	0.584 7	0.526 8	0.475 1	0.428 9	0.387 5	0.350 5
12	0.887 4	0.788 5	0.701 4	0.624 6	0.556 8	0.497 0	0.444 0	0.397 1	0.355 5	0.318 6
13	0.878 7	0.773 0	0.681 0	0.600 6	0.530 3	0.468 8	0.415 0	0.367 7	0.326 2	0.289 7
14	0.870 0	0.757 9	0.661 1	0.577 5	0.505 1	0.442 3	0.387 8	0.340 5	0.299 2	0.263 3
15	0.861 3	0.743 0	0.641 9	0.555 3	0.481 0	0.417 3	0.362 4	0.315 2	0.274 5	0.239 4
16	0.852 8	0.728 4	0.623 2	0.533 9	0.458 1	0.393 6	0.338 7	0.291 9	0.251 9	0.217 6
17	0.844 4	0.714 2	0.605 0	0.513 4	0.436 3	0.371 4	0.316 6	0.270 3	0.231 1	0.197 8
18	0.836 0	0.700 2	0.587 4	0.493 6	0.415 5	0.350 3	0.295 9	0.250 2	0.212 0	0.179 9
19	0.827 7	0.686 4	0.570 3	0.474 6	0.395 7	0.330 5	0.276 5	0.231 7	0.194 5	0.163 5
20	0.819 5	0.673 0	0.553 7	0.456 4	0.376 9	0.311 8	0.258 4	0.214 5	0.178 4	0.148 6
21	0.811 4	0.659 8	0.537 5	0.438 8	0.358 9	0.294 2	0.241 5	0.198 7	0.163 7	0.135 1
22	0.803 4	0.646 8	0.521 9	0.422 0	0.341 8	0.277 5	0.225 7	0.183 9	0.150 2	0.122 8
23	0.795 4	0.634 2	0.506 7	0.405 7	0.325 6	0.261 8	0.210 9	0.170 3	0.137 8	0.111 7
24	0.787 6	0.621 7	0.491 9	0.390 1	0.310 1	0.247 0	0.197 1	0.157 7	0.126 4	0.101 5
25	0.779 8	0.609 5	0.477 6	0.375 1	0.295 3	0.233 0	0.184 2	0.146 0	0.116 0	0.092 3
26	0.772 0	0.597 6	0.463 7	0.360 4	0.281 2	0.219 8	0.172 2	0.135 2	0.106 4	0.083 9
27	0.764 4	0.585 9	0.450 2	0.346 8	0.267 8	0.207 4	0.160 9	0.125 2	0.097 6	0.076 3
28	0.756 8	0.574 4	0.437 1	0.333 5	0.255 1	0.195 6	0.150 4	0.115 9	0.089 5	0.069 3
29	0.749 3	0.563 1	0.424 3	0.320 7	0.242 9	0.184 6	0.140 6	0.107 3	0.082 2	0.063 0
30	0.741 9	0.552 1	0.412 0	0.308 3	0.231 4	0.174 1	0.131 4	0.099 4	0.075 4	0.057 3
35	0.705 9	0.500 0	0.355 4	0.253 4	0.181 3	0.130 1	0.093 7	0.067 6	0.049 0	0.035 6
40	0.671 7	0.452 9	0.306 6	0.208 3	0.142 0	0.097 2	0.066 8	0.046 0	0.031 8	0.022 1
45	0.639 1	0.410 2	0.264 4	0.171 2	0.111 3	0.072 7	0.047 6	0.031 3	0.020 7	0.013 7
50	0.608 0	0.371 5	0.228 1	0.140 7	0.087 2	0.054 3	0.033 9	0.021 3	0.013 4	0.008 5
55	0.578 5	0.336 5	0.196 8	0.115 7	0.068 3	0.040 6	0.024 2	0.014 5	0.008 7	0.005 3

续表

期数	12%	14%	15%	16%	18%	20%	24%	28%	32%	36%
1	0.892 9	0.877 2	0.869 6	0.862 1	0.847 5	0.833 3	0.806 5	0.781 3	0.757 6	0.735 3
2	0.797 2	0.769 5	0.756 1	0.743 2	0.718 2	0.694 4	0.650 4	0.610 4	0.573 9	0.540 7
3	0.711 8	0.675 0	0.657 5	0.640 7	0.608 6	0.578 7	0.524 5	0.476 8	0.434 8	0.397 5
4	0.635 5	0.592 1	0.571 8	0.552 3	0.515 8	0.482 3	0.423 0	0.372 5	0.329 4	0.292 3
5	0.567 4	0.519 4	0.497 2	0.476 2	0.437 1	0.401 9	0.341 1	0.291 0	0.249 5	0.214 9
6	0.506 6	0.455 6	0.432 3	0.410 4	0.370 4	0.334 9	0.275 1	0.227 4	0.189 0	0.158 0
7	0.452 3	0.399 6	0.375 9	0.353 8	0.313 9	0.279 1	0.221 8	0.177 6	0.143 2	0.116 2
8	0.403 9	0.350 6	0.326 9	0.305 0	0.266 0	0.232 6	0.178 9	0.138 8	0.108 5	0.085 4
9	0.360 6	0.307 5	0.284 3	0.263 0	0.225 5	0.193 8	0.144 3	0.108 4	0.082 2	0.062 8
10	0.322 0	0.269 7	0.247 2	0.226 7	0.191 1	0.161 5	0.116 4	0.084 7	0.062 3	0.046 2
11	0.287 5	0.236 6	0.214 9	0.195 4	0.161 9	0.134 6	0.093 8	0.066 2	0.047 2	0.034 0
12	0.256 7	0.207 6	0.186 9	0.168 5	0.137 3	0.112 2	0.075 7	0.051 7	0.035 7	0.025 0
13	0.229 2	0.182 1	0.162 5	0.145 2	0.116 3	0.093 5	0.061 0	0.040 4	0.027 1	0.018 4
14	0.204 6	0.159 7	0.141 3	0.125 2	0.098 5	0.077 9	0.049 2	0.031 6	0.020 5	0.013 5
15	0.182 7	0.140 1	0.122 9	0.107 9	0.083 5	0.064 9	0.039 7	0.024 7	0.015 5	0.009 9
16	0.163 1	0.122 9	0.106 9	0.098 0	0.070 9	0.054 1	0.032 0	0.019 3	0.011 8	0.007 3
17	0.145 6	0.107 8	0.092 9	0.080 2	0.060 0	0.045 1	0.025 9	0.015 0	0.008 9	0.005 4
18	0.130 0	0.094 6	0.080 8	0.069 1	0.050 8	0.037 6	0.020 8	0.011 8	0.006 8	0.003 9
19	0.116 1	0.082 9	0.070 3	0.059 6	0.043 1	0.031 3	0.016 8	0.009 2	0.005 1	0.002 9
20	0.103 7	0.072 8	0.061 1	0.051 4	0.036 5	0.026 1	0.013 5	0.007 2	0.003 9	0.002 1
21	0.092 6	0.063 8	0.053 1	0.044 3	0.030 9	0.021 7	0.010 9	0.005 6	0.002 9	0.001 6
22	0.082 6	0.056 0	0.046 2	0.038 2	0.026 2	0.018 1	0.008 8	0.004 4	0.002 2	0.001 2
23	0.073 8	0.049 1	0.040 2	0.032 9	0.022 2	0.015 1	0.007 1	0.003 4	0.001 7	0.000 8
24	0.065 9	0.043 1	0.034 9	0.028 4	0.018 8	0.012 6	0.005 7	0.002 7	0.001 3	0.000 6
25	0.058 8	0.037 8	0.030 4	0.024 5	0.016 0	0.010 5	0.004 6	0.002 1	0.001 0	0.000 5
26	0.052 5	0.033 1	0.026 4	0.021 1	0.013 5	0.008 7	0.003 7	0.001 6	0.000 7	0.000 3
27	0.046 9	0.029 1	0.023 0	0.018 2	0.011 5	0.007 3	0.003 0	0.001 3	0.000 6	0.000 2
28	0.041 9	0.025 5	0.020 0	0.015 7	0.009 7	0.006 1	0.002 4	0.001 0	0.000 4	0.000 2
29	0.037 4	0.022 4	0.017 4	0.013 5	0.008 2	0.005 1	0.002 0	0.000 8	0.000 3	0.000 1
30	0.033 4	0.019 6	0.015 1	0.011 6	0.007 0	0.004 2	0.001 6	0.000 6	0.000 2	0.000 1
35	0.018 9	0.010 2	0.007 5	0.005 5	0.003 0	0.001 7	0.000 5	0.000 2	0.000 1	*
40	0.010 7	0.005 3	0.003 7	0.002 6	0.001 3	0.000 7	0.000 2	0.000 1	*	*
45	0.006 1	0.002 7	0.001 9	0.001 3	0.000 6	0.000 3	0.000 1	*	*	*
50	0.003 5	0.001 4	0.000 9	0.000 6	0.000 3	0.000 1	*	*	*	*
55	0.002 0	0.000 7	0.000 5	0.000 3	0.000 1	*	*	*	*	*

* <0.000 1

附录三 年金终值系数表

期数	1%	2%	3%	4%	5%	6%	7%	8%	9%	10%
1	1.000 0	1.000 0	1.000 0	1.000 0	1.000 0	1.000 0	1.000 0	1.000 0	1.000 0	1.000 0
2	2.010 0	2.020 0	2.030 0	2.040 0	2.050 0	2.060 0	2.070 0	2.080 0	2.090 0	2.100 0
3	3.030 1	3.969 4	3.090 9	3.121 6	3.152 5	3.183 6	3.214 9	3.246 4	3.278 1	3.310 0
4	4.060 4	4.121 6	4.183 6	4.246 5	4.310 1	4.374 6	4.439 9	4.506 1	4.573 1	4.641 0
5	5.101 0	5.204 0	5.309 1	5.416 3	5.525 6	5.637 1	5.750 7	5.866 6	5.984 7	6.105 1
6	6.152 0	6.308 1	6.468 4	6.633 0	6.801 9	6.975 3	7.152 2	7.335 9	7.523 3	7.715 6
7	7.213 5	7.434 3	7.662 5	7.898 3	8.142 0	8.393 8	8.654 0	8.922 8	9.200 4	9.487 2
8	8.285 7	8.583 0	8.892 3	9.214 2	9.549 1	9.897 5	10.260	10.637	11.028	11.436
9	9.368 5	9.754 6	10.159	10.583	11.027	11.491	11.978	12.488	13.021	13.579
10	10.462	10.950	11.464	12.006	12.578	13.181	13.816	14.487	15.193	15.937
11	11.567	12.169	12.808	13.486	14.207	14.972	15.784	16.645	17.560	18.531
12	12.683	13.412	14.192	15.026	15.917	16.870	17.888	18.977	20.141	21.384
13	13.809	14.680	15.618	16.627	17.713	18.882	20.141	21.495	22.953	24.523
14	14.947	15.974	17.086	18.292	19.599	21.015	22.550	24.214	26.019	27.975
15	16.097	17.293	18.599	20.024	21.579	23.276	25.129	27.152	29.361	31.772
16	17.258	18.639	20.157	21.825	23.657	25.673	27.888	30.324	33.003	35.950
17	18.430	20.012	21.762	23.698	25.840	28.213	30.840	33.750	36.974	40.545
18	19.615	21.412	23.414	25.645	28.132	30.906	33.999	37.450	41.301	45.599
19	20.811	22.841	25.117	27.671	30.539	33.760	37.379	41.446	46.018	51.159
20	22.019	24.297	26.870	29.778	33.066	36.786	40.995	45.752	51.160	57.275
21	23.239	25.783	28.676	31.969	35.719	39.993	44.865	50.423	56.765	64.002
22	24.472	27.299	30.537	34.248	38.505	43.392	49.006	55.457	62.873	71.403
23	25.716	28.845	32.453	36.618	41.430	46.996	53.436	60.883	69.532	79.543
24	26.973	30.422	34.426	39.083	44.502	50.816	58.177	66.765	76.790	88.497
25	28.243	32.030	36.459	41.646	47.727	54.863	63.294	73.106	84.701	98.347
26	29.526	33.671	38.553	44.312	51.113	59.156	68.676	79.954	93.324	109.18
27	30.821	35.344	40.710	47.084	54.669	63.706	74.484	87.351	102.72	121.10
28	32.129	37.051	42.931	49.968	58.403	68.528	80.698	95.339	112.97	134.21
29	33.450	38.792	45.219	52.966	62.323	73.640	87.347	103.97	124.14	148.63
30	34.785	40.568	47.575	56.085	66.439	79.058	94.461	113.28	146.31	164.49
40	48.886	60.402	75.401	95.026	120.80	154.76	199.64	259.06	337.88	442.59
50	64.463	84.579	112.80	152.67	209.35	290.34	406.53	573.77	815.08	1 163.9
60	81.670	114.05	163.05	237.99	353.58	533.13	813.52	1 253.2	1 944.8	3 034.8

续表

期数	12%	14%	15%	16%	18%	20%	24%	28%	32%	36%
1	1.000 0	1.000 0	1.000 0	1.000 0	1.000 0	1.000 0	1.000 0	1.000 0	1.000 0	1.000 0
2	2.120 0	2.140 0	2.150 0	2.160 0	2.180 0	2.200 0	2.240 0	2.280 0	2.320 0	2.360 0
3	3.374 4	3.439 6	3.472 5	3.505 6	3.572 4	3.640 0	3.777 6	3.918 4	3.062 4	3.209 6
4	4.779 3	4.921 1	4.993 4	5.066 5	5.215 4	5.368 0	5.684 2	6.015 6	6.362 4	6.725 1
5	6.352 8	6.610 1	6.742 4	6.877 1	7.154 2	7.441 6	8.048 4	8.699 9	9.398 3	10.146
6	8.115 2	8.535 5	8.753 7	8.977 5	9.442 0	9.929 9	10.980	12.136	13.406	14.799
7	10.089	10.730	11.067	11.414	12.142	12.916	14.615	16.534	18.696	21.126
8	12.300	13.233	13.727	14.240	15.327	16.499	19.123	22.163	25.678	29.732
9	14.776	16.085	16.786	17.519	19.086	20.799	24.712	29.369	34.895	41.435
10	17.549	19.337	20.304	21.321	23.521	25.959	31.643	38.593	47.062	57.352
11	20.655	23.045	24.349	25.733	28.755	32.150	40.238	50.398	63.122	78.998
12	24.133	27.271	29.002	30.850	34.931	39.581	50.895	65.510	84.320	108.44
13	28.029	32.089	34.352	36.786	42.219	48.497	64.110	84.853	112.30	148.47
14	32.393	37.581	40.505	43.672	50.818	59.196	80.496	109.61	149.24	202.93
15	37.280	43.842	47.580	51.660	60.965	72.035	100.82	141.30	198.00	276.98
16	42.753	50.980	55.717	60.925	72.939	87.442	126.01	181.87	262.36	377.69
17	48.884	59.118	65.075	71.673	87.068	105.93	157.25	233.79	347.31	514.66
18	55.750	68.394	75.836	84.141	103.74	128.12	195.99	300.25	459.45	770.64
19	63.440	78.969	88.212	98.603	123.41	154.74	244.03	385.32	607.47	954.28
20	72.052	91.025	102.44	115.38	146.63	186.69	303.60	494.21	802.86	1 298.8
21	81.699	104.77	118.81	134.84	174.02	225.03	377.46	633.59	1 060.8	1 767.4
22	92.503	120.44	137.63	157.41	206.34	271.03	496.06	812.00	1 401.2	2 404.7
23	104.60	138.30	159.28	183.60	244.49	326.24	582.63	1 040.4	1 850.6	3 271.3
24	118.16	158.66	184.17	213.98	289.49	392.48	723.46	1 322.7	2 443.8	4 450.0
25	133.33	181.87	212.79	249.21	342.60	471.98	898.09	1 706.8	3 226.8	6 053.0
26	150.33	208.33	245.71	290.09	405.27	567.38	1 114.6	2 185.7	4 260.4	8 233.1
27	169.37	238.50	283.57	337.50	479.22	681.85	1 383.1	2 798.7	5 624.8	11 198.0
28	190.70	272.89	327.10	392.50	566.48	819.22	1 716.1	3 583.3	7 425.7	15 230.3
29	214.58	312.09	377.17	456.30	669.45	984.07	2 129.0	4 587.7	9 802.9	20 714.2
30	241.33	356.79	434.75	530.31	790.95	1 181.9	2 640.9	5 873.2	12 941	28 172.3
40	767.09	1 342.0	1 779.1	2 360.8	4 163.2	7 343.2	2 729	69 377	*	*
50	2 400.0	4 994.5	7 217.7	10 436	21 813	45 497	*	*	*	*
60	7 471.6	18 535	29 220	46 058	*	*	*	*	*	*
*	>99 999									

附录四 年金现值系数表

期数	1%	2%	3%	4%	5%	6%	7%	8%	9%
1	0.990 1	0.980 4	0.970 9	0.961 5	0.952 4	0.943 4	0.934 6	0.925 9	0.917 4
2	1.970 4	1.941 6	1.913 5	1.886 1	1.859 4	1.833 4	1.808 0	1.783 3	1.759 1
3	2.941 0	2.883 9	2.828 6	2.775 1	2.723 2	2.673 0	2.624 3	2.577 1	2.531 3
4	3.902 0	3.807 7	3.717 1	3.629 9	3.546 0	3.465 1	3.387 2	3.312 1	3.239 7
5	4.853 4	4.713 5	4.579 7	4.451 8	4.329 5	4.212 4	4.100 2	3.992 7	3.889 7
6	5.795 5	5.601 4	5.417 2	5.242 1	5.075 7	4.917 3	4.766 5	4.622 9	4.485 9
7	6.728 2	6.472 0	6.230 3	6.002 1	5.786 4	5.582 4	5.389 3	5.206 4	5.033 0
8	7.651 7	7.325 5	7.019 7	6.732 7	6.463 2	6.209 8	5.971 3	5.746 6	5.534 8
9	8.566 0	8.162 2	7.786 1	7.435 3	7.107 8	6.801 7	6.515 2	6.246 9	5.995 2
10	9.471 3	8.982 6	8.530 2	8.110 9	7.721 7	7.360 1	7.023 6	6.710 1	6.417 7
11	10.367 6	9.786 8	9.252 6	8.760 5	8.306 4	7.886 9	7.498 7	7.139 0	6.805 2
12	11.255 1	10.575 3	9.954 0	9.385 1	8.863 3	8.383 8	7.942 7	7.536 1	7.160 7
13	12.133 7	11.348 4	10.635 0	9.985 6	9.393 6	8.852 7	8.357 7	7.903 8	7.486 9
14	13.003 7	12.106 2	11.296 1	10.563 1	9.898 6	9.295 0	8.745 5	8.244 2	7.786 2
15	13.865 1	12.849 3	11.937 9	11.118 4	10.379 7	9.712 2	9.107 9	8.559 5	8.060 7
16	14.717 9	13.577 7	12.561 1	11.652 3	10.837 8	10.105 9	9.446 6	8.851 4	8.312 6
17	15.562 3	14.291 9	13.166 1	12.165 7	11.274 1	10.477 3	9.763 2	9.121 6	8.543 6
18	16.398 3	14.992 0	13.753 5	12.689 6	11.689 6	10.827 6	10.059 1	9.371 9	8.755 6
19	17.226 0	15.678 5	14.323 8	13.133 9	12.085 3	11.158 1	10.335 6	9.603 6	8.960 1
20	18.045 6	16.351 4	14.877 5	13.590 3	12.462 2	11.469 9	10.594 0	9.818 1	9.128 5
21	18.857 0	17.011 2	15.415 0	14.029 2	12.821 2	11.764 1	10.835 5	10.016 8	9.292 2
22	19.660 4	17.658 0	15.936 9	14.451 1	13.163 0	12.041 6	11.061 2	10.200 7	9.442 4
23	20.455 8	18.292 2	16.443 6	14.856 8	13.488 6	12.303 4	11.272 2	10.371 1	9.580 2
24	21.243 4	18.913 9	16.935 5	15.247 0	13.798 6	12.550 4	11.469 3	10.528 8	9.706 6
25	22.023 2	19.523 5	17.413 1	15.622 1	14.093 9	12.783 4	11.653 6	10.674 8	9.822 6
26	22.795 2	20.121 0	17.876 8	15.982 8	14.375 2	13.003 2	11.825 8	10.810 0	9.929 0
27	23.559 6	20.705 2	18.327 0	16.329 6	14.643 0	13.210 5	11.986 7	10.935 2	10.026 6
28	24.316 4	21.281 3	18.764 1	16.663 1	14.898 1	13.406 2	12.137 1	11.051 1	10.116 1
29	25.065 8	21.844 4	19.188 5	16.983 7	15.141 1	13.590 7	12.277 7	11.158 4	10.198 3
30	25.807 7	22.396 5	19.600 4	17.292 0	15.372 5	13.764 8	12.409 0	11.257 8	10.273 7
35	29.408 6	24.998 6	21.487 2	18.664 6	16.374 2	14.498 2	12.947 7	11.654 6	10.566 8
40	32.834 7	27.355 5	23.114 8	19.792 8	17.159 1	15.046 3	13.331 7	11.924 6	10.757 4
45	36.094 5	29.490 2	24.518 7	20.720 0	17.774 1	15.455 8	13.605 5	12.108 4	10.881 2
50	39.196 1	31.423 6	25.729 8	21.482 2	18.255 9	15.761 9	13.800 7	12.233 5	10.961 7
55	42.147 2	33.174 8	26.774 4	22.108 6	18.633 5	15.990 5	13.939 9	12.318 6	11.014 0

续表

期数	10%	12%	14%	15%	16%	18%	20%	24%	28%	32%
1	0.909 1	0.892 9	0.877 2	0.869 6	0.862 1	0.847 5	0.833 3	0.806 5	0.781 3	0.757 6
2	1.735 5	1.690 1	1.646 7	1.625 7	1.605 2	1.565 6	1.527 8	1.456 8	1.391 6	1.331 5
3	2.486 9	2.401 8	2.321 6	2.283 2	2.245 9	2.174 3	2.106 5	1.981 3	1.868 4	1.766 3
4	3.169 9	3.037 3	2.917 3	2.855 0	2.798 2	2.690 1	2.588 7	2.404 3	2.241 0	2.095 7
5	3.790 8	3.604 8	3.433 1	3.352 2	3.274 3	3.127 2	2.990 6	2.745 4	2.532 0	2.345 2
6	4.355 3	4.111 4	3.888 7	3.784 5	3.684 7	3.497 6	3.325 5	3.020 5	2.759 4	2.534 2
7	4.868 4	4.563 8	4.288 2	4.160 4	4.038 6	3.811 5	3.604 6	3.242 3	2.937 0	2.677 5
8	5.334 9	4.967 6	4.638 9	4.487 3	4.343 6	4.076 6	3.837 2	3.421 2	3.075 8	2.786 0
9	5.759 0	5.328 2	4.916 4	4.771 6	4.606 5	4.303 0	4.031 0	3.565 5	3.184 2	2.868 1
10	6.144 6	5.650 2	5.216 1	5.018 8	4.833 2	4.494 1	4.192 5	3.681 9	3.268 9	2.930 4
11	6.495 1	5.937 7	5.452 7	5.233 7	5.028 6	4.656 0	4.327 1	3.775 7	3.335 1	2.977 6
12	6.813 7	6.194 4	5.660 3	5.420 6	5.197 1	4.793 2	4.439 2	3.851 4	3.386 8	3.013 3
13	7.103 4	6.423 5	5.842 4	5.583 1	5.342 3	4.909 5	4.532 7	3.912 4	3.427 2	3.040 4
14	7.366 7	6.628 2	6.002 1	5.724 5	5.467 5	5.008 1	4.610 6	3.961 6	3.458 7	3.060 9
15	7.606 1	6.810 9	6.142 2	5.847 4	5.575 5	5.091 6	4.675 5	4.001 3	3.483 4	3.076 4
16	7.823 7	6.974 0	6.265 1	5.954 2	5.668 5	5.162 4	4.729 6	4.033 3	3.502 6	3.088 2
17	8.021 6	7.119 6	6.372 9	6.047 2	5.748 7	5.222 3	4.774 6	4.059 1	3.517 7	3.097 1
18	8.201 4	7.249 7	6.467 4	6.128 0	5.817 8	5.273 2	4.812 2	4.079 9	3.529 4	3.103 9
19	8.364 9	7.365 8	6.550 4	6.198 2	5.877 5	5.316 2	4.843 5	4.096 7	3.538 6	3.109 0
20	8.513 6	7.469 4	6.623 1	6.259 3	5.928 8	5.352 7	4.869 6	4.110 3	3.545 8	3.112 9
21	8.648 7	7.562 0	6.687 0	6.312 5	5.973 1	5.383 7	4.891 3	4.121 2	3.551 4	3.115 8
22	8.771 5	7.644 6	6.742 9	6.358 7	6.011 3	5.409 9	4.909 4	4.130 0	3.555 8	3.118 0
23	8.883 2	7.718 4	6.792 1	6.398 8	6.044 2	5.432 1	4.924 5	4.137 1	3.559 2	3.119 7
24	8.984 7	7.784 3	6.835 1	6.433 8	6.072 6	5.450 9	4.937 1	4.142 8	3.561 9	3.121 0
25	9.077 0	7.843 1	6.872 9	6.464 1	6.097 1	5.466 9	4.947 6	4.147 4	3.564 0	3.122 0
26	9.160 9	7.895 7	6.906 1	6.490 6	6.118 2	5.480 4	4.956 3	4.151 1	3.565 6	3.122 7
27	9.237 2	7.942 6	6.935 2	6.513 5	6.136 4	5.491 9	4.963 6	4.154 2	3.566 9	3.123 3
28	9.306 6	7.984 4	6.960 7	6.533 5	6.152 0	5.501 6	4.969 7	4.156 6	3.567 9	3.123 7
29	9.369 6	8.021 8	6.983 0	6.550 9	6.165 6	5.509 8	4.974 7	4.158 5	3.568 7	3.124 0
30	9.426 9	8.055 2	7.002 7	6.566 0	6.177 2	5.516 8	4.978 9	4.160 1	3.569 3	3.124 2
35	9.644 2	8.175 5	7.070 0	6.616 6	6.215 3	5.538 6	4.991 5	4.164 4	3.570 8	3.124 8
40	9.779 1	8.243 8	7.105 0	6.641 8	6.233 5	5.548 2	4.996 6	4.165 9	3.571 2	3.125 0
45	9.862 8	8.282 5	7.123 2	6.654 3	6.242 1	5.552 3	4.998 6	4.166 4	3.571 4	3.125 0
50	9.914 8	8.304 5	7.132 7	6.660 5	6.246 3	5.554 1	4.999 5	4.166 6	3.571 4	3.125 0
55	9.947 1	8.317 0	7.137 6	6.663 6	6.248 2	5.554 9	4.999 8	4.166 6	3.571 4	3.125 0

参考文献

[1] 荆新,王化成,刘俊彦. 财务管理[M]. 5版. 北京:中国人民大学出版社,2009.

[2] 马元兴. 企业财务管理[M]. 北京:高等教育出版社,2011.

[3] 穆大常,蔡方. 管理会计[M]. 郑州:河南科学技术出版社,2013.

[4] 段九利. 财务管理[M]. 北京:清华大学出版社,2007.

[5] 曾繁荣. 财务管理[M]. 北京:清华大学出版社,2007.

[6] 张玉英. 财务管理[M]. 北京:高等教育出版社,2006.

[7] 秦志林. 财务管理[M]. 北京:清华大学出版社,2009.

[8] 李延喜,周颖,刘彦文. 财务管理[M]. 大连:大连理工大学出版社,2006.

[9] 李淑霞,刘淑叶. 建筑施工企业财务管理一本通(图解版)[M]. 北京:中国纺织出版社,2017.

[10] 王娜,黄耀辉. 财务管理[M]. 西安:西北工业大学出版社,2018.